Standard Deutsch 8

Das systematische Lernbuch

Herausgegeben von
Marianne Steigner

Erarbeitet von
Rosemarie Gerrmann-Malm
Beate Karl
Martin König
Tanja Kreischer
Alexandra Lange
Bettina Lanwehr
Toka-Lena Rusnok
Ulrike Staffel-Schierhoff
Marianne Steigner
Bettina Tolle

Unter Beratung von
Inga Alkämper
Anke Bartz
Thomas Brand
Tanja Rencker-Stäpeler
Karin Rohde-Clare
Frauke Wietzke

Redaktion: Ninja Süßenbach, Verena Walter
Redaktionsassistenz: Wiebke Herrmann, Renée Rogage, Lisa Wolf
Bildrecherche: Helene Schopohl, Angelika Wagener

Illustration:
Uta Bettzieche, Leipzig S. 10, 18, 34, 36, 37, 42, 43, 50, 56, 58, 60, 123, 124, 148, 156, 158, 191
Maja Bohn, Berlin S. 30, 31
Marine Ludin, Heidelberg S. 7, 57, 97, 107, 115, 125, 145, 190
Dorothee Mahnkopf, Berlin S. 16, 17, 20, 22, 23, 24, 27, 70, 72, 76, 81, 82, 98, 99, 102, 105, 106, 108, 110, 112, 113, 114, 116, 118, 120, 121, 126, 138, 141, 142, 144, 146, 153, 163, 166, 175, 194, 196, 197, 198, 199, 200, 203, 207

Gesamtgestaltung und technische Umsetzung: Visuelle Gestaltung Katrin Pfeil, Mainz

www.cornelsen.de
www.oldenbourg-bsv.de

Die Links zu externen Webseiten Dritter, die in diesem Lehrwerk angegeben sind, wurden vor Drucklegung sorgfältig auf ihre Aktualität geprüft. Der Verlag übernimmt keine Gewähr für die Aktualität und den Inhalt dieser Seiten oder solcher, die mit ihnen verlinkt sind.

Dieses Werk berücksichtigt die Regeln der reformierten Rechtschreibung und Zeichensetzung. Bei den mit R gekennzeichneten Texten haben die Rechteinhaber einer Anpassung widersprochen.

1. Auflage, 5. Druck 2016

Alle Drucke dieser Auflage sind inhaltlich unverändert
und können im Unterricht nebeneinander verwendet werden.

© 2011 Cornelsen Verlag, Berlin; Oldenbourg Schulbuchverlag GmbH, München
© 2014 Cornelsen Schulverlage GmbH, Berlin

Das Werk und seine Teile sind urheberrechtlich geschützt.
Jede Nutzung in anderen als den gesetzlich zugelassenen Fällen bedarf der vorherigen schriftlichen Einwilligung des Verlages.
Hinweis zu den §§ 46, 52 a UrhG: Weder das Werk noch seine Teile dürfen ohne eine solche Einwilligung eingescannt und in ein Netzwerk eingestellt oder sonst öffentlich zugänglich gemacht werden.
Dies gilt auch für Intranets von Schulen und sonstigen Bildungseinrichtungen.

Druck: Mohn Media Mohndruck, Gütersloh

ISBN 978-3-06-061803-3

PEFC zertifiziert
Dieses Produkt stammt aus nachhaltig bewirtschafteten Wäldern und kontrollierten Quellen.
www.pefc.de

Inhaltsverzeichnis

Kompetenzschwerpunkt

Sprechen und Zuhören

Legendär — 7
Eine Präsentation vorbereiten — 8
Eine Präsentation erarbeiten — 9
Eine Präsentation durchführen — 10
Einer Präsentation zuhören — 13
Anwenden und vertiefen — 14

anschaulich präsentieren

Ich stelle mich vor ... — 15
Ein offizielles Telefonat führen — 16
Sich persönlich vorstellen — 19
Anwenden und vertiefen — 20

adressatengerechtes Sprechen

Zu Texten schreiben / Erzählen

Ohne Figuren keine Geschichten — 21
Eine Erzählung verstehen — 22
Den Text schriftlich zusammenfassen — 25
Sich schreibend den literarischen Figuren nähern — 27
Einen Textausschnitt kommentieren — 29
Anwenden und vertiefen — 30

zu einem literarischen Text schreiben

Spannung pur! — 33
Auf Spurensuche – Die Merkmale einer Kriminalgeschichte kennen — 34
Eine Kriminalgeschichte planen — 36
Die Kriminalgeschichte schreiben — 38
Anwenden und vertiefen — 39

gemeinsam einen Krimi schreiben

Beschreiben und Berichten

Werbung für mich selbst — 41
Den eigenen Fähigkeiten auf der Spur — 42
Ein Bewerbungsschreiben verfassen — 43
Ein Bewerbungsschreiben überarbeiten — 46
Einen Lebenslauf erstellen — 47
Anwenden und vertiefen — 48

ein Bewerbungsschreiben formulieren

Erste Hilfe – die Schulsanitäter wissen, wie! — 49
Informationen sammeln und ordnen — 50
Die Vorgangsbeschreibung verfassen — 52
Anwenden und vertiefen — 56

eine Vorgangsbeschreibung verfassen

Das Praktikum dokumentieren — 57
Was gehört in ein Praktikumsportfolio? — 58
Das Praktikum dokumentieren — 59
Das Portfolio ordnen — 63
Anwenden und vertiefen — 64

ein Praktikumsportfolio führen

3

Schriftlich Stellung nehmen

den eigenen Standpunkt überzeugend vertreten

Mit oder ohne Eltern in den Urlaub? — 65
Überzeugend argumentieren — 66
Durch den richtigen Aufbau überzeugen — 67
Die Argumente verknüpfen — 68
Einleitung und Schluss schreiben — 69
Fehler vermeiden und die Ausdrucksfähigkeit verbessern — 71
Anwenden und vertiefen — 72

eine Klassenarbeit überarbeiten

Aus Leistungsaufgaben lernen — 73
Den Überarbeitungsbedarf analysieren — 74
Eigene Texte überarbeiten — 75
Anwenden und vertiefen — 80

Teste dich selbst! — 81
Zu einem literarischen Text schreiben

Sachtexte lesen und verstehen

informative Zeitungstexte lesen und verstehen

Immer am Limit!? — 83
Ein Diagramm auswerten — 84
Eine Meldung lesen — 85
Einen Bericht lesen — 86
Anwenden und vertiefen — 88

wertende Zeitungstexte lesen und verstehen

Casting, Camp und Coach — 89
Meinungen und Argumente in Zeitungstexten untersuchen — 90
Einen Leserbrief lesen — 94
Anwenden und vertiefen — 95

Literarische Texte lesen

Erzähltexte lesen und verstehen

Wendepunkte — 97
Einen literarischen Text erschließen — 98
Die Erzählsituation untersuchen — 102
Anwenden und vertiefen — 105

lyrische Texte lesen und verstehen

„Vorbei, verweht, nie wieder" — 107
Gedichte lesen und wirken lassen — 108
Den Aufbau eines Gedichts untersuchen — 109
Die Textaussage verstehen und am Text belegen — 111
Ein Parallelgedicht schreiben — 112
Anwenden und vertiefen — 114

dialogische Texte lesen, verstehen und szenisch umsetzen

Ich weiß genug – ich finde dich — 115
Dialogische Texte lesen, vergleichen und verstehen — 116
Einen dialogischen Text spielen — 119
Anwenden und vertiefen — 122

Teste dich selbst!	123
Einen literarischen Text lesen und verstehen	

Nachdenken über Sprache

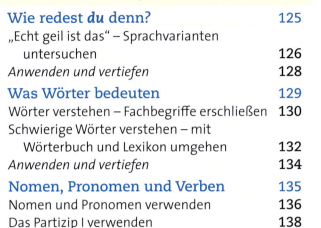

Wie redest *du* denn?	**125**	**Sprache untersuchen**
„Echt geil ist das" – Sprachvarianten untersuchen	126	
Anwenden und vertiefen	128	
Was Wörter bedeuten	**129**	**Wörter untersuchen, Wörter nachschlagen**
Wörter verstehen – Fachbegriffe erschließen	130	
Schwierige Wörter verstehen – mit Wörterbuch und Lexikon umgehen	132	
Anwenden und vertiefen	134	
Nomen, Pronomen und Verben	**135**	**mit Wortarten umgehen**
Nomen und Pronomen verwenden	136	
Das Partizip I verwenden	138	
Mit Verben Zeitformen bilden	139	
Aktiv und Passiv verwenden	140	
Den Konjunktiv II verwenden	141	
Den Konjunktiv I verwenden	142	
Anwenden und vertiefen	144	

Mit Sätzen umgehen	**145**	**Sätze gliedern, Sätze verbinden und Texte umgestalten**
Satzglieder bestimmen und verwenden	146	
Sätze trennen – Sätze verbinden	148	
Sätze sinnvoll verwenden – Texte umgestalten	150	
Anwenden und vertiefen	152	
Teste dich selbst!	153	
Sprache und Sprachgebrauch untersuchen		

Richtig schreiben

Wörter befragen	**155**	**Schwierige Wörter richtig schreiben**
Fremdwörter verstehen und richtig schreiben	156	
Noch mehr knifflige Wörter richtig schreiben	159	
Anwenden und vertiefen	162	
Getrennt oder zusammen?	**163**	**Wortgrenzen erkennen**
Verbindungen mit einem Verb richtig schreiben	164	
Verbindungen mit einem Adjektiv richtig schreiben	166	
Häufige Wortverbindungen	167	
Anwenden und vertiefen	168	
Groß oder klein?	**169**	**Wortarten zum richtigen Schreiben nutzen**
Nomen und Nominalisierungen großschreiben	170	
Feste Wendungen richtig schreiben	172	
Zeitangaben groß- oder kleinschreiben	173	

Zeichen richtig setzen

Die Welt der Zahlen – groß oder klein? **174**
Eigennamen und Straßennamen **175**
Anwenden und vertiefen **176**

Mit Komma oder ohne? **177**
Satzreihen und Satzgefüge unterscheiden **178**
Das Komma in Satzgefügen setzen **180**
Das Komma bei nachgestellten Erläuterungen und Einschüben **185**
Anwenden und vertiefen **186**

die Rechtschreibung überprüfen und verbessern

Wiederholen und üben **187**
Fehlerschwerpunkte erkennen **188**
Eine Rechtschreibkonferenz durchführen **189**

Teste dich selbst! **191**
Richtig schreiben

Wissen sichern und vernetzen

Leidenschaft **193**
Einer für alle, alle für einen **194**
Ich werde riesengroß für dich **196**
Sehnsucht **198**
Wofür das Herz schlägt **200**
Gewinnen um jeden Preis **201**

Rätselhaftes **203**
Seltsam … **204**
Auf den Spuren von Nessie **206**
Am Tatort **209**
Aus einer anderen Welt? **211**

Kompetenzen vernetzen
> Gedichte untersuchen und selbst schreiben
> Erzähltexte lesen und verstehen
> Sachtexte lesen und verstehen
> Schaubildern und Tabellen Informationen entnehmen
> eine Folienpräsentation erarbeiten
> einen Zeitungsbericht schreiben
> eine Kriminalgeschichte schreiben

Teste dein Wissen! Lernstandstest **213**

Orientierungswissen **217–235**

Wissen und Können **217**
Sprechen und Zuhören **217**
Schreiben **218**
Lesen – Umgang mit Texten **221**
Über Sprache nachdenken **223**
Richtig schreiben **229**

Methoden und Arbeitstechniken **233**
Lösungen der Tests **236**
Text- und Bildquellenverzeichnis **243**
Sachregister **245**

Legendär
Anschaulich präsentieren

Wochenstatistik der Klicks auf dem Internet-Personen-Lexikon Who's who

Was weißt du schon?

- Als „lebende Legenden" bezeichnet man berühmte Persönlichkeiten, um die sich schon zu Lebzeiten allerhand Geschichten ranken.

- Welche lebenden Legenden kennt ihr? Tauscht euch aus.

- Wie wird man zur Legende? Welche Eigenschaften zeichnen eine solche Person aus?

- Worüber informiert die Statistik? Erklärt mit Hilfe der Bildunterschrift unten rechts.

- Welche Medien habt ihr schon eingesetzt, um etwas anschaulich zu präsentieren?

Eine Präsentation vorbereiten

Im Folgenden geht es um die Vorstellung (Präsentation) eines Themas vor Zuhörerinnen/Zuhörern.

1 Werte die folgenden Informationen aus.

a) Auf welche Informationsquellen solltest du für eine Präsentation zurückgreifen? Begründe deine Auswahl.

b) Bewerte die Informationen: Welche Informationen sind für eine Präsentation geeignet? Warum?

c) Gibt es Gemeinsamkeiten und Unterschiede bei den Textausschnitten/Informationsquellen?

d) Hättest du Amelia Earhart für eine Präsentation ausgewählt? Begründe deine Meinung.

Informationen beschaffen, auswählen und auswerten

HILFEN
Mögliche Informationsquellen sind:
> Internet
> Bibliothek
> Expertenbefragung
> Zeitungen
> Fachzeitschriften
> Schulbücher
> Sachbücher

→ Präsentieren S. 217

❶ Amelia Earhart

Amelia Mary Earhart (* 24. Juli 1897 in Atchison, Kansas; verschollen 2. Juli 1937 im Pazifischen Ozean; † [für tot erklärt] 5. Januar 1939) war eine US-amerikanische Flugpionierin und Frauenrechtlerin.

❷ *Du, ich habe da neulich in einer Zeitschrift etwas total Interessantes über eine Frau gelesen. Die war die erste Frau, die allein über den Atlantik geflogen ist. Das war so in den Dreißigerjahren des letzten Jahrhunderts. Und dann hat sie auch noch viel für andere Frauen erreicht.*

❸ Amelia Earhart kann es kaum erwarten, bis die Maschine repariert ist. Dann fliegen sie und Fred Noonan am 21. Mai nach Miami, und am 1. Juni um 5:56 Uhr starten sie erneut zum Flug um die Erde. Fünfhundert Schaulustige jubeln ihnen zu. Während Amelia im Cockpit sitzt und die Maschine steuert …

❹ **Amerikas Luftfahrt-Legende**

Von Joachim Hoelzgen
Überlebte Amelia Earhart auf einem einsamen Atoll im Pazifik?
Sie wollte als erste Frau die Welt umfliegen – und stürzte in den Pazifik: Dass die Flugpionierin Amelia Earhart so starb, bezweifeln Experten inzwischen. Sie glauben, Knochen, Schuhe und Trümmer auf einem Atoll stammen von der Fliegerin – und hoffen auf eine DNA-Analyse.

Eine Präsentation erarbeiten

1 Wenn du eine Persönlichkeit vorstellst, möchten deine Zuhörer/innen etwas über bestimmte Bereiche aus dem Leben dieser Person erfahren.

   a) Formuliere Leitfragen für die Vorstellung einer Persönlichkeit.

   b) Vergleicht eure Fragen. Welche Fragen sind die wichtigsten für die Recherche? Warum?

   c) Überlege, welche Erwartungen du an eine Präsentation über eine Persönlichkeit hast, und überprüfe, ob alle Erwartungen erfüllt werden. Folgende Stichworte helfen dir:

   > Kindheit   Jugend   Ausbildung   Karriere   wichtige Stationen ...

2 Wähle eine legendäre Persönlichkeit und informiere dich über sie. Suche Antworten auf die Leitfragen.

   a) Arbeite die wichtigsten Informationen aus den Texten, die du findest, heraus.

   b) Welche Texte sind besonders hilfreich? Begründe.

3 Erstelle anhand deiner Leitfragen eine Gliederung.

   a) Ordne die Leitfragen in einer für dich sinnvollen Abfolge.

   b) Ordne deine Informationen den Leitfragen zu.

   c) Welche Möglichkeiten hast du, um besonders wichtige Informationen hervorzuheben? Notiere Stichworte dazu.

4 Lies die geordneten Informationen laut vor. Suche nach Möglichkeiten, Anfang und Schluss der Präsentation abwechslungsreicher zu gestalten.

❗ Eine Gliederung erstellen

- Formuliere nur Stichworte.
- Wähle verschiedene Farben aus, um wichtige Informationen hervorzuheben.
- Entscheide, welche Informationen du in die Präsentation aufnehmen willst.
- Lege eine Reihenfolge für die verschiedenen Informationen fest.
- Achte auf eine ansprechende Einleitung und einen interessanten Schluss.

Leitfragen formulieren
Beispiele für Leitfragen:
› Wie heißt die Person?
› Woher stammt sie?
› Warum kennt man sie?
› Wann hat sie gelebt?

TIPP
Nutze Informationsquellen wie z. B. das Internet und die Bücherei und befrage Experten.

Möglichkeiten der Textbearbeitung:
› markieren
› herausschreiben
› zusammenfassen

eine Gliederung erstellen

TIPP
Welche der Leitfragen sollte als erste beantwortet werden? Welche danach? usw.

TIPP
Ein Zitat ist ein lebendiger Einstieg in die Präsentation.

Sprechen und zuhören

Eine Präsentation durchführen

1 Welche Medien kannst du zur Präsentation nutzen?

mediengestützt präsentieren

2 Beschreibe, welche Erfahrungen du bereits gemacht hast: Welche Medien hast du bereits zur Präsentation genutzt? Für welche Themen hast du sie eingesetzt?

3 Sieh dir die folgenden Abbildungen genau an.

    a) Vergleiche die drei Medien.

    b) Benenne unterschiedliche Einsatzmöglichkeiten für jedes Medium.

TIPP
Vergleichsaspekte können sein:
> Welches Medium eignet sich für welche Informationen?
> Welches Medium bereitet am wenigsten Aufwand?
> Mit welchem Medium kann ich meine Präsentation am interessantesten gestalten?

4 Vergleiche die drei abgebildeten Folien.

   a) Welche Aufgaben haben die einzelnen Folien?

   b) Wie werden diese Aufgaben erfüllt? Seht euch besonders die Gestaltung an.

HILFEN
Um die Aufgaben der Folien zu benennen, kannst du dir überlegen, an welcher Stelle einer Präsentation sie stehen und was du dazu sagen würdest.

Amelia Earhart
Amerikas Luftfahrtlegende

Gliederung:
- Amelia Earhart in Wort und Bild
- Biografie
- Kindheit, Jugend und Ausbildung
- Fliegen wird zur Leidenschaft
- Rekorde
- Aktivitäten in der Frauenbewegung
- Ihr letzter Flug

Ich habe das Gefühl, dass mir noch ein guter, bedeutender Flug bleibt, und ich hoffe, es ist dieser.

Amelia Earhart kurz bevor ihr Traum, die Welt zu umfliegen, in greifbare Nähe rückt.

Amelia Earhart – Amerikas Luftfahrtlegende   2

Amelia Earhart

Sie überflog als erste Frau den Atlantik. Neun Jahre später verschwand sie spurlos über dem Pazifik.

Lebensdaten:
* 24. Juli 1897   Atchison, Kansas
1915   High School mit Auszeichnung beendet
1917   Ausbildung zur Schwesternhelferin
1919   Medizinstudium an der Columbia University
1920   Studienabbruch
1921   1. Flugstunde
1931   Heirat mit George P. Putnam
1932   1. Alleinflug über den Atlantik (14 Stunden 56 Min.)
1935   1. Alleinflug über den Pazifik von Honolulu nach Oakland
1937   wollte sie die Erde am Äquator umrunden
2. Juli 1937   Amelia Earhart wurde nach großer Suchaktion für „verschollen, vermutlich tot" erklärt

Amelia Earhart – Amerikas Luftfahrtlegende   3

---

5 Vergleicht die beiden folgenden Folien. Achtet besonders auf: Anordnung der Text- und Bildelemente, Inhalt, Gestaltung (z. B. Schrift, Farben).

   a) Welche Folie spricht euch mehr an? Begründet.

   b) Was könnte an den Folien verbessert werden? Macht Vorschläge.

Fliegen wird zur Leidenschaft

- **1921:** 1. Flug als Passagierin
- **1921:** 1. Flugstunde bei Neta Snook
- **6 Monate später:** Kauf des 1. eigenen Flugzeugs
- **17./18. Juni 1928:** 1. Transatlantikflug als Passagierin
- **1929:** Teilnahme am *Puderquastenrennen* für Pilotinnen
- Gründung des Clubs der Neunundneunzig (Ziel: Stärkung der Rechte der Frauen in der Luftfahrt)
- **1932:** 1. Alleinflug über den Atlantik
- **1935:** 1. Alleinflug über den Pazifik
- **1937:** Plan, die Erde am Äquator zu umrunden, verschollen auf diesem Flug

Amelia Earhart – Amerikas Luftfahrtlegende

Fliegen wird zur Leidenschaft

Anfänge
1920 durfte Amelia Earhart zum ersten Mal in einem Flugzeug mitfliegen, von da an das Ziel : Selber fliegen. Flugstunden waren sehr teuer, Amelias Eltern wollten sie nicht finanziell unterstützen. Deswegen: 28 verschiedene Jobs 1921 erste Flugstunde bei Neta Snook. Schon sechs Monate später kaufte sie sich ihr erstes Flugzeug, eine Kinner Airster, mit dem sie kurz darauf einen Höhenweltrekord für Frauen aufstellte (4300 m). 1924 Scheidung der Eltern, Umzug der Mutter an die Ostküste, Verkauf des Flugzeugs ihrer Mutter zuliebe und Kauf eines Sportwagens, Arbeit als Lehrerin und Sozialarbeiterin.

Erster Transatlantik-Flug
17./18. Juni: erster Transatlantikflug als Passagierin, internationale Bekanntheit: Sie wurde als Heldin gefeiert und erhielt mehr Beachtung als der Pilot Wilmer Stultz. So wurde Amelia Earhart zu einem Idol der jungen amerikanischen Frauen. Sie nutzte ihre Bekanntheit, für die Rechte der Frauen zu kämpfen.

„Puderquastenrennen"
1929 nahm sie am ersten Cleveland Women's Air Derby einem Überlandluftwettbewerb nur für weibliche Piloten, teil. In Folge der vernichtenden Reaktionen der Presse auf das Rennen traf sich Amelia Earhart im Herbst 1929 mit vier anderen bekannten Pilotinnen. Gemeinsam gründeten sie den Club der Neunundneunzig mit dem Ziel, die Stellung der Frau in der Luftfahrt zu stärken.

Zweiter Transatlantik-Flug
1932 überquerte sie als erste Frau den Atlantik im Alleinflug. Sie startete am 20. Mai 1932 von Neufundland in Richtung Paris. Wegen schlechten Wetters und technischer Probleme erreichte sie Paris jedoch nicht, sondern musste bereits in der Nähe von Londonderry notlanden.
Ehrung mit der Goldmedaille der National Geographic Society für diesen Flug.

Pazifik-Flug
1935 erster Alleinflug über Pazifischen Ozeans zwischen Honolulu und Oakland Noch im selben Jahr flog sie zum ersten Mal alleine von Mexiko Stadt nach Newark

Letzter Flug
Kurz vor ihrem 40. Geburtstag wollte sie als erster Mensch den Äquator mit einem Flugzeug umrunden. Den ersten Versuch im März musste sie wegen eines Startunfalles bereits in Hawaii abbrechen. Am 21. März 1937 erneuter Start in Miami. Nach Zwischenlandungen in Brasilien, Westafrika, Kalkutta und Rangun hatte sie am 2. Juli startete sie von Lae in Neuguinea. Da beim Start des Flugzeugs die Antenne abgerissen war, war keine Funkpeilung mehr möglich und Amelia Earhart wurde zunächst als verschollen, dann für tot erklärt, nachdem man kein Lebenszeichen mehr von ihr erhalten hat

Amelia Earhart – Amerikas Luftfahrtlegende

Sprechen und zuhören

TIPP
Ihr könnt ein Präsentationsprogramm wie „Impress" (openoffice.org) oder „Powerpoint" (Microsoft Office) nutzen.

6 Erarbeitet in Partnerarbeit einen Kriterienkatalog zur Gestaltung einer Folienpräsentation.
– Welche Funktionen haben die einzelnen Folien?
– Welche Schrift und Schriftgröße ist geeignet?
– Was sollte hervorgehoben werden?
– Wie kann man etwas hervorheben?
– Welche Bilder sollten eingesetzt werden?
– Wie sollte die erste Folie gestaltet sein?
– Was kann die letzte Folie enthalten? Denkt dabei an eure Zuhörerinnen und Zuhörer.
– Welche räumlichen Gegebenheiten müssen vorhanden sein, damit eine Folienpräsentation durchgeführt werden kann?

7 Erstelle deine eigenen Folien zu der von dir gewählten Person. Nutze dazu deine Gliederung und die erarbeiteten Kriterien.

Foliengestaltung

TIPPS
› auswählen, zu welchen Informationen eine Folie sinnvoll ist
› Überschrift für jede Folie
› 1. Folie: Gliederung der Präsentation
› wichtigste Informationen in Stichworten
› Schriftgröße und Schriftart auswählen
› ansprechende Bilder nutzen

8 Notiere Stichworte zu den Folien für deinen Vortrag.

a) Notiere, welche zusätzlichen Informationen du deinen Zuhörer/innen geben willst.

b) Hebe Wichtiges farbig hervor.

❗ Eine Folienpräsentation erstellen
- Schreibe nur die wichtigsten Stichworte auf die Folie.
- Formuliere eine passende Überschrift.
- Beginne mit der Gliederung des Vortrages.
- Wähle eine gut lesbare Schrift und Schriftgröße.
- Setze gezielt Farben und Bilder bzw. Animationen ein.
- Baue Zitate ein und gib die Quellen an.
- Berücksichtige die räumlichen Gegebenheiten.

TIPP
Lies nicht deinen gesamten Text ab. Sieh zwischendurch deine Zuhörer/innen an.

9 Tragt euch eure Präsentationen einmal in kleinen Gruppen vor.

a) Achtet besonders auf die Art und Weise, *wie* vorgetragen wird, und macht dazu Notizen.

b) Erarbeitet eine Checkliste für gutes Vortragen.

c) Notiert, was man bei einer Präsentation unbedingt vermeiden sollte.

Präsentationstechniken

TIPP
Druckt eure Folien zum Üben verkleinert aus und macht neben jeder Folie Notizen.

10 Übe deine Präsentation:
– Vermerke auf der Gliederung, wann welche Folie eingesetzt werden soll.
– Achte auf die Zeit.
– Beachte, dass du nicht von der Folie abliest.
– Zeichne deine Präsentation auf Video auf und beobachte dein eigenes Sprachverhalten. Was könntest du verbessern?

Einer Präsentation zuhören

Zuhörer/innen einbeziehen

1 Wie muss ein adressatengerechter Vortrag gestaltet sein?

   a) Legt in Partnerarbeit eine Liste von Kriterien an.

   b) Warum ist es wichtig zu bedenken, wer die Zuhörer/innen sind?

   c) Wie kann man während der Präsentation die Aufmerksamkeit der Zuhörer/innen sichern? Notiert Tipps dazu.

   d) Hier seht ihr ein Beispiel für eine letzte Folie. Beschreibt die Besonderheiten und nennt weitere Möglichkeiten für die Gestaltung einer letzten Folie.

2 Auch die Zuhörer/innen sind gefragt. Wie könnt ihr der/dem Präsentierenden euer Interesse zeigen?

TIPP
vor der Präsentation klären, wann Fragen gestellt werden dürfen

3 Macht euch Notizen zur Präsentation.

   a) Teilt euch in Gruppen auf und wählt pro Gruppe ein Kriterium, auf das ihr bei den Vorträgen besonders achtet.

   b) Legt vor jedem Vortrag eine Tabelle zur Mitschrift an und notiert Stichworte zu den jeweiligen Überschriften.

TIPP
Kriterien sind zum Beispiel Körpersprache, Einleitung, Bildauswahl, Mediennutzung

Überschrift	Inhalt
Lebenslauf	Geboren am ...

   d) Wechselt euch bei den Vorträgen ab, sodass jeder sich sowohl zum Inhalt als auch zur Durchführung einer Präsentation Notizen machen kann.

4 Besprecht nach jedem Vortrag, was euch aufgefallen ist. Was ist gut gelungen? Was könnte man verbessern? Was habt ihr neu gelernt? Was wusstet ihr schon?

Das habe ich gelernt

- Bei meinen Referaten kann ich zum Beispiel folgende Medien einsetzen: ...

- Bei meinen Referaten kann ich noch ... verbessern ...

- So halte ich meine Referate besonders zuhörerfreundlich: ...

Schreibe in dein Heft oder Portfolio.

Anwenden und vertiefen

Mein Lieblingsschauspieler

Leitfragen formulieren

1 a) Entwickle Leitfragen für eine foliengestützte Präsentation „Mein Lieblingsschauspieler / Meine Lieblingsschauspielerin". Folgende Fragen kannst du verwenden:
– In welchen Filmen und in welchen Theaterstücken hat er/sie bisher gespielt?
– Welche Eigenschaften verkörpert er/sie besonders gut?
– Waren seine/ihre Rollen immer ähnlich?
– Wie verlief seine/ihre Karriere?
– Wie bekannt ist er/sie in der Öffentlichkeit?
– Was hat er/sie außer der Schauspielerei noch gemacht?
– Was ist über sein/ihr Privatleben bekannt?

Informationen sammeln und auswerten

b) Sammle geeignete Informationen und Bilder und werte diese im Hinblick auf die Leitfragen aus. Ordne dein Material.

c) Erstelle nun die Folien, wie du es in diesem Kapitel gelernt hast. Übe deine Präsentation.

2 Zusätzliche Möglichkeit: Erarbeite für deine Zuhörer/innen ein Quiz, das du auf der letzten Folie präsentierst.

eine Präsentation bewerten

3 Bewertet die einzelnen Beiträge. Achtet darauf, wie der Vortrag durch den Einsatz von Folien und die Foliengestaltung unterstützt wird.

Ich stelle mich vor …
Adressatengerechtes Sprechen

Was weißt du schon?

- Wie unterscheidet sich ein offizielles Telefongespräch von einem Telefonat mit einer guten Freundin / einem guten Freund?
- Hast du schon einmal ein offizielles Telefonat geführt? Mit wem? Worauf hast du besonders geachtet?
- Girls' Day / Boys' Day / Praxistag – was ist das?
- Diskutiert den Zweck von Aktivitäten wie Girls' Day, Boys' Day und Praxistag.
- Informiert euch über Möglichkeiten und Termine in eurer Nähe.

Ein offizielles Telefonat führen

sich auf ein Telefongespräch vorbereiten

1 Entwirf in Form eines Clusters einen Arbeitsplan, um einen Arbeitgeber für den Girls' Day oder Boys' Day zu finden. Wen könntest du kontaktieren? Welche Informationen brauchst du für das Telefonat unbedingt?

2 a) Beurteile den Beginn des folgenden Telefongesprächs. Was kann verbessert werden?

b) Erarbeite Regeln für den Beginn eines gelungenen Telefongesprächs.

A: Tischlerei Schneider, Klein am Telefon, guten Tag.
B: Ja, äh, hallo, ich wollte mal was fragen …
A: Wer spricht denn da bitte?
B: Ach so, hier ist die Julia. Äh, ich brauche Infos zum Girls' Day.
A: Woher rufst du denn an? Und was ist ein Girls' Day?
B: …

3 a) Spielt das Telefongespräch als Rollenspiel zu Ende.

b) Gab es Momente, in denen du nicht weiterwusstest? Zähle auf.

c) Versucht Lösungsmöglichkeiten zu finden: Was könnte in solchen Situationen helfen?

d) Untersucht die Sprache: Welche Wendungen eignen sich gut bei einem Telefongespräch? Sammelt und fertigt eine Liste an.

4 Wie kannst du dein Interesse an einer Mitarbeit zum Girls' Day oder Boys' Day deutlich machen? Formuliere zu deinen Ideen passende Vorschläge auf einem Stichwortzettel.

5 Es ist hilfreich, sich vor dem Gespräch Fragen an den Arbeitgeber zu notieren. Mögliche Fragen könnten sein:

Formuliere weitere Fragen.

6 Auch der Gesprächspartner kann Fragen stellen, auf die du vorbereitet sein solltest. Du kannst z. B. nach der Schuladresse gefragt werden. Formuliert weitere Fragen und beantwortet sie in Partnerarbeit.

ein Telefongespräch üben

TIPP
Kalender, Notizblock, Stift, persönliche Kontaktdaten griffbereit halten

7 Wie reagierst du auf eine positive Rückmeldung auf deine Anfrage zum Girls' Day oder Boys' Day? Was sagst du bei einer negativen Antwort? Ergänze Satzbeispiele.

8 Wie kann man ein Telefongespräch höflich beenden? Wähle aus dem Wortspeicher aus und ergänze passende Formulierungen.

> Tschüss.   Vielen Dank für die Informationen und auf Wiedersehen.   Auf Wiederhören.   Bis dann.   Bis bald.

9 Notiere weitere Tipps für ein gelungenes Telefongespräch.

Sprechen und zuhören

17

eine Checkliste erstellen

10 Fasst eure Ergebnisse in einer Checkliste zusammen. Sie hilft euch bei der Vorbereitung eines offiziellen Telefongesprächs.

11 Welche unvorhergesehenen Situationen können bei einem Telefonanruf eintreten? Überlege dir Situationen und wie du darauf reagieren kannst.

12 Spielt zu zweit eure Telefonate in der Klasse vor. Die Zuhörer/innen beurteilen das Gespräch anhand der Checkliste.

13 Hilfreich ist es, sich während des Telefonats Notizen zu machen. Zähle die wichtigsten Informationen auf, die ein solcher Spickzettel enthalten sollte.

> 15.3.2010   Telefonat mit Herrn Klein
>
> – insgesamt 3 Plätze für den Girls' Day
> – die Werkstatt hat 5 Angestellte
> – Arbeitszeit ist ...

❗ Ein offizielles Telefonat führen

- Achte auf eine deutliche Aussprache.
- Stelle dich auf deine/n Gesprächspartner/in ein, sei höflich und achte auf eine angemessene Anrede.
- Sprich deine/n Gesprächspartner/in mit Namen an.
- Stelle dich mit Namen und ggf. mit der Angabe der Schule vor.
- Nenne dein Anliegen.
- Notiere während des Gesprächs wichtige Informationen.
- Höre aktiv zu: Frage bei Unsicherheiten nach und wiederhole am Ende des Gesprächs Wichtiges, z. B. Termine.
- Achte darauf, während des Gesprächs nicht abgelenkt zu werden.
- Verabschiede dich freundlich und bedanke dich für das Gespräch.

Sich persönlich vorstellen

1 Stelle dich persönlich einem möglichen Arbeitgeber für den Girls' Day oder Boys' Day vor.

ein Vorstellungsgespräch vorbereiten

a) Wie solltest du dich für solch ein Gespräch kleiden? Beschreibe.

b) Wodurch unterscheidet sich ein Telefongespräch von einem persönlichen Gespräch? Sammelt gemeinsam Unterschiede und Gemeinsamkeiten.

2 a) Erstelle vor dem Gespräch einen Gesprächsplan. Wie könnte das Gespräch ablaufen? Denke auch an den Beginn und das Ende.

b) Übt dieses Gespräch im Rollenspiel.

3 Zeichnet die Gespräche mit einer Kamera auf und wertet sie anhand der Checkliste auf S. 18 aus.

Gespräche auswerten

4 „Sich bewerben" und „für sich werben" – erläutert die jeweilige Aussage. Inwiefern hat eine Bewerbung mit „Werbung" zu tun?

→ Sich bewerben S. 41 ff.

Das habe ich gelernt

- Auf ein offizielles Telefonat kann ich mich vorbereiten, indem ich ...

- Während des Gesprächs sollte ich auf Folgendes achten: ...

- Bei einem persönlichen Vorstellungsgespräch kommt außerdem noch dazu: ...

Schreibe in dein Heft oder Portfolio.

Sprechen und zuhören

19

Anwenden und vertiefen

Sich um einen Ferienjob bewerben

ein Telefonat vorbereiten

1 Stell dir vor, du suchst einen Ferienjob, z. B. als Babysitter/in oder als Zeitungsausträger/in. Bereite dich auf ein Telefongespräch mit deinem möglichen Arbeitgeber vor.

a) Lies die Anzeigen: Um welche Jobs geht es?

b) Mache dir einen Spickzettel. Formuliere Fragen für ein Telefonat.

im Rollenspiel üben

2 Gestaltet das Telefonat in einem Rollenspiel. Auch dein/e Gesprächspartner/in muss sich auf das Telefonat vorbereiten.

ein Gespräch auswerten

3 Zeichnet das Gespräch auf und bewertet es in der Gruppe anhand der Checkliste auf S. 18. Schreibt in einer Tabelle auf, was gelungen ist und was verbessert werden sollte.

4 Recherchiere mögliche Ferienjobs an deinem Wohnort. Was musst du beachten? Wie bereitest du dich vor, falls du Interesse an einem Job hast?

Ohne Figuren keine Geschichten
Zu einem literarischen Text schreiben

Was weißt du schon?

- Inwiefern hat das Foto mit dem Thema „andere verstehen" zu tun?
- Nicht nur reale Menschen, sondern auch literarische Figuren verhalten sich manchmal unverständlich. Welche Schreibaufgaben helfen dir, das Verhalten einer literarischen Figur besser zu verstehen?
- Welche Schreibaufgaben kennst du, in der du deine Meinung zu literarischen Texten äußerst?
- Wiederholt gemeinsam, was ihr beim Schreiben einer Textzusammenfassung beachten müsst.
- Hast du schon einmal einen Textausschnitt kommentiert? Was ist dabei zu beachten?

Eine Erzählung verstehen

Vermutungen anstellen und überprüfen

erste Leseeindrücke notieren

1 Lies die Überschrift und den ersten Absatz der folgenden Erzählung.

a) Stelle Vermutungen an, worum es in dem Text gehen könnte.

b) Lies den gesamten Text und notiere deine Leseeindrücke. Vergleiche mit deinen Vermutungen.

Siegfried Lenz
Das unterbrochene Schweigen

Zwei Familien, Nachbarn, gab es in Bollerup, die hatten seit zweihundert Jahren kein Wort miteinander gewechselt – obwohl ihre Felder
5 aneinandergrenzten, obwohl ihre Kinder in der gleichen Schule erzogen, ihre Toten auf dem gleichen Friedhof begraben wurden.

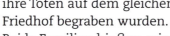

10 Beide Familien hießen, wie man vorauseilend sich gedacht haben wird, Feddersen, doch wollen wir aus Gründen der Unterscheidung die eine Feddersen-Ost, die andere Feddersen-West nennen, was auch die Leute in Bollerup taten.
Diese beiden Familien hatten nie ein Wort gewechselt, weil sie
15 sich gegenseitig – wie soll ich sagen: für Abschaum hielten, für Gezücht*, für Teufelsdreck mitunter; man haßte und verachtete sich so dauerhaft, so tief, so vollkommen, daß man auf beiden Seiten erwogen hatte, den Namen zu ändern – was nur unterblieben war, weil die einen es von den andern glaubten erwarten
20 zu können. So hieß man weiter gemeinsam Feddersen, und wenn man die Verhaßten bezeichnen wollte, behalf man sich mit Zoologie, sprach von Wölfen, Kröten, von Raubaalen, Kreuzottern und gelegentlich auch von gefleckten Iltissen. Was den Anlaß zu zweihundertjährigem Haß und ebenso langem Schweigen
25 gegeben hatte, war nicht mehr mit Sicherheit festzustellen; einige Greise meinten, ein verschwundenes Wagenrad sei die Ursache gewesen, andere sprachen von ausgenommenen Hühnernestern; auch von Beschädigung eines Staketenzauns* war die Rede. Doch der Anlaß, meine ich, ist unwichtig genug, er braucht uns
30 nicht zu interessieren, wohingegen von Interesse sein könnte, zu erfahren, daß in beiden Familien alles getan wurde, um dem Haß dauerhaften Ausdruck zu verleihen. Um nur ein Beispiel zu geben: Wenn in einer Familie die Rede auf den Gegner kam, machten eventuell anwesende kleine Kinder ungefragt die Geste
35 des Halsabschneidens, und wie mein Schwager wissen will, verfärbten sich sogar anwesende Säuglinge – was ich jedoch für eine Mißdeutung halte. Fest steht jedoch, daß die Angehörigen

das Gezücht: abwertende Bezeichnung für die Nachkommen einer bestimmten Art, z.B. Schlangengezücht

der Staketenzaun: Zaun mit senkrecht angebrachten Holzlatten

beider Familien bei zwangsläufigen Begegnungen mit geballten Fäusten wegsahen oder automatisch Zischlaute der Verachtung ausstießen. Gut. Bis hierher setzt das keinen in Erstaunen, etwas Ähnliches hat jeder wohl schon mal gehört.
Doch Erstaunen mag vielleicht die Ankündigung hervorrufen, daß das feindselige Schweigen an einem Gewitterabend gebrochen werden wird – aber ich will nacheinander erzählen.
Nach zweihundertjährigem Schweigen waren an einem Abend die Vorstände der beiden Familien in ihren Booten hinausgefahren, um Reusen* aufzunehmen: Friedrich Feddersen vom Osten und Leo Feddersen vom Westen. Manche in Bollerup, deren Felder sich zum Strand hin erstreckten, betrieben nebenher einträglichen Fischfang, so auch Friedrich, so auch Leo Feddersen. Gleichzeitig, will ich mal sagen, entfernten sich ihre Boote vom Strand, strebten den Reusen zu, fuhren dabei über eine stumpfe, glanzlose Ostsee, unter dunklem, niedrigen, jedenfalls reglosem Abendhimmel – dem Himmel, unter welchem die Blankaale zu wandern beginnen. Es war schwül, etwas drückte auf die Schläfen, da konnte man nicht sorglos sein. Die Männer, die einander längst bemerkt hatten, verhielten sich, als seien sie allein auf der Ostsee, fuhren mit kurzen Ruderschlägen zu den Pfahlreibern, in denen die Reusen hingen. Sie banden ihre Boote fest, nahmen die Reusen auf und lösten die Schnüre, und während sie ihre Aale sorgsam ins Boot ließen, machte der Abend wahr, was er Eingeweihten schon angedeutet hatte: er entlud sich.
Schnell formierte er ein Gewitter über der Ostsee, am Himmel wurde etwas umgestellt, heftige Windstöße krausten und riffelten das Wasser, Wellen sprangen auf, und ehe die Männer es gewahr wurden*, hatte ein heftiger Regen sie überfallen, und Dunkelheit hatte den Strand entrückt*. Strömung und Wellen verbanden sich, verlangten den rudernden Männern alles ab an Kraft und Geschicklichkeit, und sie ruderten, ruderten noch länger, wurden abgetrieben, ruderten immer noch – wir brauchen da nicht kleinlich zu sein. Wir haben es in der Hand, die tief verfeindeten Herren ausdauernd arbeiten zu lassen, können ihnen den Widerstand des Windes entgegensetzen, können die Elemente nach Herzenslust toben lassen, uns sind da keine Grenzen gesetzt.
Nur in einem bestimmten Augenblicke müssen wir uns an die Geschichten gebunden fühlen, und das heißt: die Boote der tief Verfeindeten müssen von Strömung, Wind und planvollen* Wellen zueinandergeführt werden, sie haben aus dem Aufruhr aufzutauchen und sich in kürzestem Abstand zueinander zu befinden. Denn so verhielt es sich doch: ohne daß es in der Absicht der Männer gelegen hätte, wurden ihre Boote zusammengeführt, gerieten zur gleichen Zeit auf den Kamm einer Welle, wurden, meinetwegen krachend, gegeneinandergeworfen, überstanden den Anprall nicht, sondern schlugen um.

die Reusen: kegelförmige Netzschläuche, die auf dem Meeresboden stehen und dem Fischfang (bes. Aale) dienen

gewahr werden: bemerken

entrücken: entfernen

planvoll: geplant

Beide Männer waren Nichtschwimmer, beiden taten, was Nichtschwimmer in solchen Augenblicken tun: Sie klammerten sich aneinander, umarmten sich inständig, wollten den anderen um keinen Preis freigeben. Sie tauchten gemeinsam unter, schluckten gemeinsam Wasser, stießen sich gemeinsam vom Grund ab und wurden in ihrer verzweifelten Umklammerung von einer langen Welle erfaßt und einige Meter strandwärts geworfen. Wer will, könnte noch erzählen, wie sie prusteten und tobten, sich wälzten und nicht voneinander lassen mochten, während Welle auf Welle sie erfaßte und dem Strand näherbrachte. Wir wollen uns damit begnügen, festzustellen, daß sie auf einmal Grund gewannen, sich in ihrer Gemeinsamkeit dem Sog* widersetzten, zum Strand hinwateten und den Strand auch erreichten, glücklich und immer noch aneinandergeklammert. Die Erschöpfung veranlaßte sie, sich niederzusetzen Arm in Arm, und nach der Überlieferung soll Friedrich nach zweihundertjährigem Schweigen folgendermaßen das Wort genommen haben: „Schade um die Aale." Darauf soll Leo gesagt haben: „Ja, schade um die Aale." Dann langte jeder von ihnen in die Joppentasche*, holte ein breites, flaches Fläschchen mit Rum hervor, und es fielen wiederum einige Worte, nämlich: „Prost, Friedrich", und „Prost, Leo".

So, und jetzt müssen wir etwas Zeit verstreichen, die Fläschchen leer werden lassen, wobei allerdings erwähnenswert ist, daß die Männer die Flaschen tauschten. Sie wärmten sich durch, schlugen sich auf die Schultern, beobachteten schweigend die Ostsee, die sich Mühe gab, erregt zu erscheinen; dann lachten sie, warfen ihre leeren Flaschen ins Wasser und gingen untergehakt über die Steilküste, durch den Mischwald nach Bollerup zurück. Daß sie ein Lied anstimmten, ist nicht erwiesen, aber erwiesen ist, daß sie Arm in Arm bis zum Dorfplatz gingen, sich plötzlich voneinander lösten und sich überrascht mit Blicken maßen*, wobei ihre Kiefer hart, ihre Münder lippenlos geworden sein sollen. Und auf einmal zischte Leo Feddersen: „Kröte", und Friedrich zischte zurück: „Gefleckter Iltis, du" – wonach beide es für angebracht hielten, sich nach Ost und West zu entfernen.

Seitdem besteht zwischen beiden Familien wieder das schöne, tragische Schweigen, sind sie sich in zweihundertjährigem Haß verbunden; und so sind es die Leute von Bollerup, die selten nach Ursachen fragen, auch gewöhnt. [R]

der Sog: saugende Wasserströmung

die Joppe: Männerjacke

sich mit Blicken messen: sich gegenseitig sehr genau anschauen

---

unbekannte Wörter klären

HILFE
Wer spielt in dem Geschehen eine wichtige Rolle? **Wo** spielt das Geschehen? **Wann** spielt das Geschehen? **Worum** geht es in der Erzählung?

W-Fragen beantworten und Zwischenüberschriften finden

2 Welche Möglichkeiten kennst du, einen Text besser zu verstehen? Folgende Aufgaben können dir helfen:

a) Beantworte die W-Fragen.

b) Untersuche den Aufbau der Handlung. Gliedere den Text in drei Hauptabschnitte und formuliere Zwischenüberschriften.

3 Lies den Text noch einmal genau. Kläre unbekannte Wörter durch Nachdenken, Nachfragen oder Nachschlagen.

Den Text schriftlich zusammenfassen

1 a) Wie bist du vorgegangen, wenn du den Inhalt eines Textes schriftlich zusammengefasst hast? Berichte.

b) Welche Schwierigkeiten haben sich dabei für dich ergeben? Beschreibe und begründe.

2 Untersuche die Zeitstruktur der Erzählung „Das unterbrochene Schweigen".

a) Welche Zeitspanne umfasst die erzählte Zeit?

b) In welche drei Phasen lässt sich die erzählte Zeit unterteilen? Ordne sie den Textabschnitten zu.

3 Notiere zu jedem Hauptabschnitt (Phase) Stichworte, die das Geschehen wiedergeben. Prüfe, ob du noch unnötige Stichworte streichen kannst.

4 a) Wähle einen Abschnitt aus und fasse mit Hilfe deiner Notizen die wichtigsten Handlungszusammenhänge zusammen.

> **Die Zeitstruktur des Textes wiedergeben**
>
> - **Perfekt:** alles, was vor der eigentlichen Geschichte liegt, z.B.: *Vor 200 Jahren hat die Feindschaft begonnen.*
> - **Präsens:** Das eigentliche Geschehen und die Folgen, z.B.: *Sie rudern am Abend hinaus, um die Aale einzuholen.*

b) Tauscht eure Texte aus und überprüft, ob die Tempusformen stimmen.

5 Überarbeite den Ausschnitt aus einer Textzusammenfassung.

Nach zweihundertjährigem Schweigen waren Friedrich und Leo Feddersen an einem Abend hinausgefahren, um die Aale hereinzuholen. Als plötzlich ein heftiger Sturm mit einem schlimmen Gewitter aufzog, konnten sich die beiden – fest aneinanderklammernd – nur mit Mühe an den Strand retten. Die überstandene Lebensgefahr ließ sie den alten Hass vergessen und froh über die glückliche Rettung stießen sie mit Schnaps an und sagten: „Schade um die Aale!"

a) An welchen Stellen besteht Überarbeitungsbedarf? Beschreibe und begründe.

b) Schreibe diesen Abschnitt verbessert in dein Heft und wandle die wörtliche Rede in indirekte Rede um.

HILFEN
Erzählzeit und erzählte Zeit
Erzählte Zeit: der Zeitraum, den das erzählte Geschehen umfasst
Erzählzeit: die Zeit, in der eine Geschichte gelesen werden kann.

die Zeitstruktur des Textes erfassen

Stichworte zum Geschehen notieren

die Zeitstruktur wiedergeben

einen Textausschnitt überarbeiten

Zu Texten schreiben / Erzählen

6 Schreibe eine Zusammenfassung des Textes und beachte dabei die Hinweise im Kasten. Den wertenden Schlussteil kannst du zunächst weglassen.

> **❗ Eine Textzusammenfassung schreiben**
>
> - In der Einleitung einer Textzusammenfassung werden Autor, Titel, Textsorte, Thema und ggf. die Textabsicht genannt.
> - Im Hauptteil wird das Geschehen in chronologischer Reihenfolge mit eigenen Worten im Präsens knapp zusammengefasst.
>   – Verwende keine wörtliche Rede.
>   – Lass alle unwichtigen Teilschritte weg.
>   – Die Sprache ist sachlich und knapp.
>   – Verbinde die Handlungsschritte durch verschiedene passende Konjunktionen miteinander.
> - Der Schlussteil kann eine persönliche Wertung des Textes (z. B. Textwirkung) enthalten.

Den bewertenden Schlussteil einer Zusammenfassung schreiben

Stellung zum Text nehmen

Im Schlussteil kannst du zu folgenden Aspekten Stellung nehmen:

Cluster um „das unterbrochene Schweigen": Figuren, Erzählweise, Textwirkung, sprachliche Gestaltung, Textabsicht

7 Über welche Fragen kannst du nachdenken, wenn du Stellung zu den beiden Hauptfiguren nehmen möchtest? Ergänze den Cluster.

8 a) Wie verhalten sich die beiden Hauptfiguren jeweils im ersten, zweiten und dritten Handlungsabschnitt? Notiere Stichworte.

b) Notiere unter jeden Abschnitt mögliche Beweggründe für ihr Verhalten.

9 Formuliere einen bewertenden Schlussteil, in dem du auf das Verhalten der beiden Figuren eingehst und Stellung beziehst. Du kannst die Adjektive und Adverbien im Kasten nutzen.

> uneinsichtig   unreflektiert   gewohnheitsmäßig   stur
> störrisch   feige   mutlos   eigensinnig   beharrend   dumm
> festgefahren   unverbesserlich   unverständlich   unsinnig

Zu Texten schreiben / Erzählen

26

Sich schreibend den literarischen Figuren nähern

Die Hauptfiguren erschließen

1 a) Wähle eine Textstelle aus:

Die Männer, die einander längst bemerkt hatten, verhielten sich, als seien sie allein auf der Ostsee […]

[…] daß sie auf einmal Grund gewannen, sich in ihrer Gemeinsamkeit dem Sog widersetzten, zum Strand hinaufwateten und den Strand auch erreichten, glücklich und immer noch aneinandergeklammert.

einen inneren Monolog schreiben

Sie wärmten sich durch, schlugen sich auf die Schultern, beobachteten schweigend die Ostsee, die sich Mühe gab, erregt zu erscheinen; dann lachten sie, warfen ihre leeren Flaschen ins Wasser und gingen untergehakt über die Steilküste, durch den Mischwald nach Bollerup zurück. R

b) Notiere die gewählte Textstelle in dein Heft und schreibe mögliche Gedanken der beiden Männer in Denkblasen drum herum.

c) Formuliere die Denkblasen zu einem inneren Monolog aus und schreibe ihn in dein Heft.

HILFE
innerer Monolog: stummes Selbstgespräch einer Figur (Gedanken, Gefühle)

Was die Leute aus Bollerup sagen

2 Am Anfang und am Ende werden die „Leute in Bollerup" erwähnt. Sprecht zu zweit über folgende Aspekte:

einen Dialog schreiben

a) Welche Bedeutung haben die „Leute in Bollerup" in der Erzählung?

b) Im Text heißt es am Ende: „[…] so sind es die Leute von Bollerup, die selten nach Ursachen fragen, auch gewöhnt."
Erklärt diese Aussage.

c) Treffen folgende Begriffe die Wertvorstellungen der Dorfbewohner? Begründet.

> Gewohnheit   Tradition   Erwartungen an das Verhalten anderer
> soziale Kontrolle

3 Stelle dir vor, du besuchst das Dorf Bollerup und befragst die Leute nach dem Verhalten der Familien Feddersen und den Ursachen für dieses Verhalten.

  a) Sammelt Fragen, z. B.:
  – Was denken Sie über das Verhalten der Familien Feddersen-Ost und -West?
  – Kennen Sie den Grund für den Streit?
  – Glauben Sie, dass es zu einer Versöhnung zwischen den Familien kommen kann?

  b) Entwickle mögliche Antworten der Dorfbewohner und schreibe den möglichen Verlauf des Interviews auf.

4 Bildet Zweiergruppen. Eine/r interviewt und eine/r wird befragt. Tragt das Interview in der Klasse vor.

> **Gestaltend zu einem literarischen Text schreiben**
> - Bevor du zu einem literarischen Text schreiben kannst, solltest du die Handlung und die Figuren eines Textes genau kennen.
> - Gehe immer von dem aus, was der Text über die Figuren aussagt, bevor du dir etwas dazu ausdenkst.
> - Das, was du in deinem eigenen Text zusätzlich erfindest, darf nicht im Gegensatz zu den Darstellungen im Text stehen, sondern soll sie weiterentwickeln.
> - Überlege, für welchen Adressaten du den Text schreibst. In einem inneren Monolog z. B. wird offener über Gefühle gesprochen als in einem Interview.

Einen Kommentar des Erzählers schreiben

einen Erzählerkommentar schreiben

 Kommentar S. 221

5 Wer erzählt die Geschichte? Stelle Vermutungen an und notiere sie in Stichworten.

6 An verschiedenen Stellen spricht der Erzähler die Leser/innen direkt an oder bewertet das Verhalten der Figuren.
Finde passende Textbelege zu folgenden Aussagen:
  – Der Erzähler bezieht die Leser/innen in das Geschehen ein. → Z.
  – Der Erzähler lässt das Geschehen glaubwürdig erscheinen. → Z.
  – Der Erzähler kommentiert das Geschehen manchmal lustig. → Z.

7 Schreibe zu weiteren Textstellen mögliche Kommentare, die aus Erzählersicht denkbar wären.

Einen Textausschnitt kommentieren

Am Ende heißt es im Text „Seitdem besteht zwischen beiden Familien wieder das schöne, tragische Schweigen, sind sie sich in zweihundertjährigem Haß verbunden […]" (Z.122ff.). R

die Textaussage wiedergeben

1 Wie verstehst du diese Aussage? Führt eine Gruppenanalyse durch.

einen Text als Gruppenanalyse schreiben

Gruppenanalyse

- Jede/r schreibt die Textstelle auf ein Blatt Papier.
- Jede/r schreibt ihren/seinen Echotext (Verständnis von der Textstelle) darunter und gibt ihr/sein Arbeitsblatt im Uhrzeigersinn in der Gruppe weiter.
- Jede/r schreibt in den nächsten drei bis vier Runden einen Kommentar zu dem jeweiligen Echotext der anderen.
- Wenn man den eigenen Echotext wieder vor sich liegen hat, kann man ihn verändern oder ergänzen, wenn man durch das Lesen der anderen Echotexte noch Anregungen bekommen hat.

Folgende Fragestellungen können euch bei der Formulierung eurer Texte helfen:
– Das Schweigen wird gleichzeitig als „tragisch" und als „schön" bezeichnet. Beschreibe, was damit gemeint ist, und erkläre den Widerspruch.
– Wie ist es möglich, dass man sich gleichzeitig hasst und einander verbunden ist? Erkläre anhand des Textes.
– Wie kommt es zustande, dass sich die Hauptfiguren so verschieden zueinander verhalten, je nachdem, in welcher Situation sie sich gerade befinden?
– Gäbe es eine Alternative zum „Schweigen"? Warum scheint sie im Text nicht möglich zu sein?

Das habe ich gelernt

- Zum besseren Textverständnis hilft es mir, wenn ich folgende Punkte genauer untersuche: …
- Die Untersuchung der Figuren in einem Text hilft mir, Folgendes besser zu verstehen: …
- Der Erzähler kann das Textverständnis der Leser/innen beeinflussen, indem er …
- Folgendes hilft mir, anhand einer Textstelle die Textaussage zu formulieren und zu kommentieren: …

Schreibe in dein Heft oder ins Portfolio.

Zu Texten schreiben / Erzählen

Anwenden und vertiefen

1 Lies den Text und notiere deine ersten Leseeindrücke.

den Text lesen und erste Leseeindrücke notieren

Marcus Jauer
Nicht zu wissen, wohin …

In fünf Minuten würde sie zuschließen und sich auf den Weg machen. Am Fluss entlang zur S-Bahn laufen und aus der Stadt
5 hinaus nach Hause fahren. Sie würde die Bettdecke vor den Fernseher tragen, den Ton ausstellen und die Musik an. So würde sie einschlafen. Wenn nicht
10 jetzt noch jemand kommt. Es sah nicht danach aus heute Abend. Wer schaut sich schon einen angolanischen* Dokumentarfilm in der Spätvorstellung an. […] Außerdem waren die Sitze durchgesessen, die Leinwand winzig. […] Siebzig Mark* zahlte er ihr jeden Abend.
15 Egal, ob jemand kam. Es war kein schlechter Job.
Sie hatte gerade abgeschlossen, als es an die Tür klopfte. Er hatte die Gestalt eines großen, traurigen Vogels. Seine Schultern hingen nach unten und die Hände steckten tief in den Taschen. Sie hätte mit dem Kopf schütteln können oder auf ihre Uhr zeigen. Aber er
20 sah aus, als wisse er nicht, wohin er sonst sollte.
„Bist aber der Einzige, sonst ist keiner da."
„Läuft der Film denn trotzdem?"
„Ja. Kostet zehn Mark*, kannst dir aussuchen, wo du sitzt."
Er lächelte und sagte, er sei noch nie allein im Kino gewesen. Sie
25 lächelte nicht und meinte, wenn was ist, könne er ja rufen. Dann ging sie den Filmapparat einschalten und sah durch das kleine Fenster, wie sich der traurige Vogel in der Mitte der Sitzreihen niederließ. Komisch. Sie hätte sich nie allein in ein Kino gesetzt. Sie wäre überhaupt nicht allein weggegangen. Aber sie musste es
30 auch nicht, irgendeinen Jungen hatte es immer gegeben. Gut, vielleicht nicht in den letzten Wochen. Er hatte nicht mehr angerufen und sie hatte sich nicht mehr getraut. Die Zahlen hatten auch gesagt, dass sie es lassen sollte. Und sie hörte fast immer auf die Zahlen bei solchen Sachen. Es war ganz einfach:
35 Ungerade Zahlen bedeuteten Ja, gerade Zahlen bedeuteten Nein. Seinetwegen war sie damals extra zu dem Aussichtsturm gefahren, draußen auf dem Hügel am Rande der großen Stadt. Es waren 138 Stufen bis ganz nach oben gewesen. 138. Gerade. Also nein. Also nicht mehr anrufen. Sie hatte zwar das Gefühl
40 gehabt, es war die falsche Entscheidung. Aber der Turm hatte nun mal 138 Stufen. […] Seit sie mit den Zahlen angefangen hatte,

Angola: Staat im Südwesten Afrikas

1 Mark entspricht etwa 0,5 Euro.

schien es immer Sachen zu geben, bei denen genauso viele Gründe für etwas sprachen wie dagegen. Heute hatte sie sich nach dem Aufstehen gefragt, ob es ein guter Tag werden würde.
45 Einundzwanzig Sprossen hatte das Laufrad ihres Hamsters gehabt. Einundzwanzig. Ungerade. Ein guter Tag also. Er war fast vorbei und gestimmt hatte es nicht. Wegen eines einzigen Besuchers hatte sie hier im Kino bleiben müssen. Endlich war der Film aus. Sie öffnete die Tür, ging die Sitzreihen entlang nach
50 unten, und als sie auf seiner Höhe war, sah sie, dass er schlief. Er war in seine Jacke hineingerutscht, sein Kopf lag auf der Seite. Das Gesicht war schmal, die Nase ein bisschen groß, der Mund ganz schön. Über dem linken Auge hatte er eine kleine Narbe. […] Sie hielt ihre Hände ganz dicht an sein Ohr und klatschte sie mit
55 ganzer Kraft zusammen. Er schreckte hoch und sein Knie knallte gegen den Getränkehalter. Es muss sehr weh getan haben, aber jetzt war er wach. „Tut mir leid", sagte sie, „du hast geschlafen und ich will nach Hause. Geht's wieder?" Als er zur Tür ging, humpelte er noch ein wenig. Sie säuberte die Popcorn-Maschine
60 und löschte überall das Licht. Dann setzte sie den Walkman auf und lief den Fluss entlang zur S-Bahn. Es war jetzt kurz nach elf. Der Bahnsteig war leer. Nur auf der letzten Bank saß jemand und ein paar Schritte weiter erkannte sie ihn. Er war wieder in die Jacke hineingekrochen, nur
65 die blonden Haare schauten heraus. Vielleicht sollte sie ihn noch mal wecken. Doch als sie neben ihm stand, schlug er die Augen auf.
70 „Schläfst du schon wieder?" „Dafür sind die Schmerzen noch zu groß." „Tut mir leid. Hat dir der Film wenigstens gefallen?" „Ich kenne das
75 Ende ja nicht." „Soll ich es dir erzählen?" Als die S-Bahn kam, hatte sie gerade erst herausgefunden, an welcher

Stelle er eingeschlafen war. „Ich muss", sagte sie und stand auf.
80 „Und das Ende?" „Kannst ja eine Station mitkommen." Er streckte ihr die Hand entgegen. „Hilfst du mir? Weißt ja, das Bein." Sie lächelte und nahm seine Hand. Sie war warm. Und seine Augen waren grau und blau.

2 a) Gliedere den Text in fünf Abschnitte.

b) Notiere in Stichworten, was jeweils in den fünf Abschnitten „geschieht".

c) Fasse den Inhalt des ersten Abschnittes knapp schriftlich zusammen, so wie du es in diesem Kapitel gelernt hast.

eine Textzusammen- fassung schreiben	**3**	Schreibe eine Textzusammenfassung ohne wertenden Schluss. Schreibe eine halbe Seite.
	4	**a)** Schreibe eine Textzusammenfassung (eine halbe Seite).
		b) Ergänze einen wertenden Schlussteil, in dem du das Verhalten der beiden Hauptfiguren beschreibst und dazu Stellung nimmst.
die Figuren- konstellation erarbeiten	**5**	**a)** Zeichne die beiden Hauptfiguren in dein Heft.
		b) Notiere Adjektive, die jeweils zu der Figur passen, unter die Zeichnungen.
		c) Schreibe jeweils eine Gedankenblase zu jeder Figur, in der zwei Sätze stehen, die sie während der S-Bahn-Fahrt am Ende denken könnte.
		d) Beschreibe, wie sich das Verhältnis der beiden Figuren im Verlauf der Erzählung verändert.
einen Dialog schreiben	**6**	Schreibt zu zweit die Unterhaltung der beiden Figuren bei der Fahrt mit der S-Bahn am Ende.
		a) Notiert stichwortartig Fragen und mögliche Antworten. Überlegt, was jede/r der beiden von sich aus erzählt.
		b) Bringt die Notizen in eine schlüssige Reihenfolge und schreibt sie in einen Dialog um.
		c) Spielt die Szenen vor der Klasse vor.
einen inneren Monolog schreiben	**7**	Suche dir eine der beiden Hauptfiguren aus der Geschichte „Nicht zu wissen, wohin ..." aus und schreibe einen inneren Monolog von mindestens einer Seite.

Spannung pur!
Gemeinsam einen Krimi schreiben

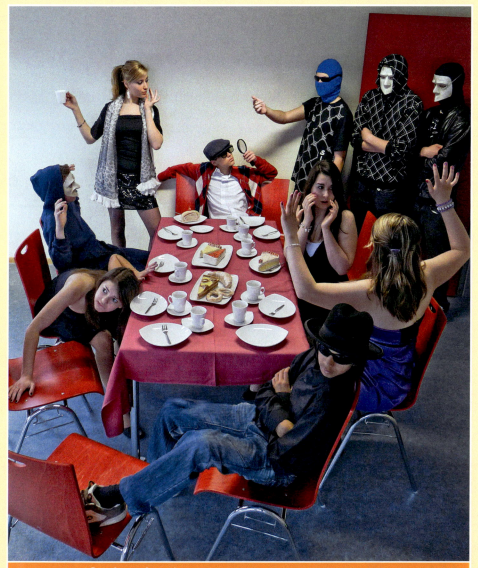

Was weißt du schon?

- Wovon handeln Kriminalgeschichten?
- Welche Krimis kennst du und woher? (z. B. Bücher, Fernsehen, Kino, ...)
- Welche Personen kommen in Kriminalgeschichten typischerweise vor?
- Welche Gefühle verbindest du mit einem Krimi?
- Hast du schon einmal eine eigene Kriminalgeschichte geschrieben? Was musst du dabei beachten?

Auf Spurensuche – Die Merkmale einer Kriminalgeschichte kennen

1 Lies den Textausschnitt des Krimis „Emilias letzter Wille".

Emilias letzter Wille

„Mein letzter Wille", so lautete die Überschrift auf dem bereits vergilbten* Blatt Papier, das Inspektor Fuchs in seinen Händen
5 hielt. Er drehte das leicht zerknüllte Schriftstück hin und her. Irgendetwas störte ihn daran, aber er konnte nichts Außergewöhnliches finden. Die Tinte war nach all den Jahren
10 etwas blasser geworden und am oberen Rand des Testaments war ein kleiner Riss zu sehen.
Er schaute sich in dem Zimmer aufmerksam um. Vor dem Bett hatte man vor drei Tagen Emilias Leiche gefunden.
15 In ihrem hohen Alter hatte sie ihr Haus nur noch selten verlassen. Ihr Butler James hatte sie entdeckt, als er ihr den morgendlichen Tee und ein wenig Gebäck servieren wollte. Der herbeigerufene Notarzt hatte die Diagnose „Tod durch Ersticken" gestellt. Ein Kissen hatte neben ihrem leblosen, blau angelaufenen Gesicht
20 gelegen. In ihrer Hand hatte man einige zerbrochene Glassplitter und ein winziges Stück eines Fotos gefunden.
Inspektor Fuchs hatte dieses Kribbeln im Bauch – ein Gefühl, das immer und untrüglich dann auftrat, wenn er einen kniffeligen Fall zu lösen hatte.
25 Er ging zu dem leicht verstaubten Flügel, der im hinteren Teil des Zimmers vor dem großen Terrassenfenster aufgestellt war. Hier standen die Fotos aller Familienmitglieder, die Emilia in ihrem Leben sorgsam gesammelt und liebevoll eingerahmt hatte.
Da gab es Henriette, Emilias Tochter, die seit 25 Jahren mit dem
30 Schönheitschirurgen Frederik verheiratet war. Henriette hatte in den letzten Jahren kein besonders gutes Verhältnis zu ihrer

vergilben: gelblich werden

Zu Texten schreiben / Erzählen

Mutter gehabt. Ihr Ehemann traf sich gerne mit anderen Frauen, worunter sie sehr litt. Trotzdem wollte Henriette ihren Mann nicht verlassen und genau das hatte Emilia rasend gemacht.

35 Henriette hatte zwei Kinder, Tom und Vanessa. Tom war 29 Jahre alt und arbeitete in der Klinik seines Vaters. Dort hatte er auch seine Frau Ellen kennen gelernt, die als Krankenschwester arbeitete. Als sich herausstellte, dass sie keine Kinder bekommen konnte, hatte Tom das Interesse an der Beziehung verloren.
40 Er verbrachte die meiste Zeit auf dem Tennisplatz.
Vanessa hatte sich mit 18 Jahren in Charly – den Kellner einer Bar in der Stadt – verliebt und ihre Ausbildung als Modell aufgegeben. Eigentlich hatte Vanessa noch nie etwas wirklich zu Ende gebracht. Sie ging lieber auf Partys, als sich mit dem „Ernst des
45 Lebens" auseinanderzusetzen. Wenn ihr das Geld ausging, hatte Oma Emilia ihr stets unter die Arme gegriffen. …

2 a) Notiere deinen ersten Leseeindruck.

erste Leseeindrücke notieren

b) Welche typischen Merkmale einer Kriminalgeschichte sind dir aufgefallen? Erstelle eine Liste.

Vorwissen aktivieren

c) Schreibe deine Erwartungen an einen „guten Krimi" auf.

d) Bilde mit zwei Mitschüler/innen eine „Krimi-AG." Vergleicht eure Notizen.

AG: Arbeitsgruppe

> **Merkmale einer Kriminalgeschichte**
> - Ein **Verbrechen** wird entdeckt.
> - Ein/e **Ermittler/in** tritt auf und übernimmt den Fall.
> - Die **Spuren** werden gesichert.
> - Die **Verdächtigen** werden ermittelt und nach ihrem **Alibi** gefragt.
> - Die Suche nach dem **Motiv** beginnt.
> - Die **Tat** wird **rekonstruiert** (aufgedeckt, nachvollzogen).
> - **Der Täter / Die Täterin** wird **überführt.**
> - Die **Personen,** die in einem Krimi vorkommen, lassen sich einer bestimmten Kategorie (Art) zuordnen: Täter, Opfer, …

3 a) Überprüft, welche Merkmale einer Kriminalgeschichte der Textausschnitt enthält. Belegt eure Aussagen am Text.

Besonderheiten einer Kriminalgeschichte untersuchen

Opfer (Z. …)	Tatort (Z. …)
…	…

b) Welche Merkmale fehlen? Ergänze in einer anderen Farbe.

c) Welche typischen Handlungsabläufe enthält der Textausschnitt? (Entdeckung des Verbrechens, …)

Eine Kriminalgeschichte planen

Am Anfang der Kriminal-Schriftstellerei steht eine gut durchdachte Planung. Die Handlung, die dem Krimi zu Grunde liegt, muss logisch und nachvollziehbar sein. Jedes Detail ist wichtig.

1 a) Besprecht: Welchen „Schauplatz" würdet ihr für einen Mord in einem Krimi wählen?
- ein altes Bauernhaus
- ein Landsitz einer adeligen Familie
- ein kleines, gemütliches Reihenhaus
- eine Zwei-Zimmer-Wohnung mit Blick auf eine Hauptverkehrsstraße

b) Warum ist es sinnvoll, den Schauplatz des Verbrechens möglichst genau zu kennen? Sammelt gemeinsam Gründe.

sich in die Hauptfiguren hineinversetzen

2 Versetzt euch in die Rolle des Ermittlers aus „Emilias letzer Wille". Entwickelt eine Checkliste zur Untersuchung des Falls.

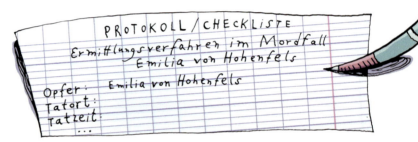

3 Untersucht gemeinsam die Personen im Krimi.

a) Ordnet die Familienbilder auf S. 34 den im Text genannten Personen zu.

b) Schreibt zu jeder Person eine Personenbeschreibung. Ergänzt Merkmale, die im Text nicht genannt werden.

c) Warum ist eine genaue Personenbeschreibung in einem Krimi wichtig? Begründet.

> **Steckbrief**
> - **Name:** Emilia von Hohenfels
> - **Gesamteindruck:** Alter: 84 Jahre, Größe: 1,56 m, Figur: vollschlank
> - **Gesicht und Haare:** rundliches Gesicht, braune Augen, grau-weißes, kurzes, gelocktes Haar
> - **Charaktereigenschaften:** freundlich, bestimmend
> - **Kleidung:** elegante Kleider, Halsschmuck, Ohrringe
> - **Besondere Kennzeichen:** faltige Stirn, spitze Nase

4 **a)** Welches Bild zeigt Inspektor Fuchs? Diskutiert in eurer Gruppe.

b) Erstellt eine Liste mit Eigenschaften, die ein Ermittler besitzen sollte.

5 Zu jeder Tat gehört ein Motiv. Es spielt eine zentrale Rolle bei der Ermittlung des Täters oder der Täterin (Z.1–12). Aus welchem Grund wurde Emilia von Hohenfels ermordet? Stellt Vermutungen an.

6 **a)** Erstellt eine Mindmap zu den möglichen Verdächtigen.

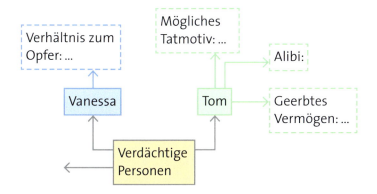

b) Listet mögliche Mordmotive auf, die in Zusammenhang mit Emilias Testament stehen könnten.

c) Welche Personen hätten ein persönliches Interesse daran, Emilia zu töten?

Das Besondere an Krimis ist, dass die Umstände eines Verbrechens meist schleierhaft und geheimnisvoll erscheinen. Der Ermittler arbeitet mit scharfem Verstand daran, das Rätsel zu lösen. Erst zum Schluss werden alle Zusammenhänge geklärt und der Täter entlarvt. Oft ist das Ergebnis überraschend.

7 Schreibt die Namen aller Personen aus dem Krimi auf einzelne Zettel. Ein weiterer Zettel enthält ein Fragezeichen. Legt die Zettel verdeckt auf den Tisch.

a) Zieht zu zweit den Namen eines möglichen Täters. Ein Fragezeichen steht für eine unbekannte Person, die in der Geschichte noch nicht auftaucht.

b) Ordnet dem Täter ein Tatmotiv zu (siehe Aufgabe 6).

TIPP
Beziehet in eure Überlegungen mit ein, dass Inspektor Fuchs ein merkwürdiges Gefühl beim Anblick des Testaments hat (Z.1–12).

Gedanken sinnvoll strukturieren

Die Kriminalgeschichte schreiben

einen Schreibplan entwerfen

HILFEN
Klärt unter Berücksichtigung des Textanfangs auf S. 34 zunächst folgende Fragen:
- Gibt es einen allwissenden Erzähler?
- Erzählt die Hauptfigur in der Ich-Form?
- Wechselt die Erzählperspektive?
- Sind alle wichtigen Informationen/ Hinweise enthalten?

TIPP
Notiert Stichworte zu jedem Punkt eures Schreibplans.

eine Kriminalgeschichte schreiben

Texte überarbeiten

TIPP
Ihr könnt ein Krimidinner veranstalten und eure Geschichten kurz vor der Auflösung unterbrechen. Dann können alle anderen „Krimi-Arbeitsgruppen" raten, welchen Täter oder welche Täterin ihr gezogen habt.

1 Arbeitet zu zweit. Nutzt eure Arbeitsergebnisse und die *Merkmale einer Kriminalgeschichte* und erstellt gemeinsam einen Schreibplan für eine Fortsetzung des Krimis.

a) Gestaltet das Ende der Geschichte offen. Gebt versteckte Hinweise auf den Täter, den ihr gezogen habt, und stellt anschließend eurer Klasse die Frage: „Wer war's?"

> Emilias Leiche wird entdeckt
> ↓
> Inspektor Fuchs nimmt die Ermittlungen auf
> ↓
> ...

Achtet dabei auf folgende Punkte:
- Aus welcher Sicht ist die Kriminalgeschichte geschrieben?
- Mit welchen sprachlichen Mitteln kann Spannung erzeugt werden?
- Ist der Krimi unterhaltsam, humorvoll, witzig, ...?
- Ist die Handlung für andere Personen verständlich und nachvollziehbar?
- Gibt es einen „roten Faden"?

b) Jedes Mitglied der „Krimi-Arbeitsgruppe" schreibt eine eigene Fortsetzung. Achte dabei auf folgende Punkte:
- Adjektive machen die Umgebung lebendig und können wertvolle Hinweise geben, z. B.: *Er ging zu dem leicht verstaubten Flügel* (Z. 25).
- Adjektive können auch Handlungen genauer charakterisieren, z. B.: *sorgsam gesammelt und liebevoll eingerahmt* (Z. 28).
- Personen werden dadurch interessant, dass ihre Gefühle beschrieben werden, z. B.: *Inspektor Fuchs hatte dieses Kribbeln im Bauch* (Z. 22).

c) Lest euch die Texte in Arbeitsgruppen gegenseitig vor und gebt euch Rückmeldung. Überarbeitet eure Texte.

d) Tragt eure Detektivgeschichten in der Klasse vor.

Das habe ich gelernt

- Merkmale einer Kriminalgeschichte sind ...
- Ein Schreibplan für eine Kriminalgeschichte enthält ...
- Gemeinsam das Schreiben planen finde ich gut/nützlich, weil ...
- Beim nächsten eigenen Text werde ich ...

Notiere in dein Heft oder Portfolio.

Anwenden und vertiefen

Bilder können ein Schreibanlass für eine kurze Kriminalgeschichte sein.

Wähle eine der folgenden Aufgaben zur weiteren Bearbeitung aus.

 1 Arbeitet zu dritt und beachtet, was ihr in diesem Kapitel gelernt habt:

a) Erstellt gemeinsam eine Checkliste mit Tatzeit, Tatort, ...
Einigt euch auf den Täter oder die Täterin und das Motiv.

b) Fertigt eine Kurzbeschreibung der beteiligten Personen an (Arbeitsteilung).
– Wie sehen sie aus und welche Charaktereigenschaften haben sie?
– Einigt euch auf den Ermittler oder die Ermittlerin in diesem Fall.

c) Erarbeitet gemeinsam einen Schreibplan für den Krimi. Berücksichtigt dabei die Merkmale einer Kriminalgeschichte (siehe S. 35).

d) Jede/Jeder schreibt einen eigenen Krimi.
Gebt Hinweise auf den Täter und den Hergang der Tat im Text.

e) Tauscht eure Krimis untereinander aus und gebt euch Rückmeldung.

f) Überarbeitet eure Krimis.

einen Schreibplan entwickeln

den Text schreiben

Texte überarbeiten

einen Schreibplan anhand von W-Fragen entwickeln

2 Arbeitet zu dritt und beachtet, was ihr über Krimis gelernt habt.

a) Jeder/Jede schreibt in Stichworten Antworten zu den folgenden Fragen auf:
   – Wer ermittelt in dem Fall?
   – Wer ist das Opfer?
   – Welche weiteren Personen kommen vor?
   – Wo findet die Geschichte statt?
   – Welche Personen kommen als Verdächtige in Betracht?
   – Welche Motive kommen in Frage?
   – Wer ist der Täter oder die Täterin?
   – Wie wird die Tat verschleiert?
   – Wie wird der oder die Schuldige überführt?

den Text schreiben

b) Vergleicht eure Antworten und erstellt gemeinsam einen Schreibplan. Orientiert euch an den Merkmalen eines Krimis:

| Das Verbrechen wird entdeckt | ⟶ | Der Ermittler tritt in Aktion … |

c) Verfasst gemeinsam einen Kurzkrimi. Gebt Hinweise auf den Täter / die Täterin und den Hergang der Tat im Text.

3 a) Arbeitet zu dritt. Vervollständigt gemeinsam die folgende Checkliste in eurem Heft. Ergänzt mögliche Verdächtige, beteiligte Personen, mögliche Motive, … Einigt euch auf den Täter oder die Täterin.

Mögliche Tatorte	Beteiligte Personen	Verbrechen/Tat	Ermittler/ Detektiv	…
Bahnhofsvorplatz		Fahrraddiebstahl		
Geschäft				

einen Schreibplan entwickeln

b) Erstellt gemeinsam einen Schreibplan für euren Krimi. Bearbeitet in Stichworten die folgenden Punkte:
   – Ein Verbrechen wird entdeckt.
   – Ein/e Ermittler/in tritt in Erscheinung.
   – Die Verdächtigen werden ermittelt.
   – Die Suche nach dem Motiv beginnt.
   – Alibis werden untersucht.
   – Der Täterkreis wird eingegrenzt.

den Text schreiben

c) Schreibt gemeinsam einen Kurzkrimi. Achtet auf wichtige Details bei der Beschreibung der Personen, des Tatortes usw.

Werbung für mich selbst
Ein Bewerbungsschreiben formulieren

Was weißt du schon?

- Die Bewerberin und der Bewerber auf dem Foto werben durch ihr Äußeres für sich. Beschreibe, wie sie das tun.
- Was bedeutet es, für sich selbst Werbung zu machen?
- Womit würdest du im Zusammenhang mit einer Bewerbung um eine Praktikumsstelle für dich werben?
- Wiederhole die wichtigsten Merkmale eines sachlichen Briefes.
- Überlege, welche Informationen ein Bewerbungsschreiben enthalten sollte.

Den eigenen Fähigkeiten auf der Spur

die eigenen Fähigkeiten formulieren

HILFEN
- Was kann ich gut?
- Was macht mir Spaß?
- Was denken andere über mich?

In einem Bewerbungsschreiben ist es wichtig, auf die eigenen Fähigkeiten hinzuweisen. Aber wie kann ich mich selbst einschätzen?

1 Wie kommt man seinen Fähigkeiten auf die Spur? Macht Vorschläge.

Stärken	ICH
• Pünktlichkeit • Zuverlässigkeit • Geduld • Verantwortungsbereitschaft • Selbstständigkeit • gute Umgangsformen • guter sprachlicher Ausdruck • Teamfähigkeit • Konzentrationsfähigkeit • Geschicklichkeit • räumliches Vorstellen • logisches Denken • Kontaktfreudigkeit • körperliche Belastbarkeit	*Ich bin meist pünktlich. (Note „2")*

2 Schreibe auf, was auf dich zutrifft. Du kannst dir auch für jede Stärke eine „Note" geben.

3 **a)** Wähle eine Stärke aus und erkläre deiner Lernpartnerin oder deinem Lernpartner, in welchem Verhalten sie sich zeigt.

b) Bitte deine Lernpartnerin oder deinen Lernpartner, eine zusätzliche Stärke von dir zu nennen und zu begründen.

4 Formuliere drei deiner Fähigkeiten in ganzen Sätzen und verbinde sie mit Situationen, in denen du sie bereits bewiesen hast.
Beispiel: *Teamfähigkeit ist eine meiner Stärken, denn in der Schule macht mir Gruppenarbeit besonders viel Spaß.*

5 Überlege, welche Fähigkeiten du für ein Bewerbungsschreiben nutzen kannst.

a) Nenne Fähigkeiten, die in deinem Wunschpraktikum erwartet werden.

b) Verknüpfe sie mit Situationen, in denen du sie bereits angewendet hast.

Beschreiben und berichten

Ein Bewerbungsschreiben verfassen

Das Bewerbungsschreiben als sachlicher Brief

Viele Betriebe wünschen sich neben einer telefonischen Kontaktaufnahme auch ein Bewerbungsschreiben. Von ihm hängt es oft ab, ob du die Praktikumsstelle bekommst oder nicht.

1 Erkläre, welche Vorteile es hat, sich schriftlich zu bewerben.

2 Das Bewerbungsschreiben gehört in die Gruppe der sachlichen Briefe.

a) In welchem Zusammenhang hast du schon einmal einen sachlichen Brief gelesen oder geschrieben?

b) Notiere, was beim Schreiben eines solchen Briefes zu beachten ist.

c) Worin unterscheidet er sich von einem persönlichen Brief? Ordne folgende Begriffe den Zahlen auf dem Briefbogen richtig zu.

den Aufbau eines sachlichen Briefes wiederholen

❗ Sachliche Briefe schreiben

Bei sachlichen Briefen gelten folgende Regeln:
- Im Briefkopf stehen Absender und Adressat (jeweils mit Anschrift) sowie das Datum.
- Wichtig ist der richtige Aufbau mit Betreffzeile, Anrede, Text, Gruß und Unterschrift.
- Die Anredepronomen *Sie, Ihr* und *Ihnen* in der Höflichkeitsform schreibt man groß.

Beschreiben und berichten

Ein Bewerbungsschreiben verfassen

TIPPS
Schreibe mit PC
> Programm Word
> Rand rechts/links 2,5 cm, oben/unten 2,5 cm
> Schrift Arial oder Times New Roman

> Betreffzeile fett
> Leerzeile
> Abschnitte
> Schriftgröße 12
> Achte auf die Rechtschreibung

ein Bewerbungsschreiben verfassen

3 Worauf musst du bei einem Bewerbungsschreiben inhaltlich besonders achten? Erkläre anhand der Abbildung.

① Vor- und Zuname
Straße und Hausnummer
PLZ Wohnort
Telefon
E-Mail-Adresse

② Ort/Datum

③ Anschrift des Betriebs
Ansprechpartner
Straße und Hausnummer
PLZ Wohnort

④ **Bewerbung um einen Praktikumsplatz in der Zeit ...**

⑤ Persönliche Anrede,

⑥ Grund des Schreibens
Interesse am Unternehmen zeigen
Sich auf die Informationsquelle beziehen

Fähigkeiten und Stärken erwähnen und für die eigene Person Werbung machen.

Derzeitige Klasse, Schule und voraussichtlichen Schulabschluss nennen.

Freundliche Bitte um ein Vorstellungsgespräch.

⑦ Grußformel

⑧ Unterschrift

Anlagen

4 Setzt euch in Gruppen zusammen und entwerft eine Bewerbung für einen ausgedachten Praktikumsplatz. Jede/Jeder ergänzt und gibt den Text im Uhrzeigersinn weiter.

a) Formuliere Einleitungssätze. Überlege dabei, wo du von der Praktikumsstelle erfahren hast, z.B.:
Vielen Dank für das freundliche Telefonat am ...

b) Stelle dich im Hauptteil vor, indem du für das Praktikum relevante Fähigkeiten nennst, z.B.:
– *Meine Stärken liegen vor allem im Bereich ...*
– *In meiner Freizeit interessiere ich mich für ...*

c) Formuliere zum Abschluss den Wunsch, zu einem Vorstellungsgespräch eingeladen zu werden, z.B.:
– *Gerne würde ich mich Ihnen persönlich vorstellen.*
– *Ich freue mich auf ein persönliches ...*

5 Verfasse nun dein eigenes Bewerbungsschreiben.

a) Notiere die Formulierungen aus Aufgabe 4, die du für gelungen hältst.

b) Entwickle einen Schreibplan für ein Bewerbungsschreiben für die ausgeschriebene Praktikumsstelle in der Universitätsgärtnerei. Du kannst auch einen der anderen abgebildeten Berufe wählen.

einen roten Faden festlegen

TIPP
Der Aufbau des Bewerbungsschreibens kann dir als Raster für deinen Schreibplan dienen.

c) Formuliere dein Bewerbungsschreiben aus.

Praktikantin gesucht für den Beruf

Florist/Landschaftsgärtner/in

Wir erwarten: Freude an der Gartenarbeit, Naturverbundenheit, Kreativität.

Universitätsgärtnerei
Blumenallee 20
1234 Blumenberg
Ansprechpartner: Herr Winter

❗ Ein Bewerbungsschreiben formulieren

- Beachte die formalen Vorgaben für sachliche Briefe.
- Erkundige dich im Betrieb, wie deine Ansprechpartnerin / dein Ansprechpartner heißt. Schreibe nur in Ausnahmefällen das unpersönliche „Sehr geehrte Damen und Herren".
- Beziehe dich im Einleitungssatz möglichst auf ein vorher geführtes Telefonat mit deiner Ansprechpartnerin / deinem Ansprechpartner.
- Verwende einen sachlichen Schreibstil, der durch klare Aussagesätze und eine abwechslungsreiche Gestaltung des Satzbaus erreicht wird.
- Nenne den Grund des Schreibens sowie die Informationsquelle und äußere dein Interesse am Unternehmen.
- Verknüpfe die geforderten Fähigkeiten mit eigenen Erfahrungen und zusätzlichen Fähigkeiten, die für die Praktikumsstelle von Bedeutung sind.
- Im letzten Satz formulierst du den Wunsch, zu einem Gespräch eingeladen zu werden.
- Vergiss nicht die höfliche Grußformel zum Schluss.

HILFE
Die Anredepronomen *Sie* und *Ihnen* schreibt man groß.

Beschreiben und berichten

Ein Bewerbungsschreiben überarbeiten

einen Fehlertext überarbeiten

1 Überprüfe, ob folgendes Bewerbungsschreiben alle wichtigen Anforderungen und die notwendigen Angaben enthält.

> Michael Lenz
> Gartenstr. 35
> 1234 Blumenberg
> Tel.: 1234/5678
> E-Mail: mlenz@web.de
>
> Universitätsgärtnerei
> Blumenallee 20
> 1234 Blumenberg
>
> Bewerbung
> Sehr geehrte Damen und Herren,
> durch ihre Anzeige in der Rheinpfalz habe ich erfahren, dass sie für die Universitätsgärtnerei einen Praktikanten suchen. Aus diesem Grunde möchte ich mich um einen Praktikumsplatz bei Ihnen bewerben.
> Die Arbeit mit Pflanzen macht sehr viel Freude. Meinen Eltern helfe ich gerne bei der Gartenarbeit. Letztes Jahr durfte ich mir sogar ein eigenes Beet anlegen für das ich nun ganz allein verantwortlich bin. Hier kümmere ich mich um Sträucher und Schnittblumen. In diesem Schuljahr nehme ich auch an der neugegründeten Garten AG erfolgreich teil.
> Zurzeit besuche ich die 8. Klasse der Realschule Plus und werde im Sommer 2013 meinen Realabschluss erreichen.
> Über eine Einladung zu einem persönlichen Gespräch würde ich mich sehr freuen.
> Herzliche Grüße
> Michael Lenz

ein Bewerbungsschreiben überarbeiten
- den Aufbau beachten
- alle Angaben überprüfen
- seriöse E-Mail-Adresse angeben
- Anredepronomen großschreiben
- Rechtschreibfehler vermeiden
- die Zeichensetzung beachten

2 Bewertet Michaels Bewerbungsschreiben in der Gruppe und beachtet dabei folgende Aspekte:
a) Überprüft, ob er den Aufbau des Bewerbungsschreibens genau eingehalten hat. Belegt am Text.
b) Passt der Praktikumsberuf zu ihm? Begründet.
c) Bringt Michael die richtigen Fähigkeiten mit? Welche?
d) Macht eine Liste, welche Anforderungen der Beruf des Landschaftsgärtners noch stellt.
e) Wie hat Michael für sich Werbung gemacht? Nenne Beispiele.
f) Kann Michael das Schreiben so abgeben? Begründet.
g) Benennt die Formfehler, die Michael gemacht hat.
h) Welche weiteren Fehler hat Michael noch übersehen? Nenne sie. Wählt je zwei Aspekte heraus und bewertet sie.
i) Überlegt, wie das Schreiben wohl auf Herrn Winter wirkt.

3 Überarbeitet das Bewerbungsschreiben.

Einen Lebenslauf erstellen

1 Ordne folgende Angaben den Zwischenüberschriften richtig zu:

Lebenslauf	Name Vorname Anschrift Tel.
Persönliche Daten	E-Mail Geburtsdatum Geburtsort
	Grundschule weiterführende Schule
Schulbildung	angestrebter Beruf Schulabschluss
	Sprachkenntnisse PC-Kenntnisse
Besondere Kenntnisse	Hobbys Ort, Datum Unterschrift

Merkmale eines Lebenslaufs kennen lernen
- Überschrift
- Zwischenüberschrift
- keine Grußformel

2 Manche Lebensläufe enthalten noch folgende Angaben: Religionszugehörigkeit, Nationalität, Lieblingsfächer, Praktika.

a) Ordne diese Angaben richtig zu.

b) Begründe, wann es sinnvoll ist, diese Angaben zu verwenden.

❗ Der Lebenslauf

Der Lebenslauf wird der schriftlichen Bewerbung als Anlage beigefügt. Er enthält keine Anrede oder Grußformel, wird in tabellarischer Form verfasst und gibt Auskunft über das, was du bisher in deinem Leben gemacht hast. Der Lebenslauf wird unterschrieben. Er muss klar gegliedert und nach Daten chronologisch und lückenlos geordnet sein.

HILFEN
Weitere Qualifikationen:
- Praktika
- Ferienjobs
- Engagement in der Freizeit

3 Entwirf einen eigenen Lebenslauf.

a) Formuliere die Angaben aus dem Wortspeicher für dich aus.

b) Bewerte, welche Angaben für die gewünschte Praktikumsstelle von Bedeutung sind.

c) Formuliere zusätzliche Qualifikationen, die etwas Positives über dich aussagen.

Das habe ich gelernt

- Warum ist es für ein Bewerbungsschreiben wichtig, eigene Stärken und Interessen zu kennen? Begründe.

- Beim Verfassen eines Bewerbungsschreibens muss ich auf folgende Festlegungen achten: …

- Beim Erstellen eines Lebenslaufs muss ich folgende Angaben berücksichtigen: …

Schreibe in dein Heft oder ins Portfolio.

TIPP
Übernimm nur Hobbys, die etwas Positives über dich aussagen. Besonders geeignet sind sie, wenn sie Fähigkeiten erfordern, die für die Praktikumsstelle erforderlich sind.

Beschreiben und berichten

Anwenden und vertiefen

ein Bewerbungsschreiben überarbeiten

1 Hier gibt es Überarbeitungsbedarf.

a) Besprecht zu zweit, was überarbeitet werden muss.

b) Verbessere das Bewerbungsschreiben.

> Hanni Fischer
> Miesbacher Str.
> 9876 Mannheim
> Tel. 89 4567
> E-Mail pinkyprincess@…
>
> Sehr geehrte Frau Leiterin,
> Ich suche einen Praktikumsplatz als Einzelhandelskauffrau und möchte mich bei Ihnen bewerben. Die Arbeit macht mir viel Spaß und außerdem kenne ich ihren Laden schon sehr gut, da ich immer bei ihnen einkaufe.
> Ich freue mich schon jetzt auf unser persönliches Gespräch.
>
> Es grüßt sie ganz herzlich
> Ihre Hanni

ein Bewerbungsschreiben verfassen

2 Verfasse ein Bewerbungsschreiben für diese Praktikumsstelle.

> Fitness Gesellschaft bietet einen Praktikumsplatz für Schüler an:
> Wir ermöglichen einen Einblick in den Beruf des Fitnesstrainers:
> – Beratung der Kunden
> – Betreuung der Kunden im Fitnessbereich
> – Einblick in das Marketing*
>
> Wir erwarten:
> – sportliche Fitness
> – freundlichen und höflichen Umgang mit Kunden
> – Flexibilität und Belastbarkeit
> – Zuverlässigkeit
>
> Interessiert? Dann bewirb dich bei uns!
> Fitness Gesellschaft
> Am Sportpark 1
> 88776 Sporthausen
> Ansprechpartner: Herr Sportlich

Marketing: Werbeabteilung

TIPP
Wiederhole im Bewerbungsschreiben nicht nur die erwarteten Fähigkeiten, sondern füge persönliche Erfahrungen und Fähigkeiten hinzu.

ein Bewerbungsschreiben und einen Lebenslauf verfassen

3 a) Verfasse ein Bewerbungsschreiben für deine Wunschpraktikumsstelle.

b) Ergänze deinen Lebenslauf durch Qualifikationen, die genau zu dieser Praktikumsstelle passen.

Erste Hilfe – die Schulsanitäter wissen, wie!

Eine Vorgangsbeschreibung verfassen

Etwa zwei Drittel aller Pausenunfälle geschehen auf dem Schulhof. Etwa 16 Prozent der Verletzungen geschehen bei Raufereien.

Jeder zweite Schulunfall ereignet sich bei Ballsportarten. Etwa drei Viertel der Verletzungen passieren in Turnhallen und auf dem Sportgelände.

Bei den Unfällen im Unterricht handelt es sich meist um Hinfall-Unfälle. Wundverletzungen kommen meist im Technik- und Werkunterricht vor, bei der Benutzung von Werkzeugen und Maschinen.

Was weißt du schon?

- Welche Erste-Hilfe-Situationen hast du im Schulalltag schon erlebt? Berichte.
- Findest du es wichtig, sich als Schulsanitäterin/Schulsanitäter ausbilden zu lassen? Begründe deine Meinung.
- Welche Arten von Beschreibungen hast du bereits verfasst? Notiere.
- Welche Rolle spielen Fachbegriffe bei Vorgangsbeschreibungen? Erkläre.
- Was muss man bei der Schreibaufgabe „einen Vorgang beschreiben" beachten? Ergänze und schreibe in dein Heft:
  – *Tempus: Präsens*
  – *Schreibweise: genau, …*

Informationen sammeln und ordnen

An vielen Schulen sind Schülerinnen und Schüler als Schulsanitäter aktiv. Sie leisten Erste Hilfe, wenn sich jemand verletzt. Auch kleinere Verletzungen wie eine blutende Fingerkuppe sollten gut versorgt werden – wie, das soll im Folgenden genau beschrieben werden.

die Schreibaufgabe inhaltlich erfassen

1 Klärt in Partnerarbeit mit Hilfe der Stichworte und der Bilder, wie eine Wunde versorgt wird.

a) Seht euch die Bilder an. Benennt, was jeweils abgebildet ist.

b) Bringt das Bild- und Textmaterial in eine sinnvolle Reihenfolge.

c) Beschreibt euch gegenseitig, wie eine Wunde an der Fingerkuppe versorgt wird.

d) Sprecht darüber, worauf ihr beim Beschreiben besonders geachtet habt und ob ihr verständlich beschrieben habt.

1

6 Verletzten auf einen Stuhl setzen

7 in der Mitte des Pflasterverbands ein keilförmiges Stück aus den Klebestreifen ausschneiden

2

8 verletzten Finger hochhalten

3

4

9 Blut vom Finger abwischen

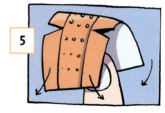

5

2 Der folgende Auszug aus einem Interview mit einer Schulsanitäterin liefert weitere Informationen und Erklärungen zur Wundversorgung.

genaue Informationen einholen

a) Lies den Interviewauszug.

„Warum sollen sich die Verletzten bei der Wundversorgung hinsetzen?"
„Wir haben gelernt und auch schon erlebt, dass Schülerinnen oder Schüler kein Blut sehen können. Sie begannen falsch zu
5 atmen, wurden ganz blass, Schweißperlen bildeten sich auf der Stirn und sie kippten um. Um das zu verhindern, setzen wir sie auf einen Stuhl, lenken sie ab und beobachten sie."

„Warum seid ihr gehalten, Schutzhandschuhe zu tragen?"
„Schutzhandschuhe sind eine ganz wichtige Vorsichtsmaßnahme,
10 weil sie vor Infektionen schützen. Wir tragen sie zum eigenen Schutz und zum Schutz der Betroffenen."

„Dürfen Schulsanitäter Wunden reinigen?"
„Nein, wir dürfen Wunden nicht desinfizieren oder auswaschen. Das darf nur die Ärtzin oder der Arzt. Auch Fremdkörper in
15 Wunden belassen wir dort; sie werden anschließend von ärztlicher Seite entfernt."

b) Ordne die zusätzlichen Informationen und Erklärungen den einzelnen Schritten auf Seite 50 zu.

3 Kläre die Reihenfolge der einzelnen Handlungs- bzw. Arbeitsschritte für deine Vorgangsbeschreibung.

die Reihenfolge der Handlungsschritte klären

a) Vergleiche und beurteile diese Auszüge aus zwei Schrittfolgen:
– Sind die Schritte in der richtigen Reihenfolge aufgeführt?
– Welche Handlungsschritte fehlen noch?
– Welche Schrittfolge ist übersichtlicher?

Verletzten auf den Stuhl setzen – Materialien zurechtlegen – Schutzhandschuhe überziehen – …

b) Erarbeite eine Schrittfolge für deine eigene Beschreibung.

Beschreiben und berichten

Die Vorgangsbeschreibung verfassen

einen Schreibplan skizzieren

1. Skizziere einen Schreibplan für die Vorgangsbeschreibung „Eine Wunde an der Fingerkuppe versorgen". Sie soll als Anleitung für neu auszubildende Schulsanitäter/innen dienen.

a) Übertrage die Skizze vergrößert in dein Heft. Notiere Stichworte in jedes Kästchen. Beachte dabei die Reihenfolge der Handlungsschritte, die du erarbeitet hast.

b) Vergleicht zu zweit eure Schreibpläne und überarbeitet sie bei Bedarf.

> **! Vorgangsbeschreibung**
>
> Beim Beschreiben von Vorgängen (z.B. bei Versuchen, Rezepten, Spielanleitungen, Bastelanleitungen) gibt man den Ablauf so wieder, dass andere ihn genau nachvollziehen und selbst ausführen können.
> - In der **Einleitung** können die Adressaten angesprochen oder der Zweck der Beschreibung genannt werden. Auch notwendige Materialien und Werkzeuge werden angegeben.
> - Im **Hauptteil** werden die einzelnen Handlungs- bzw. Arbeitsschritte genau und in der richtigen Reihenfolge beschrieben.
> - Zum **Schluss** kann man z.B. das Ergebnis oder den Zweck des Vorgangs nennen oder einen besonderen Tipp geben.
> - Schreibe im **Präsens**. Verwende passende **Fachbegriffe**.

Die Einleitung formulieren

eine Einleitung formulieren

2. Die folgenden Einleitungstexte richten sich an Schülerinnen und Schüler, die selbst Interesse an einer Ausbildung als Schulsanitäter/in haben.

TIPP
Keine der beiden Einleitungen überzeugt.

a) Was findet ihr gut, was würdet ihr verändern? Notiert.

Große Pause. Wieder müssen wir Schulsanitäter eingreifen. Dieses Mal bringen sie eine Schülerin, die eine Verletzung an der Fingerkuppe erlitten hat, in den Schulsanitätsraum, setzen sie dort auf einen Stuhl und reden ihr gut zu. Da ist es gut zu wissen, wie man so eine Wunde richtig versorgt. Außer einem Stuhl benötigt man ...

Schon dreimal in dieser Woche musste der Schulsanitätsdienst eingreifen. Immer wieder musste er bei Hautabschürfungen, Sprunggelenkverletzungen im Sportunterricht und Wespenstichen Erste Hilfe leisten. Kein Problem sind kleinere Verletzungen wie ...

b) Schreibe eine eigene Einleitung auf.

Den Hauptteil sprachlich ausgestalten

1 a) Verteilt vier Handlungsschritte in eurer Tischgruppe. Jeder legt eine Tabelle wie im Beispiel an und trägt passende Begriffe zu „seinen" Handlungsschritten ein. Notiert möglichst mehrere Alternativen.

treffende Ausdrücke wählen

Nomen	Verb	Adjektiv
Verletzten	setzen, platzieren	ruhig, behutsam
Finger	hochheben, hochhalten, …	vorsichtig, …
Verbandskasten	…	…
Pflasterverband	…	…
…		

b) Vergleicht eure Tabellen in der Gruppe. Notiert die Begriffe, die ihr als treffend empfindet, in euer Heft.

2 Oft helfen Fachbegriffe, einen Vorgang präzise zu beschreiben.

Fachbegriffe verwenden

a) Lege eine Liste mit Fachbegriffen an, die bereits in diesem Kapitel vorgekommen sind, z. B.: *Erste Hilfe, Infektion, …*

b) Ergänze weitere Fachbegriffe. Ordne sie den jeweiligen Handlungsschritten zu.

3 Einen Vorgang kannst du im Aktiv oder im Passiv beschreiben. Wechsle jedoch auch einmal ab, damit der Text nicht zu eintönig klingt.

Aktiv und Passiv verwenden

a) Lies die Beispielsätze und kläre, ob sie im Aktiv oder Passiv stehen.
A Der Schulsanitäter / Die Schulsanitäterin schneidet ein ausreichend großes Stück Pflasterverband ab.
B Die Schutzfolie wird von den Klebestreifen gelöst.
C Man muss darauf achten, dass man die Wundauflage nicht berührt.
D Die Hälfte des Pflasterverbands wird um den verletzten Finger geklebt.

b) Übernimm die Beispielsätze in dein Heft und markiere bei den Sätzen im Aktiv das Prädikat (Verb) rot, bei Sätzen im Passiv blau.

c) Formuliere die folgenden Handlungsschritte im Aktiv. Entscheide zunächst: Willst du den Handelnden benennen (z. B. *der Schulsanitäter / die Schulsanitäterin* bzw. *er/sie*) oder das Indefinitpronomen *man* verwenden?
– Zuschneiden des Pflasterverbands → Man schneidet …
– Anbringen des Pflasterverbands → …

d) Formuliere die Handlungsschritte aus Aufgabe c nun im Passiv. *Der Pflasterverband …*

Beschreiben und berichten

53

sprachliche Verknüpfungsmittel kennen

4 Erarbeite Möglichkeiten, wie die Abfolge und der Zweck der einzelnen Schritte betont werden können.

a) Tausche dich mit deiner Lernpartnerin oder deinem Lernpartner über die Möglichkeiten aus, wie man die Abfolge und den Zweck der einzelnen Handlungsschritte hervorheben kann.

b) Untersucht, wie dies in dem Textausschnitt gelungen ist, z. B. durch Verben, Konjunktionen oder Adverbien.

… Zuerst bringt man die verletzte Person in den Sanitätsraum und setzt sie dort auf einen Stuhl. Es ist wichtig, sie zu beobachten und zu beruhigen. Außerdem muss man darauf achten, dass der verletzte Finger immer hochgehalten wird, damit er nicht so stark blutet. Wenn keine Gefahr besteht, dass …, kann man den Verbandskasten aus dem Schrank holen und das benötigte Material bereitlegen. Bevor man mit der eigentlichen Wundversorgung beginnt, … Als Nächstes schneidet man … Dann …

c) Trage die Ergebnisse in die Tabelle ein und ergänze sie.

Verben	Konjunktionen und Adverbien
beginnen	*zuerst*
…	…

Erklärungen sinnvoll einbauen

TIPP
Zur Verknüpfung von Handlung und Erklärung gibt es folgende Möglichkeiten:
> Satzreihe
> Infinitivsatz mit *zu*
> Konditionalsatz
> Kausalsatz
> Finalsatz

5 a) Untersuche, wie die folgenden Erklärungen mit den Satzbeispielen verbunden sind.

Handlungsschritt	Erklärung
Man zieht Schutzhandschuhe an,	weil so eine Infektion verhindert werden kann.
Man zieht Schutzhandschuhe über,	denn offene Wunden können leicht zusätzlich infiziert werden.
Man zieht Schutzhandschuhe an,	damit eine Infektion verhindert wird.
Wenn man auf Schutzhandschuhe verzichtet,	besteht die Gefahr einer Infektion.
Man zieht Schutzhandschuhe an,	um zu verhindern, dass die Wunde sich infiziert oder der Ersthelfer infiziert werden kann.

b) Wähle zwei verschiedene Möglichkeiten aus und erkläre den folgenden Handlungsschritt.
– Handlungsschritt: Pflasterverband faltenfrei verkleben
– Erklärung: Verband soll möglichst wenig stören.

Beschreiben und berichten

6 Sieh dir nochmals den Interviewauszug von Seite 51 oben an. Notiere, welche erklärenden Zusatzinformationen daraus du für deine Vorgangsbeschreibung verwenden willst.

7 a) Formuliere den Hauptteil der Vorgangsbeschreibung „Eine Wunde an der Fingerkuppe versorgen" aus. Nutze dazu deinen Schreibplan (S. 52) und die Ergebnisse aus den Aufgaben 1–6.

b) Vergleicht eure Ergebnisse in Partnerarbeit. Überarbeitet, wo notwendig.

Den Schluss formulieren

8 a) Welche Gedanken passen in den Schlussteil deiner Vorgangsbeschreibung? Begründe.
- **A** Ist die Wunde stark verschmutzt, sollte man einen Arzt aufsuchen.
- **B** Schulsanitätsdienst ist eine sehr verantwortungsvolle Aufgabe.
- **C** Die Wundversorgung an der Fingerkuppe ist relativ leicht zu leisten.
- **D** Ich bin froh, das Amt einer Schulsanitäterin übernommen zu haben.
- **E** Meine Erfahrungen aus dem Schulsanitätsdienst kann ich überall einbringen.
- **F** Verletzungen an der Fingerkuppe, bei denen der Schulsanitätsdienst Erste Hilfe leisten kann, passieren meist im Technik- oder Werkunterricht.

b) Schreibe einen eigenen Schlussteil für deine Anleitung bzw. Vorgangsbeschreibung. Beachte den Zweck und die Adressaten deines Textes.

Das habe ich gelernt

- Wie gehst du beim Beschreiben eines Vorgangs vor? Notiere in Stichworten.
- Entwirf eine Liste mit Tipps, die für dich beim Verfassen einer Vorgangsbeschreibung hilfreich waren.
- Welche sprachlichen Besonderheiten im Zusammenhang mit einer Vorgangsbeschreibung hast du dir gemerkt?
- Welche Anforderungen der Vorgangsbeschreibung bereiten dir in der Umsetzung noch Probleme?

Schreibe in dein Heft oder ins Portfolio.

Anwenden und vertiefen

einen Arbeitsablauf beschreiben

| einen Arbeitsablauf aus dem Praktikum beschreiben | einen Arbeitsablauf beschreiben, der in deinem Hobby eine wichtige Rolle spielt | einen Vorgang aus der schulischen Arbeit beschreiben |

1 **a)** Wähle einen Arbeitsablauf aus und entwirf eine Schrittfolge, so wie du es in diesem Kapitel gelernt hast.

b) Formuliert in Partnerarbeit den Hauptteil im Aktiv. Die Fragen im Kasten helfen euch dabei.

- Hast du die Handlungsschritte in der richtigen Reihenfolge beschrieben?
- Hast du durch bestimmte Wörter diese Reihenfolge betont?
- Hast du Erklärungen an Stellen geschickt eingebaut, an denen sie notwendig sind?
- Hast du das Präsens benutzt?
- Hast du Fachausdrücke verwendet?
- Hast du in der Ich-Form oder der Er-/Sie-Form geschrieben oder das Indefinitpronomen *man* verwendet?

2 Wähle einen Arbeitsablauf aus und formuliere den Hauptteil im Aktiv aus. Überprüfe deinen Text anhand der Fragen im Kasten.

3 Wähle einen Arbeitsablauf aus und verfasse eine Vorgangsbeschreibung im Passiv, so wie du es in diesem Kapitel gelernt hast.

Das Praktikum dokumentieren
Ein Praktikumsportfolio führen

sich selbst kennen lernen

Berufe, Schulen kennen lernen

Liebe Schülerin, lieber Schüler,

dieser Ordner wird dich in den kommenden Jahren begleiten. Er soll dir in deiner Berufsorientierung behilflich sein.
Mit Unterstützung deiner Lehrerinnen und Lehrer, deiner Eltern und anderer Personen wirst du ihn mit nützlichen Unterlagen füllen. Sammle alle Informationen, Anregungen und Belege über die Aktivitäten aus deiner Berufswahlvorbereitung in deiner Schule, die dir wichtig erscheinen.
So entsteht Schritt für Schritt dein persönliches Berufswahlportfolio. Es soll auch zeigen, was du freiwillig und selbstständig unternommen hast und was du von dir mitteilen möchtest.
Mache diesen Ordner zu einem wichtigen Dokument deiner eigenen Bemühungen um deine berufliche Zukunft.

Dabei wünschen wir dir viel Erfolg!

Vorauswahl treffen

überprüfen, entscheiden

Auswahl erkunden

Was weißt du schon?

- Welche Erfahrungen hast du im Praktikum gemacht? Berichte. Welche Erwartungen hast du an ein Praktikum? Beschreibe.

- Welche Formen kannst du nutzen, um deine Erfahrungen schriftlich festzuhalten? Nenne Möglichkeiten.

- Was verstehst du unter *etwas dokumentieren*? Erkläre.

- Hast du schon einmal ein Portfolio erstellt? Was war dabei zu beachten?

- Für wen und zu welchem Zweck legst du ein Praktikumsportfolio an?

- Was sollte ein Praktikumsportfolio also unbedingt enthalten? Was eher nicht? Begründe.

Was gehört in ein Praktikumsportfolio?

Den Inhalt meines Portfolios festlegen

den Zweck eines Portfolios verstehen

In einem Praktikumsportfolio werden verschiedene Dokumente gesammelt, in denen du über dein Praktikum informierst und nachdenkst. Dabei geht es besonders darum, dass deine eigenen Erfahrungen deutlich werden.

Formen der Dokumentation finden

1. a) Welche Materialien zu deinem Praktikum, deinem Berufswunsch und deinem Praktikumsbetrieb hast du? Erstelle eine Liste.

   b) Sammelt in Partnerarbeit Ideen, was euer Portfolio enthalten sollte, schreibt sie auf je ein Karteikärtchen und hängt sie an die Tafel oder an die Pinnwand.

   c) Beschreibt, was mit diesen Stichworten gemeint ist, und ergänzt eure Sammlung.

2. Erstelle eine Liste der Materialien, die du in dein Portfolio übernehmen oder die du für dein Portfolio erstellen möchtest.

   a) Bewerte deine bereits gesammelten Materialien danach, ob sie informativ für deine Leserinnen und Leser und für dich wichtig sind. Sortiere unwichtige Dokumente aus.

   b) Überlege, welche Schreibform dir besonders gut gelingt (s. Aufg. 1), und ergänze die Liste mit noch zu verfassenden Materialien.

   c) Besprecht gemeinsam in der Klasse, welche Dokumentationsformen auf jeden Fall erstellt werden sollen.

TIPP
Es ist sinnvoll, sich schon vor dem Praktikum Gedanken zur Dokumentation zu machen. So kannst du dein Portfolio dann während des Praktikums schon füllen.

TIPP
Notiere dir immer das Entstehungsdatum auf die im Portfolio gesammelten Dokumente.
➔ Portfolio S. 235

> **Portfolio**
>
> Ein Portfolio kann eine Sammelkiste, Mappe, ein Album, Ringbuch oder eine Loseblattsammlung (z. B. in Klarsichtfolien) sein. Unabhängig von der Form geht es in einem Praktikumsportfolio darum, deine Erfahrungen in Form von verschiedenen Dokumenten zu sammeln. Dazu gehören:
> - Dokumente, in denen deine Tätigkeiten dargestellt werden
> - deine Einschätzung, was dir das Praktikum gebracht hat, was dir gut gelungen ist und worin du dich noch verbessern kannst

Das Praktikum dokumentieren

Einen Tagebucheintrag schreiben

1 Lisa hat in ihrem Tagebuch nicht nur den Ablauf des ersten Tages festgehalten:

einen Tagebucheintrag auswerten

Liebes Tagebuch,
heute Morgen war ich sehr aufgeregt. Beim Frühstück konnte ich fast nichts essen. So viele wirre
5 Gedanken hatte ich im Kopf. Wie wird wohl mein erster Arbeitstag?
Pünktlich um 8 Uhr 25 habe ich total nervös und mit feuchten Händen an der großen Eingangstür vor der Buchhandlung gestanden. Ungeduldig habe ich ständig auf die Uhr geschaut.
10 Endlich ist eine Frau gekommen und hat mich angesprochen. Sie hat mich mitgenommen in den Aufenthaltsraum der Buchhandlung. Und da hat sich meine Aufregung langsam gelegt. Constance hat sich dann den ganzen Tag um mich gekümmert. Sie ist schon im dritten Ausbildungsjahr. Nach der Frühstücks-
15 pause sind wir in die Kinderbuchabteilung gegangen, um Bücher zu sortieren. Das hat richtig Spaß gemacht. Alle sind auch richtig nett zu mir gewesen. Neugierig habe ich Constance gefragt, ob man alle Bücher, die hier verkauft werden, auch gelesen haben muss. Constance liest 1–2 Bücher im Monat, damit sie den
20 Kunden Büchertipps geben kann. Nach der Mittagspause habe ich in der Kinderbuchabteilung für eine Kundin eine Buchbestellung am Computer aufgegeben. Darauf bin ich mächtig stolz gewesen. Um fünf war mein erster Arbeitstag vorbei.

a) Schreibe Textstellen heraus, in denen Lisa über ihre Gefühle schreibt.

b) Zeichne eine Gefühlskurve in dein Heft. Beschreibe mit eigenen Worten die einzelnen Gefühlsstationen, die Lisa erlebt.

c) Trage die von Lisa empfundenen Gefühle an der richtigen Stelle ein.

d) Ergänze weitere sprachliche Wendungen für das jeweilige Gefühl.

2 Für wen hat Lisa den Tagebucheintrag geschrieben? Belege am Text.

3 Nimm Stellung zu den folgenden Aussagen:

> Ein Tagebuch gehört in ein Portfolio!

> Ein Tagebucheintrag ist etwas sehr Persönliches und gehört nicht in ein Portfolio!

eine Gefühlskurve zeichnen

TIPP
Eine Gefühlskurve zeichnen:
› den Text genau lesen
› Textstellen mit Gefühlsäußerungen herausschreiben
› wichtige „Gefühlsstationen" notieren

Beschreiben und berichten

Einen Tagesbericht in tabellarischer Form verfassen

einen tabellarischen Praktikumsbericht erstellen

TIPP
Du kannst den tabellarischen Praktikumsbericht auch als Schreibplan für den ausformulierten Bericht verwenden.

4 Übernimm die Tabelle in dein Heft und ergänze die fehlenden Angaben aus Lisas Tagebucheintrag.

Wann Zeit	Wo Ort	Was Tätigkeiten	Womit Arbeitsmittel	Geforderte Fähigkeiten
8:30				
	Abteilungen			
		Frühstück		
			Bücher	

Einen ausführlichen Tagesbericht schreiben

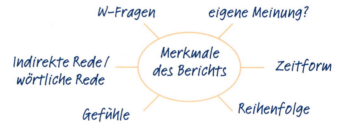

5 a) Bewertet in Gruppenarbeit die Angaben im Cluster. Welche sind im Bericht zu beachten?

b) Geht reihum vor. Jede/Jeder erklärt ein Merkmal des Berichts.

c) Der nächste Partner im Uhrzeigersinn bewertet die Erklärung.

einen Bericht schreiben
> Antwort auf die W-Fragen geben
> chronologische Abfolge einhalten
> Präteritum verwenden
> knapp und informativ formulieren

einen Schreibplan erstellen

die zeitliche Abfolge betonen
→ Konjunktion S. 223

6 Erstelle einen Schreibplan. Wiederhole dazu die W-Fragen, auf die der Bericht Antwort gibt, und ordne sie den Hauptschritten (Einleitung – Hauptteil – Schluss) zu.

7 Notiere Konjunktionen, die die zeitliche Abfolge betonen.

9:00 Rundgang
10:00 Frühstück
10:15 Kinderbuch

dann als nachdem

8 Setze die Verben aus dem Wortspeicher ins Präteritum (1. Pers. Sing.) und ins Passiv Präteritum.

den richtige Tempusgebrauch üben

> (er)warten   begrüßen   (sich) verstellen   einsortieren
> eingeben   beraten   empfehlen

Infinitiv	Präteritum	Passiv Präteritum
tippen	ich tippte	Der Text wurde getippt.
...	...	...

9 Schreibe Lisas Tagebucheintrag in einen ausführlichen Tagesbericht um.

Eine Praktikumsbewertung verfassen

10 Was sollte in einer Praktikumsbewertung angesprochen werden? Tauscht euch in der Gruppe darüber aus und legt gemeinsam eine Mindmap an.

Bewertungskriterien erarbeiten

11 a) Übertrage die Hauptaspekte eurer Mindmap in die erste Spalte einer Tabelle und ergänze sie.

Bewertungsaspekt	Angaben aus dem Praktikum	Bewertung (++/+/–/– –)
Zeitraum	Vor den Osterferien	++

b) Notiere für deine positiven Bewertungen (++/+) Begründungen, z. B.:
Der Zeitraum ist gut gewählt, weil das Praktikum in die Ferien verlängert werden kann.

Begründungen formulieren

c) Formuliere Verbesserungsvorschläge zu deinen negativen Bewertungen (–/– –), z. B.:
Da eine Woche nicht ausreicht, die Abläufe im Betrieb kennen zu lernen, sollte die Dauer des Praktikums verlängert werden.

Beschreiben und berichten

Formen der Praktikumsbewertung

❗ Mögliche Formen einer Praktikumsbewertung

- Die Einzelaspekte werden in einer Tabelle benotet (1–6); die Bewertung wird begründet.
- Die Bewertung erfolgt auf einer Skala.

besonders gut	gut	weniger gut	schlecht

- Die Einzelaspekte werden in einem Diagramm dargestellt.

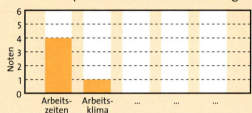

- Die Einzelaspekte werden ausführlich beschrieben und bewertet.

12
a) Erklärt euch die Darstellungsformen gegenseitig in der Gruppe.
b) Vergleicht die Formen und besprecht Vor- und Nachteile.
c) Macht Vorschläge, wie einzelne Formen optimiert werden können.

13
a) Wähle eine Form aus und erstelle eine Bewertung deines Praktikums für dein Portfolio.
b) Wähle einen Aspekt aus, der dir besonders wichtig ist, und bewerte ihn ausführlicher in vier bis fünf Sätzen.

ein Stärke-Schwäche-Profil erstellen

14
a) Notiere, in welchen Tätigkeitsfeldern du deine Stärken einbringen konntest und wo du deine Schwächen gespürt hast.
b) Gestalte dein momentanes Stärken-Schwächen-Profil.
c) Formuliere Überlegungen, ob und wie du dein Profil verändern willst.

habe gut durchgehalten — schüchtern

TIPP
Überlege dir, für wen deine Bewertung gedacht ist. Für deine Mitschülerinnen und Mitschüler kann sie evtl. wichtige Hinweise zu Beruf und Praktikumsstelle beinhalten. Im Praktikumsbetrieb werden evtl. produktive Verbesserungsvorschläge gerne umgesetzt.

❗ Eine Praktikumsbewertung schreiben

- Wähle wichtige Aspekte des Praktikums aus.
- Überdenke noch einmal die Erfahrungen, die du gemacht hast, und notiere sie stichpunktartig.
- Wähle eine bestimmte Form der Bewertung.
- Begründe deine Einschätzung.
- Mache gegebenenfalls Verbesserungsvorschläge.
- Formuliere am Schluss ein Gesamturteil, in dem du auch die Bedeutung des Praktikums für deinen angestrebten beruflichen Weg nennst.

Das Portfolio ordnen

1 Kläre, wer außer dir das Portfolio lesen wird, und sortiere danach die Dokumente. Es kann sein, dass du einiges noch aussortieren kannst.

den Adressatenbezug klären

2 Bringe die Dokumente in eine sinnvolle Reihenfolge und erstelle ein Inhaltsverzeichnis mit Themen und Unterthemen.

   a) Lege zunächst die Themen fest. Es sollten nicht zu viele sein, z. B.:
   Vorbereitung in der Schule, Das Berufsbild, Mein Praktikumsbetrieb, Das Praktikum, Meine Praktikumsbewertung.

   b) Sortiere deine gesammelten Materialien den Themen zu und leite daraus Unterthemen ab, z. B.:
   Meine Stärken und Schwächen, Die Bewerbung, Tagesbericht etc.

TIPP
Je nachdem, ob du das Portfolio deinem Lehrer, deinen Mitschülerinnen und Mitschülern, deinen Eltern oder deiner Direktorin zeigen willst, kann der Inhalt verschieden sein.

3 a) Welche Aufgabe soll dein Deckblatt erfüllen? Beschreibe.

   b) Liste die Angaben auf, die dein Deckblatt deshalb enthalten muss.

die äußere Form überarbeiten

Anna Mut
Betzenbergstraße 10
52072 Aachen

Bild von Anna

Klasse 8a
Anne-Frank-Gesamtschule
Herr Stefan

Mein Betriebspraktikum
15.01 bis 28.01.2011

Logo, Bild oder Visitenkarte des Betriebes

Tobias Martin
Klasse 8c
Hauptstr. 99
Realschule Plus
67633 Kaiserslautern

Betreuende Lehrerin:
Frau Engler

Mein Praktikum in der Tigerentengruppe der Kindertagesstätte „Räuberschiff" in Ulmet

4 a) Wähle Bildmaterial für dein Deckblatt aus.

   b) Gestalte dein eigenes Deckblatt.

Das habe ich gelernt

- Diese Aufgaben haben mir beim Schreiben eines Praktikumsberichts geholfen ...

- Ein Tagebucheintrag unterscheidet sich von einem Bericht durch ...

- Diese Dokumentationsform hat mir am besten gefallen ...

- Die Bewertung meines Praktikums kann ich am besten formulieren als ...

- In mein Praktikumsportfolio werde ich folgende Texte übernehmen ...

Ergänze die Sätze in deinem Heft oder Portfolio.

Beschreiben und berichten

Anwenden und vertiefen

1 Schreibe über einen Tag in deinem Praktikum einen Bericht in tabellarischer Form so, wie du es gelernt hast.

einen Text überarbeiten

2 Überarbeite den folgenden Tagesbericht. Beachte dabei, was du über einen guten Praktikumsbericht gelernt hast. Überprüfe dabei auch Satzbau, Rechtschreibung und Zeichensetzung.

Heute ist mein vierter Arbeitstag. Wie immer begrüßte ich meine Mitarbeiter am Morgen. Das sind echt coole Typen dabei.
Dann haben wir gefrühstückt und dann habe ich mich an die Arbeit gemacht. Ich habe die Regale aufgefüllt und die neue Ware
5 aus den Karton gemacht. Dann musste ich noch etwas aufkehren, weil jemand was verschüttet hat. Meine Chefin sagte zu mir: „Komm, ich zeig dir wie man eine Bestellung aufgibt."
Und dann durfte ich durch den laden gehen und mit ihr die Waren aufschreiben, die bestellt werden mussten. Durch das viele
10 laufen taten mit ganz schön die Beine weh. Um 5:00 durfte ich heimgehen.

3 Schreibe einen ausführlichen Bericht: einen Tagesbericht oder einen Wochenbericht aus deinem Praktikum.

4 Überarbeite deine Texte zum Thema „Praktikum" und wähle aus, was du in dein Portfolio einheften möchtest.

TIPP
Einen Bewertungsbogen ausfüllen:
› Fragen mit „ja", „nein" oder „zum Teil" beantworten
› Antworten auf weiterführende Fragen geben

5 Bewerte dein Praktikum nach folgenden Kriterien:

Sind deine Erwartungen erfüllt worden?	ja	nein	zum Teil	Begründung
Hat das Praktikum deinen Berufswunsch bestärkt oder musst du dich anders orientieren?	ja	nein	zum Teil	Begründung
Hättest du über einige Dinge gerne mehr erfahren? Wenn ja / zum Teil, welche Dinge sind das?	ja	nein	zum Teil	Begründung
Hast du Kenntnislücken bei dir entdeckt, die du füllen musst? Wenn ja / zum Teil, welche Kenntnislücken sind das?	ja	nein	zum Teil	Begründung
Hast du neue Fähigkeiten entwickelt? Wenn ja / zum Teil, welche Fähigkeiten sind das?	ja	nein	zum Teil	Begründung

Schreibe dazu diesen Bewertungsbogen in dein Heft oder in dein Praktikumsportfolio und fülle ihn dort aus.

einen sachlichen Brief schreiben

6 Schreibe einen Brief an deinen Betreuer / deine Betreuerin, in dem du dich für deine Praktikumszeit bedankst und beschreibst, bei welchen Tätigkeiten du deine Fähigkeiten gut nutzen und vertiefen konntest.

Mit oder ohne Eltern in den Urlaub?

Den eigenen Standpunkt überzeugend vertreten

72 % der 14- bis 15-Jährigen verreisen gern mit den Eltern.

1,7 Millionen Kinder und Jugendliche pro Jahr verreisen ohne Eltern.

Was weißt du schon?

- Welche Meinungen und Begründungen gibt es zu diesem Thema in deiner Familie und in deinem Freundeskreis?
- Wolltest du auch schon einmal ohne Eltern in den Urlaub fahren? Warum?
- Wie kann man seine Gesprächspartner/innen am besten von der eigenen Meinung überzeugen? Beschreibe und begründe.
- Worauf musst du beim schriftlichen Argumentieren achten? Wiederhole, was du dazu bisher gelernt hast.
- Welche Rolle spielt die Abfolge der Argumente? Begründe.

Überzeugend argumentieren

Die eigene Meinung äußern: Mit oder ohne Eltern in den Urlaub?

Schriftlich Stellung nehmen

die eigene Meinung äußern

1 a) Erstellt ein erstes Meinungsbild der Klasse an einer Positionslinie: Stellt euch auf eine gedachte Linie im Raum, die von pro (mit Eltern) bis kontra (ohne Eltern) reicht.

b) Begründe deine Position mit einem überzeugenden Argument.

die Meinung begründen

2 Bilde mit vier Lernpartnerinnen / Lernpartnern, die einen ähnlichen Platz auf der Positionslinie eingenommen haben, eine Gruppe. Sammelt Argumente für euren Standpunkt.

INFO
Placemat-Methode
- sich zu dritt/viert zusammensetzen
- Fragestellung in die Mitte schreiben
- auf dem großen Papierbogen 3 (oder 4) Bereiche markieren
- die Bereiche untereinander aufteilen
- den eigenen Bereich bearbeiten
- den Papierbogen drehen, die Ergebnisse der anderen lesen
- über die Ergebnisse sprechen

3 Wodurch gewinnt eine Argumentation an Überzeugung?

a) Bearbeitet diese Fragestellung in der Gruppe mit der Placemat-Methode.

Antwort A	Antwort B
Wodurch überzeugt eine Argumentation?	
Antwort C	Antwort D

b) So nicht! Wähle ein Beispiel aus und begründe, warum so keine Überzeugung geleistet wird:
– übertriebene Beispiele
– nur zwei Argumente
– Argumente wiederholen
– Behauptungen nicht belegen
– über Urlaubserlebnisse berichten
– Argumente nicht mit Beispielen belegen …

Überzeugen durch Argumentationsreichtum

Informationen beschaffen

4 Recherchiere im Internet zusätzliche Informationen, die deine Meinung stützen.

5 a) Beschreibe, wie du bei der Internetrecherche vorgegangen bist.

b) Werte deine Suchergebnisse aus.

c) Vergleicht die Ergebnisse in der Lerngruppe (vgl. Aufgaben 2 und 3).

Informationen in Argumente (Begründungen) umwandeln

6 Wandle die zusätzlichen Informationen in Argumente um.

a) Erstelle dazu eine Mindmap.

b) Markiere das Argument, das dir am wichtigsten ist.

Begegnung mit anderen Jugendlichen

Durch den richtigen Aufbau überzeugen

1 Erkläre diesen Schreibplan und benenne die drei Hauptabschnitte einer schriftlichen Argumentation.

einen Schreibplan entwerfen

den Aufbau einer Argumentation kennen

2 Bilde eine überzeugende Abfolge der Argumente:

> Begegnung mit anderen Jugendlichen   Selbstständigkeit
> altersgerechte Vorhaben   Gemeinschaftserlebnis
> Erfahrungen sammeln   ...

a) Zu welchem Standpunkt passen diese Stichworte? Begründe.

b) Ordne deine bisher gesammelten Argumente in der Reihenfolge, wie sie für dich wichtig sind.

c) Formuliere deine Argumente jeweils als ganzen Satz.

d) Welche Gründe gibt es, die Argumentationskette mit dem schwächsten Argument zu beginnen und mit dem wichtigsten zu beenden? Sprecht zu zweit darüber.

Argumente ordnen / eine Argumentationskette bilden

TIPP
Das am wenigsten wichtige Argument bekommt die Nummer eins.

Beispiele machen Argumente deutlicher

3 Aus einer Stoffsammlung: Argument oder Beispiel? Ordne zu.
A Sprachreisen, wie z.B. nach England, helfen, die Fremdsprachenkenntnisse zu erweitern.
B Zeltlager für Jugendliche sind eine aufregende Sache.
C Das heißt auch, selbst den Koffer zu packen, das Taschengeld zu verplanen, eigene Entscheidungen zu fällen, ...
D Urlaub ohne Eltern fördert die Selbstständigkeit ...
E Jugendliche wollen auch eine Disco besuchen oder ...
F Die Urlaubsinteressen von Erwachsenen und Jugendlichen unterscheiden sich ...

zwischen Argument und Beispiel unterscheiden

TIPP
Eine Argumentationskette kannst du dir wie eine Fischgräte vorstellen.

4 Wähle aus deiner Argumentationskette drei Argumente und ergänze sie um jeweils ein passendes Beispiel.

5 Lies diesen Textauszug und bewerte ihn.

> Wenn Jugendliche ohne Eltern Urlaub machen, können sie selbstständiger werden. Beispielsweise kann man bei einem Aufenthalt in England Sprachkurse belegen und seine Englischkenntnisse aufbessern. Außerdem ist man mehr auf sich selbst gestellt.

einen Text bewerten

Die Argumente verknüpfen

die Argumente miteinander verknüpfen

1 Vergleiche beide Textausschnitte.

> Ganz wichtig ist für viele Jugendliche, die ohne die Eltern Ferien machen, die Begegnung mit Gleichaltrigen. Sie schließen sich ihnen an, unternehmen Vieles gemeinsam, besuchen gemeinsam die Disco, machen einen Ausflug oder faulenzen zusammen. Dabei haben sie sich viel zu erzählen, lernen sich besser kennen und werden vielleicht sogar Freunde. Doch noch ein weiterer Gesichtspunkt steht für diese Jugendlichen im Vordergrund: Wer ohne Eltern in den Urlaub fährt, tut etwas für seine Selbstständigkeit.

Ferien ohne die Eltern erhöhen die Chance, Kontakt mit anderen Jugendlichen zu knüpfen. Man trifft sich in der Clique, unternimmt Vieles gemeinsam, bleibt fast den ganzen Tag zusammen. Ferien ohne Eltern fördern die Selbstständigkeit, weil man mehr auf sich selbst gestellt ist und die Eltern nicht alles für einen regeln.

a) In welchem Textauszug ist die Argumentationskette sprachlich verknüpft? Begründe.

b) Wie wurde die sprachliche Verknüpfung erreicht? Nenne Textstellen.

2 Die einzelnen Argumente lassen sich verknüpfen durch:
   A einen vollständigen Überleitungssatz,
   B einen Teilsatz,
   C ein Überleitungswort.

a) Ordne zu.

> Darüber hinaus ist es wichtig, dass …   Dazu kommt, dass …
> Aber noch andere Gründe spielen eine wichtige Rolle.   zweitens
> auch   Eine weitere Überlegung ist für mich ausschlaggebend.

b) Ergänze weitere Beispiele zu A/B/C.

c) Verknüpfe zwei Teile deiner Argumentationskette mit sprachlichen Überleitungen.

❗ Eine Meinung überzeugend vertreten
- Die eigene Meinung mit möglichst vielen und guten Argumenten begründen
- Argumente nach ihrer Wichtigkeit anordnen
- Argumente durch treffende Beispiele verdeutlichen
- Argumente durch sprachliche Überleitungen verknüpfen

Schriftlich Stellung nehmen

Einleitung und Schluss schreiben

1 Es gibt unterschiedliche Möglichkeiten, eine schriftliche Argumentation einzuleiten.

a) Lies die folgenden Anfänge von Einleitungen. Welcher gefällt dir am besten? Begründe.

A Urlaub ohne die Eltern bedeutet nicht zwingend, dass man allein in die Ferien fährt, sondern heißt vor allem auch, dass man z. B. mit anderen Jugendlichen …

B Immer um die Ferienzeit werben die Reiseveranstalter mit organisierten Gruppenreisen für Jugendliche und in den Medien werden Vor- und Nachteile von Ferienaufenthalten ohne die Eltern diskutiert …

C Im letzten Urlaub, den ich wie immer mit meinen Eltern zusammen verbracht habe, bin ich Jugendlichen in meinem Alter begegnet, die ohne ihre Eltern unterwegs waren, und …

b) Welche Art von Einleitung wurden für die Textanfänge jeweils gewählt? Lies die folgenden Informationen und ordne zu.

> **❗ Die Einleitung einer schriftlichen Argumentation**
>
> - Die Einleitung soll zum Thema hinführen (Worum geht es?) und Interesse wecken.
> - Dabei gibt es verschiedene Möglichkeiten:
>   – Du wählst einen aktuellen Anlass.
>   – Du gehst von einem eigenen Erlebnis aus.
>   – Du erklärst einen Begriff oder eine sprachliche Wendung im Zusammenhang mit dem Thema.
> - **Achtung:** Die Einleitung soll neutral und informativ geschrieben sein. Sie enthält weder Meinung noch Argumente.

2 In der Überleitung von der Einleitung zum Hauptteil nennst du die Diskussionsfrage der Argumentation.

a) Wähle eine der folgenden Formulierungen aus und schreibe damit eine Einleitung mit einer Überleitung für deine Argumentation.
– Deshalb stellt sich die Frage, …
– Im Folgenden möchte ich zu der Frage Stellung nehmen, …
– Es lohnt sich, einmal darüber nachzudenken, ob …

b) Lies die folgende Einleitung. Was muss überarbeitet werden? Begründe.

Auf der Jugendseite unserer Zeitung wird die Frage gestellt, ob Jugendliche ihren Urlaub ohne Eltern verbringen sollen. Was für eine Frage? So etwas können nur Erwachsene fragen! Ist doch vollkommen uncool, jedes Jahr brav mit den Eltern wegzufahren.

---

eine Einleitung schreiben

eine Einleitung schreiben
› die Funktion festlegen
› die passende Formulierung finden
› eine Überleitung formulieren

eine Überleitung schreiben

HILFEN
Für die Überleitung kannst du auch folgende Formulierungen verwenden:
› *Ich frage mich auch, ob …*
› *Es stellt sich die Frage, ob …*
› *Ist Urlaub mit/ohne Eltern eigentlich …*
› *Wäre es nicht besser, man würde …*

Schriftlich Stellung nehmen

Merkmale des Schlussteils kennen

3 a) Was passt in den Schluss einer schriftlichen Argumentation? Wähle aus und begründe.

> die eigene Meinung   ein aktuelles Ereignis   ein Ausblick
> das wichtigste Argument   ein Beispiel   ein Ferienerlebnis
> Bedingungen

den Schluss einer Argumentation untersuchen

b) Lies den folgenden Schluss und nenne die Punkte, die umgesetzt wurden.

Ohne Eltern in Urlaub zu fahren finde ich sinnvoll, vorausgesetzt, dass seriöse Reiseanbieter ein gutes Programm zusammenge-
5 stellt haben, die gesamte Organisation übernehmen und zuverlässige Verantwortliche den Aufenthalt begleiten. Weil ich es für wichtig halte, dass ich
10 in den Ferien andere Jugendliche kennen lerne, kann ich mir gut vorstellen, in Zukunft meinen Urlaub auch einmal mit Gleichaltrigen zu verbringen.

❗ Schluss einer schriftlichen Argumentation

> Im Schlussteil ziehst du ein Fazit: Bringe deine Meinung zum Ausdruck. Formuliere, wenn nötig, Bedingungen, die eingehalten werden müssen, und nenne noch einmal das wichtigste Argument. Abschließend sollst du einen Ausblick in die Zukunft geben.

4 Notiere einen Meinungssatz. Erprobe verschiedene Versionen. Du kannst bei Bedarf die Satzanfänge nutzen.

TIPP
Achte auf das Komma vor „dass".

> Ich lehne ab/befürworte ...   Ich bin gegen/für ...
> Meiner Meinung/Einschätzung/Auffassung nach sind ...
> Wenn es nach mir ginge, ...   Ich finde es gut, dass ...
> Ich fände es besser, wenn ...   Ich komme zu dem Schluss, dass ...

5 Verknüpfe den Meinungssatz und dein wichtigstes Argument, z. B.:
Es ist wichtig, auch einmal ohne Eltern zu verreisen,
   Meinungssatz
weil dadurch die Selbstständigkeit gefördert wird.
   wichtigstes Argument

einen Schlussteil formulieren
- einen Meinungssatz schreiben
- eine Verknüpfung mit der Argumentation herstellen
- einen Ausblick auf die Zukunft geben

6 Schreibe zwei unterschiedliche Sätze, die einen Ausblick beinhalten.

7 Schreibe einen Schlussteil für deine Argumentation.

Fehler vermeiden und die Ausdrucksfähigkeit verbessern

1 Viele verwechseln Argument und Beispiel. Entscheide und begründe, ob die folgenden Aussagen Argumente oder Beispiele sind.

A Lieber erkunde ich mit anderen Jugendlichen die Gegend, treibe Sport mit ihnen, mache Dinge, die man mit Eltern nicht tut.

B Erwachsene müssen sich auch von ihren Kindern erholen und ihren eigenen Interessen nachgehen.

C Wer ohne Eltern in Urlaub fährt, lernt Verantwortung zu übernehmen.

D Man hält die Regeln der Gruppe ein und nimmt auch Rücksicht auf die anderen. Das geht bei Gleichaltrigen leichter.

2 Warum überzeugen diese Beispiele nicht? Begründe.

A Dann darf man tun und lassen, was man will, bis tief in die Nacht aufbleiben, laute Partys feiern, in Kneipen abhängen, …

B Supercool, ohne die Erzeuger unterwegs zu sein. Kein ständiges Meckern: „Tu das nicht!", „Um neun Uhr bist du im Hotel!" – Das nervt!

3 Übe das Formulieren von Argumenten an verschiedenen Themen.

a) Überlegt euch zu zweit drei passende Argumente und Beispiele für folgende zwei Themen:

- Pro Schulwoche ein Praxistag?
- Dresscode an Schulen?

b) Wähle ein Thema aus und formuliere die Argumente und die Beispiele aus. Achte auf die sprachliche Verknüpfung.

> ### Das habe ich gelernt
> - Wie argumentiert man überzeugend? Erstelle eine Checkliste. Hefte sie in dein Portfolio.
> - Was fällt dir noch schwer beim schriftlichen Argumentieren?
> - Was möchtest du noch üben?

Anwenden und vertiefen

Wähle eine der Fragestellungen aus. Der Adressat für deine Argumentation soll deine Klasse sein.

eine Argumentation verfassen

1 Was ist deine Meinung? Schreibe eine Argumentation. Beachte dabei, was du in diesem Kapitel gelernt hast.

2 Arbeitet zu zweit. Sammelt gemeinsam Argumente und Beispiele. Jeder/Jede schreibt dann eine Argumentation. Beachtet dabei, was ihr in dem Kapitel gelernt habt.

eine Argumentationskette entwickeln

3 Entwickle für eines der Themen eine Argumentationskette. Achte auf sprachliche Überleitungen. Die Stichworte im Kasten helfen dir.

> machen aggressiv   verführen zum Nachahmen   Unterschiede zwischen Wirklichkeit und Spielwelt (virtuelle Welt) werden verwischt   Bilder der Gewalt bleiben im Gedächtnis, werden nicht verarbeitet   Geschäft mit Gewaltspielen   nicht jeder, der Killerspiele spielt, wird zwangsläufig gewalttätig   fördern das Reaktionsvermögen   Verbote können leicht umgangen werden   bei diesen Spielen kann man sich abreagieren

> hat kaum Rechte   zu wenige engagieren sich   planen nur kleine Projekte   die Mitwirkenden wechseln häufig   die Schülerschaft braucht ein Sprachrohr   SV kennt die Wünsche der Schüler   kann in vielen Gremien zu Wort kommen   hat die Chance, Schulleben zu gestalten

> kann vom Radfahren abhalten   erhöht die Sicherheit   ungünstig für die Frisur   Vorbildfunktion für Kinder   Autos sind das Problem, nicht die Radler

Schriftlich Stellung nehmen

Aus Leistungsaufgaben lernen
Eine Klassenarbeit überarbeiten

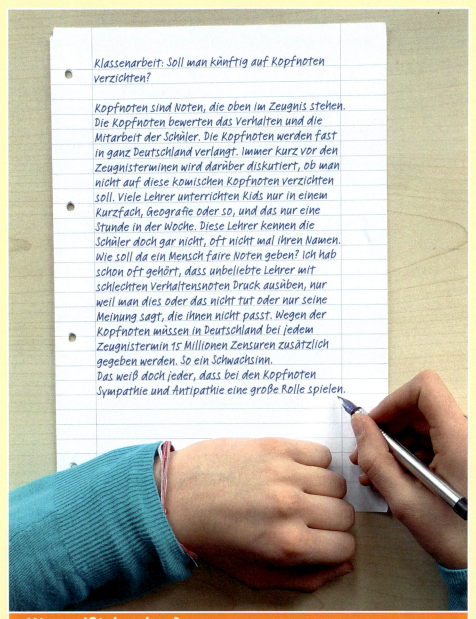

Klassenarbeit: Soll man künftig auf Kopfnoten verzichten?

Kopfnoten sind Noten, die oben im Zeugnis stehen. Die Kopfnoten bewerten das Verhalten und die Mitarbeit der Schüler. Die Kopfnoten werden fast in ganz Deutschland verlangt. Immer kurz vor den Zeugnisterminen wird darüber diskutiert, ob man nicht auf diese komischen Kopfnoten verzichten soll. Viele Lehrer unterrichten Kids nur in einem Kurzfach, Geografie oder so, und das nur eine Stunde in der Woche. Diese Lehrer kennen die Schüler doch gar nicht, oft nicht mal ihren Namen. Wie soll da ein Mensch faire Noten geben? Ich hab schon oft gehört, dass unbeliebte Lehrer mit schlechten Verhaltensnoten Druck ausüben, nur weil man dies oder das nicht tut oder nur seine Meinung sagt, die ihnen nicht passt. Wegen der Kopfnoten müssen in Deutschland bei jedem Zeugnistermin 15 Millionen Zensuren zusätzlich gegeben werden. So ein Schwachsinn.
Das weiß doch jeder, dass bei den Kopfnoten Sympathie und Antipathie eine große Rolle spielen.

Was weißt du schon?

- Welche Meinung vertrittst du in dieser Frage?
- Mit welchen Argumenten kannst du deine Meinung begründen?
- Was findest du gelungen an dieser Klassenarbeit? Begründe.
- Was muss die Schreiberin oder der Schreiber deiner Meinung nach noch üben? Begründe.

Schriftlich Stellung nehmen

Den Überarbeitungsbedarf analysieren

> *Ich weiß auch nicht, nach welchen Gesichtspunkten diese Noten überhaupt vergeben werden. Also, wie lassen sich mein Verhalten in Situationen, in denen es z. B. Konflikte gibt, mein Auftreten und mein Umgang mit anderen oder mein Einsatz, meine Verlässlichkeit richtig beurteilen? Der eine Lehrer bewertet sie so, der andere so.*
>
> *Schlechte Kopfnoten stempeln einen für die Zukunft ab, wenn du ein Unbefriedigend in der Kopfnote hast. Die bleibt, aber du kannst dich ändern. Es soll Firmen geben, die sortieren Schüler mit schlechten Kopfnoten beim Bewerbungsverfahren gleich aus, ganz gleich, was du in Mathe oder so hast. Also, ob ich mich im Beruf engagieren will, das kann man aus den Kopfnoten nicht ablesen. Ich finde Kopfnoten megaout, weil sie einem bei der Bewerbung echt schlecht aussehen lassen können. Ich hoffe, dass sie bald überall in Deutschland abgeschafft werden.*

1 Aus der Selbsteinschätzung der Schreiberin:
– *Mir ist es schwergefallen, zwischen Argument und Beispiel zu unterscheiden.*
– *Ich weiß nicht, ob ich genügend Argumente genannt habe.*
– *Ich glaube, ich habe die Abschnitte sprachlich nicht verknüpft. Das kann ich noch nicht so gut.*
– *Ich denke, den Schreibstil kann ich beim Überarbeiten noch verbessern, damit er sachlich wird.*

a) Nimm Stellung zu der Selbsteinschätzung der Schülerin.

b) Notiere Verbesserungsvorschläge für ihre Argumentation.

c) Welche zusätzlichen Übungen sollte die Schülerin bearbeiten? Begründe anhand deiner Verbesserungsvorschläge.

2 Welche Übungen brauchst du, um deine Argumentation zu verbessern?

Formulierungshilfen für die Einleitung	Formulierungshilfen für den Schlussteil
Verknüpfen von Sätzen	Verkürzen von Sätzen
sprachliche Überleitungen	Vermeiden von Wiederholungen
Argumente formulieren	sachlich schreiben

Wähle Übungen aus diesem Kapitel aus, die dir helfen können, und bearbeite das jeweilige Material.

Schriftlich Stellung nehmen

eine Argumentation verbessern

Überarbeitungsbedarf erkennen

den Übungsbedarf einschätzen

eigene Fehlerquellen erkennen

Eigene Texte überarbeiten

Sätze verknüpfen

1 Verknüpfe jeweils zwei Sätze, indem du Relativsätze bildest.
- Die Kopfnoten stehen im „Kopf" eines Zeugnisses.
  Sie bewerten das Arbeits- und Lernverhalten.
- Kopfnoten bewerten die Mitarbeit und das Verhalten einer Schülerin / eines Schülers. Sie stehen ganz oben im Zeugnis.
- Ich lehne Kopfnoten ab.
  Sie bewerten die Mitarbeit und das Lernverhalten.

Relativsätze bilden

TIPP
Der Relativsatz wird durch ein Komma abgetrennt:
Die Kopfnoten, die das Arbeits- und Lernverhalten …

2 Verknüpfe jeweils zwei Sätze, indem du Satzgefüge mit Kausalsätzen bildest.

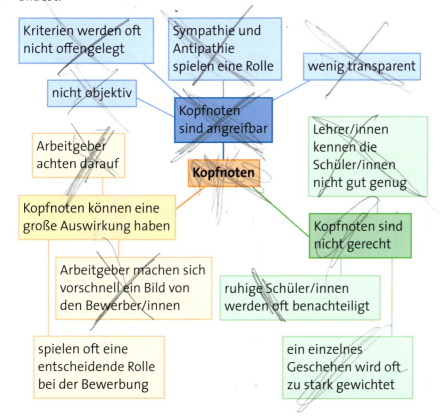

Kausalsätze bilden

INFO
Konjunktionen:
denn, weil etc.
→ S. 223

HILFEN
Satzgefüge (HS + NS)
Kopfnoten sind angreifbar, weil Sympathie und Antipathie oft eine Rolle spielen.
Satzverbindung (HS + HS)
Kopfnoten sind angreifbar, denn oft spielen Sympathie und Antipathie eine Rolle.

3 Wandle die Satzgefüge in Satzverbindungen um.

sprachliche Überleitungen bilden

Sätze verkürzen

4 a) Lies noch einmal die Klassenarbeiten auf S. 73 und 74 und suche überflüssige Wörter, auf die man verzichten sollte.

b) Suche in deinen letzten Klassenarbeiten nach überflüssigen Wörtern.

Sätze verkürzen

Ersatzproben anwenden

TIPP
Häufig können Nebensätze durch Nomen ersetzt werden.

5 Ersetze Nebensätze durch einzelne sprachliche Wendungen. Schreibe beide Fassungen in dein Heft, z. B.:
Situationen, in denen es Konflikte gibt = Konfliktsituationen

- Immer um die Zeit, wenn Zeugnisse anstehen, = ?
- ... in einem Fach, das nur eine Stunde in der Woche unterrichtet wird, ... = ?
- In den Kopfnoten finde ich das gewürdigt, wofür ich mich in der Schule einsetze. = ?
- Kopfnoten, die schlecht ausfallen, beeinflussen den Eindruck beim Arbeitgeber. = ?
- Bei der Festsetzung der Kopfnoten spielt oft eine Rolle, ob ein Schüler sympathisch ist oder nicht. = ?
- Kopfnoten sind notwendig, damit es ein Gegengewicht zu den Fachnoten gibt. = ?

Sprachliche Wiederholungen vermeiden

6 Überarbeite den Einleitungsabschnitt (S. 73) und ersetze Wiederholungen durch Personalpronomen, z. B.:
Kopfnoten, die schlecht ausfallen, beeinflussen den Eindruck beim Arbeitgeber. Er (der Arbeitgeber) entscheidet sich vielleicht deshalb für eine andere Bewerbung.

Wortfamilien bilden

7 Wie kann man noch sagen? Ergänze die Cluster.

bewerten — benoten   Kopfnoten abschaffen
            herausnehmen

8 Überarbeite die Sätze des Ausgangstextes, in denen die Wörter „bewerten" und „Kopfnoten abschaffen" vorkommen. Probiere verschiedene Fassungen, entscheide dich für eine und begründe deine Wahl.

Schriftlich Stellung nehmen

Sachlich schreiben

9 Vergleiche die vier Sätze. Welche Satzbeispiele wirken sachlich? Begründe.
- Man darf nicht vergessen, dass mit Kopfnoten oft Druck auf Schülerinnen und Schüler ausgeübt wird.
- Ich weiß, dass mit Kopfnoten Druck ausgeübt wird.
- Es wird immer wieder versucht, mit Kopfnoten Druck auszuüben.
- Du kennst das doch, dass mit den Kopfnoten Druck ausgeübt wird.

den Stil überarbeiten

› Indefinitpronomen

› Personalpronomen
› Infinitiv mit „zu"
› persönliche Anrede

10 a) Überarbeite den folgenden Textausschnitt so, dass er sachlicher wirkt.

einen Text stilistisch überarbeiten

Kopfnoten sind nun mal ungerecht. Weißt du, wie viele Kids unser Mathelehrer insgesamt in diesem Schuljahr unterrichtet? Der kennt doch überhaupt nicht alle so gut, dass seine Mitarbeits- und Verhaltensnoten jeden von euch fair beurteilen. Manchmal denke ich, der verteilt seine Zensuren Pi mal Daumen. Also, das kann nicht gerecht sein.

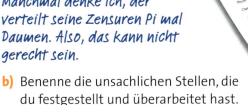

b) Benenne die unsachlichen Stellen, die du festgestellt und überarbeitet hast.

c) Vergleicht gegenseitig eure Überarbeitungen.

d) Ergänze deinen Text durch hilfreiche Anregungen deines Lernpartners / deiner Lernpartnerin.

❗ Texte sprachlich überarbeiten

Wenn du eigene Texte sprachlich überarbeiten willst, dann untersuche:
- den **Bau der Sätze:** Prüfe, ob du Sätze sinnvoll verknüpfen (Satzgefüge/Satzverbindung) oder aber verkürzen kannst (Nebensätze z.B. durch zusammengesetzte Nomen ersetzen).
- die **Wortwahl:** Prüfe, wie du Wortwiederholungen vermeiden kannst.
- den **Schreibstil:** Prüfe, ob du – wie in der Schreibaufgabe gefordert – sachlich geschrieben hast.

Schriftlich Stellung nehmen

Die Einleitung überarbeiten

Einleitungen formulieren

11 a) Ordne zu und schreibe zu jedem möglichen Inhalt der Einleitung einen Einleitungssatz.
A aktueller Anlass   **B** Begriffserklärung   **C** eigene Erfahrung

> Kopfnoten heißen so, weil sie …   Unter Kopfnoten versteht man …
> Mit Kopfnoten sind … gemeint …   Kopfnoten bewerten …
> Vor jedem Zeugnistermin …   Diskussion in der Presse …
> Diskussion unter Schülern …   In einer Umfrage zu dem Thema …
> Nicht in allen Bundesländern gibt es …   Schon oft haben sich
> Schüler über die Kopfnoten …   Bei der Bewerbung um einen
> Praktikumsplatz hat der Ausbilder mich nach den Kopfnoten …

b) Tausche dich mit deiner Lernpartnerin oder deinem Lernpartner darüber aus, welcher Einleitungssatz sich am besten eignet.

12 a) Schreibe eine vollständige Einleitung. Vermeide sprachliche Wiederholungen.

b) Schreibe einen Überleitungssatz, der die Einleitung mit dem Hauptteil verknüpft. Du kannst die Stichworte verwenden.
– Ich frage mich auch, ob …   – Sind Kopfnoten eigentlich …
– Es stellt sich die Frage, ob …   – Wäre es nicht besser, man schaffte die …

Die Argumentation überarbeiten

die Argumentation überarbeiten

13 a) Arbeitet zu zweit. Lest den Schülertext (S. 73) und überprüft, welche Argumente bzw. Beispiele die Schreiberin gefunden hat.

b) Vergleicht zu zweit eure Texte und korrigiert euch gegenseitig. Tragt eure Ergebnisse in eine Tabelle ein.

These	Argument	Beispiel
Kopfnoten sind unnötig		
	für die Zukunft abstempeln	
		Bewerbung

c) Ergänzt die Lücken mit fehlenden Argumenten bzw. Beispielen. Notiert nur Stichworte.

d) Benenne das wichtigste Argument.

Schriftlich Stellung nehmen

14 Wie kannst du deine Argumente sinnvoll verbinden?
Ergänze die Tabelle:

sprachliche Überleitungen bilden

Überleitungswort	?	?
auch, darüber hinaus, …	*Nicht übersehen werden darf, dass …*	*Ein Argument ist für mich besonders wichtig: …*
…	…	…

Einen Ausblick formulieren

15 Notiere einen Meinungssatz. Erprobe verschiedene Versionen.
Du kannst bei Bedarf die folgenden Satzanfänge nutzen:

den Schlussteil formulieren

> Ich lehne ab/befürworte …   Ich bin gegen/für …   Meiner Meinung/Einschätzung/Auffassung nach sind …   Wenn es nach mir ginge, …   Ich finde es gut, dass …   Ich fände es besser, wenn …   Ich komme zu dem Schluss, dass …

TIPP
Achte auf das Komma vor *dass*.

16 Verknüpfe den Meinungssatz und dein wichtigstes Argument.
z. B.: *Ich bin ein Befürworter der Kopfnoten,*
        Meinungssatz
weil damit mein Engagement in der Klasse auch bewertet wird.
        wichtigstes Argument

17 a) Schreibe zwei unterschiedliche Sätze, die einen Ausblick beinhalten.

b) Schreibe einen vollständigen Schlussteil.
Vermeide sprachliche Wiederholungen.

c) Vergleiche mit deinem Lernpartner / deiner Lernpartnerin.
Verbessert euch gegenseitig.

HILFEN
Du kannst folgende Satzanfänge benutzen:
- *Es bleibt zu hoffen, dass …*
- *Für die Zukunft wünsche ich mir, dass …*
- *Vielleicht werden künftig …*
- *Um die Nachteile der Kopfnoten zu vermeiden, wäre es besser, ganz …*

Das habe ich gelernt

- Welche Übungen hast du ausgewählt? Begründe deine Wahl.
- Welche Übungen werden dir in deinem Schreibprozess auch künftig weiterhelfen? Begründe.
- Was kannst du jetzt besser als vorher?
- Welche zusätzliche Hilfestellung brauchst du noch?
- Erstelle eine Checkliste zum Überarbeiten einer schriftlichen Argumentation und hefte sie in deinem Portfolio ab.
- Welche Überarbeitungsschritte werden dir auch bei anderen Schreibaufgaben/Klassenarbeiten weiterhelfen?

Schreibe in dein Heft oder Portfolio.

Schriftlich Stellung nehmen

Anwenden und vertiefen

Klassenarbeit: Soll man künftig auf Kopfnoten verzichten?

Kopfnoten sind Noten, die oben im Zeugnis stehen. Die Kopfnoten bewerten das Verhalten und die Mitarbeit der Schüler. Die Kopfnoten werden fast in ganz Deutschland verlangt. Immer kurz vor den Zeugnis-
5 terminen wird darüber diskutiert, ob man nicht auf diese komischen Kopfnoten verzichten soll. Viele Lehrer unterrichten Kids nur in einem Kurzfach, Geografie oder so, und das nur eine Stunde in der Woche. Diese Lehrer kennen die Schüler doch gar nicht, oft nicht mal ihren Namen. Wie soll da ein Mensch faire Noten geben? Ich hab schon oft gehört, dass unbeliebte Lehrer mit schlechten Verhaltensnoten Druck
10 ausüben, nur weil man dies oder das nicht tut oder nur seine Meinung sagt, die ihnen nicht passt. Wegen der Kopfnoten müssen in Deutschland bei jedem Zeugnistermin 15 Millionen Zensuren zusätzlich gegeben werden. So ein Schwachsinn. […]
Das weiß doch jeder, dass bei den Kopfnoten Sympathie und Antipathie
15 eine große Rolle spielen.
Ich weiß auch nicht, nach welchen Gesichtspunkten, diese Noten überhaupt vergeben werden. Also, wie lassen sich mein Verhalten in Situationen, in denen es z. B. Konflikte gibt, mein Auftreten und mein Umgang mit anderen oder mein Einsatz, meine Verlässlichkeit richtig
20 beurteilen? Der eine Lehrer bewertet sie so, der andere so.
Schlechte Kopfnoten stempeln einen für die Zukunft ab, wenn du ein Unbefriedigend in der Kopfnote hast. Die bleibt, aber du kannst dich ändern. Es soll Firmen geben, die sortieren Schüler mit schlechten Kopfnoten beim Bewerbungsverfahren gleich aus, ganz gleich, was du in
25 Mathe oder so hast. Also, ob ich mich im Beruf engagieren will, das kann man aus den Kopfnoten nicht ablesen. Ich finde Kopfnoten megaout, weil sie einem bei der Bewerbung echt schlecht aussehen lassen können. Ich hoffe, dass sie bald überall in Deutschland abgeschafft werden.

eine Argumentation überarbeiten

1 Überarbeite den Hauptteil des Schülertextes ab Zeile 5. Beachte dabei insbesondere drei Gesichtspunkte:
– Vermeide sprachliche Wiederholungen,
– ergänze fehlende Argumente,
– schreibe sachlich.

2 Überarbeite den Schülertext. Beachte dabei insbesondere fünf Gesichtspunkte:
– Vermeide sprachliche Wiederholungen,
– ergänze fehlende Argumente,
– verknüpfe die Argumentationskette durch sprachliche Überleitungen,
– schreibe sachlich,
– verknüpfe Sätze, wo es sich anbietet.

3 Überarbeite eine eigene Klassenarbeit. Beachte dabei, was du in diesem Kapitel gelernt und was du in deiner Selbsteinschätzung als Defizit beschrieben hast. Ergänze zu dem überarbeiteten Text eine abschließende Selbsteinschätzung.

Teste dich selbst!
Zu einem literarischen Text schreiben

Marie-Luise Kaschnitz
Zu Hause

Die Ersten, die zurückkamen, erregten durch ihre frischen Stimmen, ihr gutes Aussehen und ihr normales Verhalten Erstaunen. Sie schlugen uns auf die Schultern, fragten, nun wie gehts auf der alten Erde, und freuten sich offensichtlich, uns wiederzusehen. Ihre Frage war rhetorisch*, sie
5   sind dort über alles, was uns betrifft, genau im Bilde, so wie auch wir über das Leben auf der Weltraumstation genau im Bilde sind.
Wir kennen nicht nur ihre Arbeitsstätten und ihre etwas öden, aber bequemen Wohnungen, sondern auch ihre künstlichen Gärten, Maiglöckchen aus Plastik mit Maiglöckchenparfum, Rasen aus Plastik mit
10 dem Geruch von frischem Gras. Auch das runde mit Humus gefüllte und von vier Weltraumpolizisten Tag und Nacht bewachte Becken, das im Mittelpunkt ihrer öffentlichen Anlagen steht, ist uns bekannt.
Wir bedauern diese armen Menschen mit ihren Plastikblumen und ihrem Humusbecken, und natürlich hatten wir uns schon lange überlegt, wie wir
15 ihnen eine Freude machen könnten. Schließlich waren wir darauf verfallen, sie gleich nach ihrer Ankunft in einen Wald zu fahren. Der Wald war recht abgelegen, es gab in ihm noch einsame Tümpel, schroffe Felsen und dickes Moos. Wir erwarteten, dass die Heimkehrer darüber in Entzücken geraten, ja, dass sie sich womöglich auf den Boden werfen und
20 das Moos und die feuchten Herbstblätter aufwühlen würden. Sie taten nichts dergleichen, sondern standen höflich gelangweilt herum. Dann verlangten sie zurück in die Stadt. Sie wollten das Fernsehprogramm nicht versäumen, die Nachrichten von dort. (Von zu Hause, sagten sie.)

die rhetorische Frage: nur zum Schein gestellte Frage, auf die keine Antwort erwartet wird

1 a) Welche Angaben sollte die Einleitung einer Textzusammenfassung enthalten? Schreibe auf.

b) Was kann im Schlussteil einer Textzusammenfassung stehen? Notiere.

2 Notiere drei Merkmale einer schriftlichen Textzusammenfassung.

3 Fasse den Inhalt des Textes auf einer halben Seite zusammen.

4 Was ist falsch an diesem Satz aus einer Textzusammenfassung? Überarbeite.
Die Heimkehrer aber verhielten sich ganz anders, als die Erdbewohner erwartet hatten.

5 Wähle eine Schreibaufgabe aus:

a) *„Schließlich waren wir darauf verfallen, sie gleich nach ihrer Ankunft in einen Wald zu fahren."* (Z. 15 f.)
Schreibe einen zusammenhängenden Text von etwa einer halben Seite mit Überlegungen der Gastgeber, die zu dieser Entscheidung geführt haben könnten. Bewerte die Entscheidung aus deiner Sicht.

b) *„Sie wollten das Fernsehprogramm nicht versäumen, die Nachrichten von dort. (Von zu Hause, sagten sie.)"* (Z. 22 f.)
Schreibe eine Begründung von etwa einer halben Seite aus der Sicht der Heimkehrer und bewerte ihre Haltung.

6 „Zu Hause" bedeutet für die Daheimgebliebenen und die, die von der Weltraumstation kommen, nicht dasselbe.

a) Beschreibe die unterschiedlichen Auffassungen von „zu Hause".

b) Was heißt für dich „zu Hause"? Beschreibe.

Immer am Limit!?
Informative Zeitungstexte lesen und verstehen

Was weißt du schon?

- Tauscht euch über die Abbildungen aus. Was bedeutet „Immer am Limit!?"?
- Kennst du andere Situationen, in denen Jugendliche „am Limit" sind?
- Wo und wie informierst du dich über das aktuelle Tagesgeschehen?
- Überfliegendes Lesen, genaues Lesen, gezieltes Lesen – was bedeutet das?
- Wann benutzt du die einzelnen Lesestrategien?

Ein Diagramm auswerten

einem Diagramm Informationen entnehmen

1 Betrachtet die folgende Grafik und wertet sie dann aus.

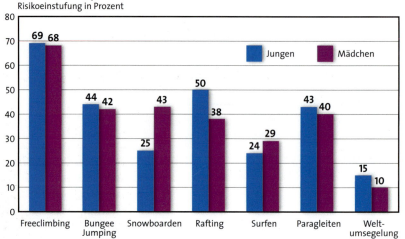

Befragt wurden Jugendliche im Alter von 17 bis 21 Jahren an einer Berliner Fachoberschule im Jahr 2009.

a) Bestimme die Art des Diagramms.

> **Ein Diagramm verstehen**
> - Lies die Überschrift und kläre, worüber das Diagramm informiert.
> - Beschreibe genau, welche Informationen gegeben werden (Maßeinheiten, zusätzliche Erklärungen etc.).
> - Vergleiche die Angaben miteinander (höchster und niedrigster Wert, gleiche Werte etc.).
> - Fasse die Informationen zusammen und vergleiche sie mit deinen Erfahrungen.

b) Erkläre den Begriff „Risikoeinstufung".

c) Beschreibe, welche Sportart den höchsten Wert und welche den niedrigsten Wert hat. Welche Werte sind ungefähr gleich?

d) Werte das Diagramm weiter aus (siehe Merkkasten).

2 a) Wie hättest du das Risiko der Sportarten eingeschätzt?

b) Welche Unterschiede zwischen Jungen und Mädchen kannst du feststellen? Worin könnten die Ursachen für die Unterschiede liegen? Sprich mit deiner Tischnachbarin / deinem Tischnachbarn darüber.

3 Lies die Angaben unter dem Diagramm. Welche Angabe wäre wichtig, um die Daten richtig einschätzen zu können? Notiere.

HILFEN
Die häufigsten Arten von Diagrammen sind:
- Säulendiagramm
- Balkendiagramm
- Kurvendiagramm
- Kreisdiagramm
→ Umschlaginnenseite hinten

Eine Meldung lesen

1 Überfliege den folgenden Text.

   a) Welche Informationen bleiben dir in Erinnerung? Welcher Abschnitt des Textes hilft dir dabei besonders?

   b) Benenne die Hauptaussage des Textes.

überfliegendes Lesen üben

TIPP
Kläre unbekannte Wörter. Markiere die wichtigsten Aussagen auf einer Textkopie.

17-jähriger Amerikaner umsegelt die Welt im Alleingang

17.07.2009 | 06:25 | 45 000 Kilometer und 13 Monate alleine auf See liegen hinter Zac Sunderland. Der jüngste Weltumsegler wurde auf seiner
5 Reise unter anderem von Piraten verfolgt.
Ein 17-jähriger Amerikaner hat als jüngster Segler der Geschichte die Welt alleine umrundet. Am
10 Donnerstag lief Zac Sunderland nach einer rund 45 000 Kilometer langen Reise mit seinem Segelboot in einem Hafen in Kalifornien ein, von wo aus er vor 13 Monaten in See gestochen war. In Marina del Rey in der Nähe von Los Angeles wurde er von seiner Familie, Freunden und
15 Hunderten Schaulustigen begeistert empfangen.

2 Erschließe den Text nun mit Hilfe der W-Fragen. Beantworte die W-Fragen in Stichworten.

einen Text genau lesen

3 Kürze den Text von hinten nach vorne. Wie weit ist das möglich, wenn die Hauptaussage des Textes erhalten bleiben soll?

4 Untersuche die formalen Merkmale des Textes. Wie ist der Text aufgebaut und äußerlich gestaltet?

5 Untersuche die sprachlichen Merkmale des Textes.

   a) Bestimme die Zeitform von Überschrift und erstem Satz.

   b) Werden eher Satzgefüge oder Hauptsätze verwendet? Beschreibe die Wirkung, die dadurch entsteht.

6 Sprecht zu zweit über folgende Fragen:

   a) Wo findet man die Textsorte „Meldung"?

   b) Welche Funktion hat der Text? Für wen ist der Text gedacht?

   c) Welche Gemeinsamkeiten und Unterschiede mit anderen euch bekannten Sachtexten könnt ihr feststellen?

Sachtexte lesen und verstehen

Einen Bericht lesen

einen Bericht lesen und verstehen

1 a) Lies den folgenden Bericht und benenne sein Thema in einem Satz.

Welt-Rekord
Jüngster Weltumsegler wieder zu Hause

14. Juli 2009 | 12:25 Uhr
Ein Jahr lang segelte ein
17-Jähriger allein um die Welt
– und kehrte sicher heim.

5 Nach rund 45 000 Kilometern in einem Segelboot alleine auf hoher See ist ein 17-jähriger Amerikaner wieder in den sicheren Gewässern der USA angekommen. Damit steht Zac
10 Sunderland unmittelbar vor dem Triumph, der jüngste Segler der Geschichte zu werden, der die Welt alleine umrundet hat. Noch rund 150 Kilometer trennten ihn am Dienstag von seinem Ausgangspunkt, einem Hafen in der Nähe von Los Angeles, den er am Donnerstag erreichen will.
15 „Ich würde es sofort wieder machen. Es war ein fantastisches Jahr", sagte Sunderland am Montag, als er mit seiner knapp elf Meter langen Segeljacht im Hafen von San Diego nach 13 Monaten erstmals wieder in den USA anlegte. Sunderland war als 16-Jähriger am 14. Juni 2008 im kalifornischen Marina del Rey
20 zu seinem Abenteuer aufgebrochen. Jetzt freue er sich darauf, zu Hause seine Freunde wiederzusehen und den Sommer noch ein bisschen zu genießen, sagte er. „Ich weiß noch nicht, was ich als Nächstes machen werde."
Bislang hält ein Australier den Rekord als jüngster Weltumsegler.
25 Jesse Martin war am Ende seiner Tour rund um den Globus 1996 genau 18 Jahre und 41 Tage alt. Sunderland wird erst am 29. November 18.
Im September geht die Rekordjagd jedoch schon weiter – sogar noch extremer: Die 16-jährige Australierin Jessica Watson will als
30 bislang jüngster Mensch allein und ohne Unterstützung nonstop die Erde umsegeln. Die Kategorie „ohne Unterstützung" bedeutet, dass das Schiff keinerlei Hilfe von außen erhalten und keine Vorräte oder Material annehmen darf. Auch Reparaturen müssen ohne fremde Hilfe erfolgen.
35 Sunderland musste dagegen für Reparaturen häufiger einen Hafen anlaufen. Auch traf er sich in mehreren Orten mit Angehörigen, die ihn besuchten.

b) Nenne Unterschiede zur Meldung auf S. 85, die dir nach dem ersten Lesen aufgefallen sind.

2 Markiere auf einer Kopie des Textes Antworten auf die W-Fragen.

3 a) Benenne die einzelnen Teile des Berichts.
Nutze den folgenden Kasten:

> Schlagzeile   Ortsangabe   Haupttext   Lead In   Datum

b) Erkläre, welche Merkmale und welche Funktion der jeweilige Teil hat.

4 Vergleiche nun Meldung und Bericht genauer. Fasse dazu Gemeinsamkeiten und Unterschiede in einer Tabelle zusammen. Unterscheide dabei zwischen Inhalt und Form.

Bericht und Meldung vergleichen

Meldung und Bericht unterscheiden

Meldung und Bericht informieren sachlich über Ereignisse. Der Bericht liefert umfassendere Hintergrundinformationen. Bei beiden Texten stehen am Textanfang die wichtigsten Angaben. Überschrift und Einleitungssatz der Meldung sind meist im Präsens verfasst, im Bericht wird häufig das Präteritum verwendet.

5 Schreibe eine Zusammenfassung des Berichts.

a) Gliedere den Text in Sinnabschnitte. Markiere abschnittsweise Schlüsselwörter und wichtige Informationen.

b) Fasse die Abschnitte knapp zusammen.

c) Schreibe nun deine Zusammenfassung. Der erste Satz sollte folgende Angaben enthalten: Autor, Thema des Berichts, Quelle, Erscheinungsdatum (soweit bekannt).

d) Vergleiche deine Zusammenfassung mit der eines Lernpartners / einer Lernpartnerin. Überarbeite sie, falls notwendig.

e) Welche Unterschiede erkennst du zwischen deiner eigenen Zusammenfassung und der Meldung auf S. 85?

Das habe ich gelernt

- Ein Diagramm verstehe ich am besten, wenn ich ...
- Das Lesen von Zeitungstexten fällt mir leichter, wenn ich Folgendes beachte: ...
- Eine Meldung und ein Zeitungsbericht sind sich ähnlich, weil ...
- Sie unterscheiden sich durch ...

Schreibe in dein Heft oder Portfolio.

Sachtexte lesen und verstehen

Anwenden und vertiefen

eine Zusammenfassung schreiben

TIPP
Achtet auch auf Satzbau, Rechtschreibung und Zeichensetzung.

1 a) Lies den Text und notiere die wichtigsten Informationen.

b) Fasse die Hauptaussage in einem Satz zusammen.

c) Tauscht euch zum Thema des Textes aus und äußert eure Meinung.

2 a) Wandle den Bericht in eine Meldung um.

b) Überarbeitet eure Texte in einer Schreibkonferenz.

Berlin, 08. Juli 2009
Tod in U-Bahn: Polizei sucht Strecke ab

13-Jähriger soll versucht haben, Graffiti zu sprühen
Andreas Kopietz

Die Umstände des Todes eines 13-Jährigen in der U-Bahn sind noch immer unklar. Wie berichtet, hat am Montagabend ein Kind
5 bei einem Unfall in Neukölln tödliche Verletzungen erlitten. Marcus H. aus Rudow hatte sich offenbar gegen 19:40 Uhr aus der Tür eines Waggons der U-Bahn-Linie U7 während der Fahrt herausgelehnt. Zwischen den Bahnhöfen Zwickauer Damm und Wutzkyallee in Fahrtrichtung Spandau prallte er mit dem
10 Oberkörper gegen eine Nothaltestange aus Eisen. Er wurde über einen Notausstieg geborgen. Wenig später erlag er seinen Verletzungen.
Die Ermittlungen zum Unfallhergang dauerten gestern an. Polizisten wollten am Abend noch einmal den Tunnel absuchen
15 nach eventuellen Sprayer-Utensilien. Denn Ermittler schließen nicht aus, dass Marcus H. während der Fahrt den Zug von außen mit Graffiti besprühen wollte. Sein Kürzel aus drei Buchstaben soll in der Szene bekannt sein. Die drei etwa gleichaltrigen Begleiter, mit denen er unterwegs war, sollen erneut vernommen
20 werden. Eine erste Befragung auf dem Polizeiabschnitt 56 ergab nur wenig, weil die Freunde des Verunglückten unter Schock standen.
Noch immer ist auch nicht klar, wie es dem Jungen gelang, sich so weit aus dem Zug herauszubeugen. Die mit Druckluft betriebenen
25 Türen der betreffenden Baureihe F79 lassen sich durch einen kräftigen Ruck an den Griffen auch während der Fahrt öffnen. Bei Notfällen soll so eine Flucht möglich sein. „Dies ist Teil eines international üblichen Sicherheitssystems, das nicht davon ausgeht, dass man sich leichtfertig rauslehnt", so Wazlak.

3 Sammelt Zeitungsberichte zu einem Thema eurer Wahl.
Stellt eure Berichte vor, indem ihr den Inhalt zusammenfasst.

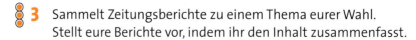

Casting, Camp und Coach
Wertende Zeitungstexte lesen und verstehen

Was weißt du schon?

- Welche Castingshows kennst du? Für wen sind sie gemacht? Stelle Vermutungen an und begründe.
- Warum sind Castingshows so erfolgreich? Tauscht euch aus.
- Hast du schon einmal schriftlich deine Meinung geäußert? Aus welchem Grund? Wer war der Adressat?
- Welche Merkmale hat ein Leserbrief, welche ein Kommentar? Sammelt gemeinsam.

Meinungen und Argumente in Zeitungstexten untersuchen

Die Meinungsfreiheit im deutschen Grundgesetz

Artikel 5 Grundgesetz, Absatz 1
(1) Jeder hat das Recht, seine Meinung in Wort, Schrift und Bild frei zu äußern und zu verbreiten und sich aus allgemein zugänglichen Quellen ungehindert zu unterrichten. Die Pressefreiheit und die Freiheit der Berichterstattung durch Rundfunk und Film werden gewährleistet. Eine Zensur findet nicht statt.

einen Gesetzestext verstehen

1 Fasse den Gesetzestext mit eigenen Worten zusammen.

2 Warum wurde das Recht auf Meinungsfreiheit in das Grundgesetz, das für alle Bürgerinnen und Bürger Deutschlands gilt, aufgenommen? Erkläre.

3 Was bedeutet das für euch? Was bedeutet das für einen Journalisten? Tauscht euch darüber aus.

Der Kommentar

einen Kommentar lesen und verstehen

4 a) Lies den folgenden Kommentar.

b) Welche Meinung vertritt der Autor? Formuliere in deinen eigenen Worten.

Willkommen in der Casting-Republik Deutschland
Von Michael Hanfeld

29. Juni 2009 Die Republik wird neu vermessen. Seit Jahren schon. Nicht nach Quadratmetern, sondern nach Köpfen. Es ist eine Volkszählung sondergleichen. Während Google Straßen und Häuser von außen filmt und die ganze Welt kartografiert, schauen
5 die Castingagenten direkt in die Zimmer. Der Begriff „Privatfernsehen" bekommt eine neue Bedeutung. Gestern Couchpotato, heute ein Superstar. So lautet das Versprechen.
Doch nicht zu Stars werden die Jedermänner, die das Programm bevölkern, sondern zu Kleindarstellern in einem Drama, dessen
10 Drehbuch ein Happy End nicht kennt. Sie werden aufgerufen, verbraucht und wieder in die Welt entlassen, die sie nun mit neuen Augen sieht. Sie haben ihr Privatestes preisgegeben, sich persönlich geopfert – und sie merken es offenbar nicht einmal. Die Jüngsten sind noch zu klein zu begreifen, „gecastet" wird
15 schon an der Wiege.

TIPP
Schlage unbekannte Wörter nach. Notiere Stichworte.

5 Lies den Text nun genauer.

a) Formuliere W-Fragen an den Text und beantworte sie.

b) An welchen Stellen wird die Meinung des Autors deutlich? Schreibe die Stellen heraus und erkläre, wie der Autor die Kritik formuliert.

c) Lies den Text laut vor. Beschreibe die Wirkung des Textes.

d) Welche sprachlichen Auffälligkeiten erkennst du? Achte besonders auf die Zeilen 3 und 7–8.

6 a) Wie unterscheiden sich Kommentar und Bericht in Aufbau, Sprache und Inhalt? Belege am Text oben.

b) Welche Funktion hat ein Kommentar im Vergleich zum Bericht?

HILFEN
Achte besonders auf den Satzbau.
- Wenn ein Satz nicht vollständig ist (Subjekt und Prädikat enthält), spricht man von einem elliptischen Satz.
- Wenn mehrere Sätze hintereinander denselben Aufbau haben, spricht man von einem Parallelismus.

> **Kommentar**
> Ein Kommentar gibt neben sachlichen Informationen die persönliche Meinung der Autorin / des Autors wieder und fügt Belege und Beispiele bei. Er ist persönlicher gestaltet als eine Meldung oder ein Bericht.

Der Leserbrief

7 a) Lies den folgenden Leserbrief.

b) Welche Meinung wird deutlich? Formuliere sie.

einen Leserbrief lesen und verstehen

Alles für die Quote
Media: „Im Schlaf überrollt" von Marcus Bäcker (25. Mai):
Das Allerschlimmste voran: Natürlich werden auf Grund des Medienwirbels die Einschaltquoten bei „Eltern auf Probe" gigantisch sein! Es wird diskutiert, gewettert, verurteilt, mit den
5 Schultern gezuckt werden. Das wurde bereits vor dem Ausstrahlen geschafft. Perfekte PR von RTL. Glückwunsch.
Die Messlatte des Erträglichen wird immer höher gelegt. Ich erinnere mich noch, als völlig zu Recht die täglichen Talkshows kritisiert wurden, in denen Zuschauern mit verzücktem Entsetzen
10 schwangere Drogensüchtige, Hobby-Prostituierte, Fremdgeher und verkrachte Familien beim Schlammwerfen vorgeführt wurden. Danach Reportagen, dass viele der naiven Gäste dann erst recht kaputt oder zerstritten waren. Alles für die Quote.
„Big Brother". Kein Sender wollte
15 es ausstrahlen wegen Menschenverachtung und Zynismus. Dann machte es RTL2. Die Sendung gibt's noch, interessiert aber keinen mehr.
20 DschungelCamp, DSDS, Topmodel, Biggest Loser. Solange man Voyeurismus und Skandalfreude bemänteln kann

mit „eigentlich gutem Zweck", gibt es kaum eine Handhabe. Man
25 kämpft um Jobs oder Ausbildungsplatz unter Aufgabe seiner
Würde, lässt „Berater" in jeden Winkel seines Heims und seiner
Seele gucken, mit Kamera. Nun ist man bei Babys und möglichen
Teenie-Eltern angekommen. Natürlich ist es krank, Babys
„auszuborgen". Natürlich leiden die Kleinen und haben Angst,
30 wenn Eltern nicht da sind.
Proteste wollen jetzt die Ausstrahlung eines Filmmaterials verhindern, das es bereits gibt. Die Babys wurden schon verborgt, mit Ravioli aus dem Glas gefüttert, den Kameras und unfähigen Teenies ausgesetzt. Der Stress, der Missbrauch fand bereits statt.
35 Wir sollten begreifen, dass Pressefreiheit und Voyeurismus nicht unbedingt dieselbe Seite der Medaille sind.

Katharina Klages, Berlin

TIPP
Achte auf Inhalt, Ausdruck, Überschrift.

8 Was könnte in dem Bericht gestanden haben, auf den sich der Leserbrief bezieht? Verweise auf passende Textstellen.

9 Untersuche den Leserbrief genauer.

a) Aus welchen Teilen besteht ein Leserbrief?
Untersuche äußerliche und sprachliche Merkmale.

b) Wodurch wird deutlich, dass es sich um eine persönliche Meinung handelt? Schreibe typische Wendungen heraus.

> **Leserbrief**
> - In einem Leserbrief nimmt die Autorin oder der Autor persönlich Stellung zu einem Thema oder zu einem bestimmten Zeitungsartikel.
> - In der Betreffzeile wird Bezug zum Zeitungsartikel genommen.
> - Die Einleitung gibt knapp die Autorenmeinung wieder.
> - Im Hauptteil werden Argumente und Beispiele angeführt.
> - Der Schluss fasst den Standpunkt zusammen.

10 In Zeitungen findest du in der Rubrik Leserbriefe folgende Anmerkung: *Redaktion behält sich Kürzungen vor …*
Erläutere mögliche Gründe dafür.

Das Interview

These und Argumente in einem Interview erkennen

11 a) Lies den folgenden Interviewauszug.

Warum nehmen so viele Jugendliche an Castingshows teil, obwohl sie riskieren, sich vor einem großen Publikum lächerlich zu machen?
Dr. Karin Anderson: Die Vorstellung, einmal selbst im Scheinwerferlicht zu stehen, „groß herauszukommen", ein Stück an dem
5 Glamour der Stars teilzuhaben und sich dabei im Neid und der Bewunderung von Freunden und Bekannten zu sonnen, ist

ungeheuer verführerisch, gerade, wenn man sonst ein eher unauffälliges Dasein führt.

Wie können junge Menschen mit einem plötzlichen „Prominenten-Status" umgehen?

Dr. Karin Anderson: Sie müssen sich klarmachen, dass dieser Prominentenstatus nicht wirklich ihnen als realer Person, sondern einzig und allein ihrem Show-Image gilt, also dem Fantasiebild, das sich die Leute von ihnen machen. Wenn einmal erfolgreiche Kandidaten dieses glänzende Image nicht durch weitere Fernsehrollen oder Jobangebote aufrechterhalten können, ist es nämlich sehr schnell damit vorbei. Daher ist es sehr wichtig, bescheiden und „bei sich selbst" zu bleiben – und nicht etwa zu glauben, bereits auf dem besten Weg nach Hollywood zu sein.

Kann auch Erfolg, beispielsweise für die Gewinner, negative Konsequenzen haben?

Dr. Karin Anderson: Ja. Wenn ein jugendlicher Kandidat plötzlich erfolgreich und berühmt wird, werden sich einige Freunde und Bekannte möglicherweise von ihm distanzieren, weil sie ihn um diesen Erfolg beneiden und sich unterlegen fühlen. Außerdem sind Gewinner, die ins Auge der Öffentlichkeit geraten, immer in Gefahr, Opfer von Betrügern und windigen Geschäftemachern zu werden, die in ihnen leichte Beute wittern und versuchen, ihre Unerfahrenheit auszunutzen.

Kann ein verantwortungsbewusster Umgang mit den Gefühlen der Kandidaten überhaupt garantiert werden?

Dr. Karin Anderson: Nein. Denn den Machern der Shows geht es ja in erster Linie darum, möglichst hohe Einschaltquoten zu erzielen und dadurch ihre Geldgeber, Anzeigenkunden oder Shareholder zufrieden zu stellen. Auf die Gefühle oder die Verletzlichkeit der Kandidaten wird dabei meist keine Rücksicht genommen – schließlich sollen vor allem das Interesse und die Sensationslust der Zuschauer angestachelt werden.

b) Schreibe die Kernthese des Textes in einem Satz auf.

c) Welche Argumente führt Frau Anderson an? Notiere sie.

d) Könnt ihr ihren Argumenten zustimmen oder seid ihr anderer Meinung? Begründet.

12 Benenne typische Merkmale, die ein Interview im Vergleich zu den bisher erarbeiteten Textsorten hat.

13 Verfasse nun selbst einen Leserbrief zum Thema „Castingshows". Beziehe dich dabei entweder auf den Kommentar auf S. 90 oder das Interview auf S. 92.

a) Welche Meinung vertrittst du? Begründe.

b) Sammle deine Argumente und sortiere sie.

c) Beachte beim Schreiben formale und sprachliche Aspekte.

einen Leserbrief verfassen

Einen Leserbrief lesen

1 a) Lies den folgenden Text.

Sollte man Castingshows im Fernsehen verbieten?
Ich finde Castingshows nicht doof. Zum Beispiel habe ich jeden Samstag „Deutschland sucht den Superstar" geguckt. Das sollte ja eigentlich eine Familiensendung sein. Aber was da manchmal an doofen und unverschämten Sprüchen rauskam, war wirklich
5 schlimm. Allerdings ist es auch immer schön mitzufiebern: Wer kommt weiter? Insgesamt fände ich es schöner, wenn es weniger Sendungen gäbe, „DSDS" und „Germany's Next Topmodel" sollten sich jedes Jahr abwechseln. Sonst ist es nämlich richtig anstrengend, dem zu folgen und auf dem Schulhof noch mitreden
10 zu können.

Pauline Claus, 13 Jahre, aus Kühlungsborn

b) Fasse den Inhalt in einem Satz zusammen.

c) Erkläre, welche Meinung die Autorin vertritt.

d) Um welche Textsorte handelt es sich?
Belege deine Meinung am Text.

e) Welche Meinung hast du zum Thema? Begründe schriftlich.

Das habe ich gelernt

- Meinungsfreiheit in den Medien wird erreicht durch …
- Wertende Zeitungstexte kann ich erkennen an …
- Sprachlich unterscheiden sie sich von informativen Zeitungstexten durch …
- Folgende Formen von wertenden Zeitungstexten habe ich kennen gelernt: …

Schreibe in dein Heft oder Portfolio.

Anwenden und vertiefen

1 Lies die beiden Texte und erschließe den Inhalt, wie du es im vorigen Kapitel gelernt hast.

A

Noch mal gut gegangen

Das ZDF freut sich über respektable Quoten für die Show „Ich kann Kanzler!"

BLZ Mit der Liveshow „Ich kann Kanzler!" hat das ZDF am Freitagabend eine respektable Einschaltquote erreicht. 2,76 Millionen Zuschauer schalteten die knapp zweistündige Castingsendung ein, die der 18-jährige Brandenburger Jacob Schrot gewann. Das entspricht einem Marktanteil von 11,5 Prozent. Die Reportage am Vortag über den Vorentscheid hatten nur etwas mehr als eine Million Menschen gesehen.

ZDF-Chefredakteur Nikolaus Brender zeigte sich denn auch zufrieden mit dem erstmals ausgestrahlten Format, das von einem breiten Online-Angebot begleitet worden war. Die Erfahrungen mit der Mischform aus Fernsehen und Internet „ermutigen uns, auf diesem Weg mit solch neuartigen Formaten weiterzugehen", so Brender: „Das war ein Experiment, das sich gelohnt hat." Schon während des Castings und zunehmend vor der Live-Sendung am Freitagabend sei bei jüngeren Leuten ein bemerkenswertes Interesse an Politik zu registrieren gewesen.

Im Finale am Freitag waren sechs Kandidaten zwischen 18 und 31 Jahren zum politischen Wettstreit gegeneinander angetreten. Insgesamt hatten sich 2 500 junge Leute für die Sendung beworben. (BLZ)

Zeitungstexte erschließen

HILFEN
Beim Lesen von Zeitungstexten können dir folgende Schritte helfen:
> Entnimm der Überschrift und dem ersten Satz das Thema.
> Notiere erste Leseeindrücke.
> Kläre unbekannte Wörter.
> Stelle W-Fragen.
> Teile den Text in Abschnitte ein.
> Vergib passende Überschriften.
> Fasse den Text in eigenen Worten zusammen.

B

England sucht den Superpolitiker

Der Privatsender ITV startet Castingshow für neue Klientel

Es war im Januar, als Endemol-Chef Boris Brandt eine neue Reality-TV-Variante ankündigte: eine Castingshow für Politiker. Wenige Tage später hat er sie wieder abgesagt. Bei Politik hört in Deutschland der Spaß auf. In England offenbar nicht. Der englische Privatsender ITV plant die Show „Vote for Me". Auf seiner Homepage sucht er schon Kandidaten: Über 21 muss man sein, nicht im Gefängnis oder bankrott – das sind die Bedingungen, damit man sich ins englische Unterhaus wählen lassen kann, denn das ist das Ziel. Der Gewinner darf in einem der 659 britischen Wahlkreise kandidieren – mit seiner im Fernsehen gewonnenen Popularität kann er dort einem etablierten Kandidaten das Leben schwer machen. Aber zuvor muss er es in die Endauswahl von zehn Kandidaten schaffen, anschließend in mehreren Live-Shows sein politisches Talent beweisen: Fernsehansprachen halten oder Babys küssen. In jeder Sendung werden zwei Teilnehmer rausgewählt. ITV besteht darauf, dass es in erster Linie ein politisches Format und kein Unterhaltungsformat sei. Und selbst die britische Wahlkommission kann der Show etwas abgewinnen. „Wir begrüßen alles, was Politik wieder für die Leute interessant macht", sagt Stephen Judson von der Wahlkommission im „Guardian", „insofern die Sendung dies tut, begrüßen wir auch sie." *nol*

---

die Textsorte bestimmen

2 Um welche Textsorten handelt es sich? Begründe.

Texte zusammenfassen

3 Wähle einen der beiden Texte A und B aus und fasse den Inhalt schriftlich mit eigenen Worten zusammen.

Argumente sammeln

4 Welche Meinung vertrittst du zum Thema „Castingshows für Politiker"? Wie kannst du deine Meinung bekräftigen? Lege eine Liste mit Argumenten an. Begründe zum Beispiel, warum du derartige Shows für sinnvoll (bzw. nicht sinnvoll) hältst.

einen Leserbrief schreiben

5 Verfasse einen Leserbrief. Führe darin deine Argumente aus.

6 Nimm die Gegenposition ein, sammle Argumente und verfasse einen entsprechenden Leserbrief.

Wendepunkte
Erzähltexte lesen und verstehen

Was weißt du schon?

- Welche Themen können dich zum Lesen verleiten? Nenne einige.
- Erläutere den Stellenwert des Lesens für dich.
- „Lesen ist wie Fernsehen im Kopf." Teilst du diese Erfahrung? Nimm Stellung.
- Welche Arten von literarischen Texten kennst du schon?
- Wie hat sich dein Leseverhalten in den letzten Jahren verändert?

Literarische Texte lesen

Einen literarischen Text erschließen

Vermutungen anstellen und Leseeindrücke festhalten

1 a) Lies zunächst die Überschrift und betrachte die Bilder. Überlege, wovon der Text handeln könnte. Notiere deine Ideen.

b) Lies den Text und notiere erste Leseeindrücke.

Pattie Wigand

Ein Montagmorgen im Bus

Es waren drei kleine Wörter, die ein Wunder bewirkten.
Als ich in den Bus stieg, schien die Sonne. Bei einem Blick aus dem
5 Fenster des 151-ers zeigte sich freilich der Chicagoer Winter von seiner schmutzigsten Seite – kahle Bäume, Schneematsch, die Autos voller Streusalzspritzer.
Der Bus fuhr mehrere Kilometer am Lincolnpark entlang, aber
10 niemand schaute hinaus. Wir, die Fahrgäste, saßen in dicken Mänteln dicht nebeneinander und dösten zum eintönigen Rattern des Motors in der stickigen, überheizten Luft.
Kein Mensch sprach. Das gehörte zu den ungeschriebenen Regeln des Chicagoer Berufsverkehrs. Zwar begegneten uns jeden Tag
15 dieselben Gesichter, aber wir versteckten uns lieber hinter unseren Zeitungen. Konnte etwas symbolträchtiger sein? Menschen, die nebeneinander saßen, hielten mit dünnen Bogen Papier Distanz.
Als sich der Bus den Wolkenkratzerpalästen des Michiganboule-
20 vards näherte, ertönte plötzlich eine laute Stimme: „Achtung! Achtung!" Zeitungen raschelten. Hälse reckten sich.

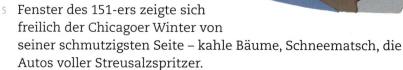

„Hier spricht der Fahrer."
Stille. Alles starrte dem Fahrer auf den Hinterkopf.
In seiner Stimme lag Autorität.

25 „Legen Sie alle die Zeitung weg." Langsam, zentimeterweise
sanken die Blätter. Der Fahrer wartete. Wir falteten die Zeitungen
zusammen und legten sie auf den Schoß. „Nun drehen Sie alle
den Kopf zur Seite und sehen Sie Ihrem Sitznachbarn ins Gesicht.
Na, los, auf geht's!"

30 Erstaunlicherweise gehorchten wir. Noch lächelte niemand.
In gedankenlosem Gehorsam folgten wir wie eine Herde.
Neben mir saß eine ältere Frau mit einem roten, fest um den Kopf
geschlungenen Schal. Ich sah sie fast täglich. Wir blickten uns in
die Augen und warteten unbewegt auf die nächste Anordnung.

35 „Jetzt sprechen Sie mir nach ..."
Es war ein Befehl, erteilt im Ton eines militärischen Ausbilders:
„Guten Morgen, Nachbar!"
Die Stimmen klangen schwach und ängstlich. Bei vielen von uns
waren es die ersten Worte, die uns an dem Tag über die Lippen
40 kamen. Doch wir sagten sie wie Schulkinder im Chor zu dem
fremden Menschen neben uns.
Wir lächelten uns an. Wir konnten nicht anders. Da war zum
einen das Gefühl der Erleichterung, dass wir nicht entführt oder
ausgeraubt wurden, zum anderen aber auch das leise Empfinden,
45 dass sich hier eine lange unterdrückte allgemeine Höflichkeit
Bahn brach*.
Wir hatten es gesagt; das Eis war gebrochen. Guten Morgen,
Nachbar. Eigentlich war es gar nicht so schwer. Einige wieder-
holten es sogar. Andere gaben sich die Hand. Viele lachten.
50 Der Busfahrer sagte nichts mehr. Es war auch gar nicht
nötig. Keine einzige Zeitung wurde wieder hochge-
nommen. Alle unterhielten sich angeregt. Erst hatten
wir zwar den Kopf über den verrückten Kerl von
Fahrer geschüttelt, aber nun waren wir alle froh über
55 seinen Einfall.
Immer wieder gab es Gelächter, warme sprudelnde
Laute, wie ich sie nie zuvor in einem Linienbus
gehört hatte.
Als wir meine Haltestelle erreichten, sagte ich
60 meiner Nachbarin auf Wiedersehen und sprang vom
Trittbrett, um einer Pfütze auszuweichen. An
derselben Haltestelle hatten vier weitere Busse angehalten, denen
Fahrgäste entstiegen. Die Weiterfahrenden saßen regungslos und
stumm da wie Ölgötzen. Anders die Leute in meinem Bus. Als er
65 losfuhr, brachten ihre lebhaften Mienen mich zum Lachen.
Der Tag hatte besser angefangen als alle Tage sonst.
Ich blickte dem Fahrer nach. Er sah konzentriert in den
Rückspiegel, um eine Lücke im Verkehr zu erspähen. Es schien
ihm gar nicht bewusst zu sein, welch ein Montagmorgenwunder
70 er da eben vollbracht hatte.

sich Bahn brechen: zum Vorschein kommen, sich durchsetzen

äußere Handlung verstehen und zusammenfassen

2 a) Bildet zu viert eine Arbeitsgruppe und vergleicht eure Leseeindrücke.

b) Untersucht den Handlungsverlauf. Teilt dazu die Abschnitte unter euch auf und notiert die Ergebnisse in euer Heft.

Teilüberschrift	?	?	?
Z. 3–18	Z. 19–37	Z. 38–58	Z. 59–69
Beschreibung der Umgebung: …	Handlung des Busfahrers: …	Verhalten der Fahrgäste: …	Verhalten der Fahrgäste beim Aussteigen: …
Beschreibung der Fahrgäste: …	Erwartung der Fahrgäste: …	Verhalten des Fahrers: …	…
Zusammenhang der Beschreibungen: …	…	…	…

c) Stellt eure Arbeitsergebnisse der Tischgruppe vor. Die Zuhörerinnen und Zuhörer korrigieren oder fragen, wenn nötig, nach.

3 Untersuche die Zeitstruktur des Textes.

a) Lest euch den Text gegenseitig vor und stoppt die Zeit dabei. Vergleicht mit der Länge der erzählten Situation.

> **❗ Erzählzeit und erzählte Zeit**
>
> Unter **Erzählzeit** versteht man die Zeit, die das Erzählen einer Geschichte beansprucht. Die **erzählte Zeit** ist der Zeitraum, den das Geschehen selbst dauert bzw. dauern würde.
> Diese Zeitabschnitte können in verschiedenen Verhältnissen zueinander stehen:
>
> | **Zeitraffung** | **Zeitdeckung** | **Zeitdehnung** |
> |---|---|---|
> | Erzählzeit | Erzählzeit | Erzählzeit |
> | erzählte Zeit | erzählte Zeit | erzählte Zeit |

b) Bestimme die Zeitstruktur des Textes anhand des Kastens.

c) Beschreibe die Wirkung, die durch das verwendete Verhältnis von Erzählzeit und erzählter Zeit entsteht.

4 Was erfährst du über den Busfahrer?

a) Lies nach, was über seine Stimme gesagt wird, und beschreibe ihre Wirkung.

b) Welches Motiv für sein Handeln trifft deiner Meinung nach zu? Begründe.

A … weil er Lust hatte, anderen etwas zu befehlen.	**B** … weil es wieder Montag war.
C … weil er sich einen Plan gemacht hatte.	**D** … weil ihn eine verrückte Idee packte.

Literarische Texte lesen

5 Untersuche das Verhalten der Fahrgäste.

a) Teilt euch in der Tischgruppe die Aufgabe nach dem Placemat-Verfahren auf und notiert passende Textstellen.

b) Ordnet die sprachlichen Bilder und Vergleiche dem unterschiedlichen Verhalten der Fahrgäste zu und erklärt ihre Bedeutung:
   – ... folgten wie eine Herde
   – ... wie Schulkinder im Chor
   – ... das Eis war gebrochen

c) Mit welchem sprachlichen Bild (Metapher) wird das Verhalten der Fahrgäste in den anderen Bussen beschrieben? Einigt euch auf eine „Übersetzung" des Bildes oder wählt ein anderes sprachliches Bild.

6 Diskutiert das Montagmorgenwunder. Bereitet dazu eine „Expertenrunde" vor, die zu folgenden Fragen Stellung nehmen soll. Wählt aus jeder Tischgruppe einen Sprecher oder eine Sprecherin.
   – Was ist das Montagmorgenwunder?
   – Wodurch wurde es ausgelöst?
   – Welche drei Worte sind dabei von großer Bedeutung (vgl. Z.1)?
   – Bleibt es bei diesem einen Montagmorgenwunder?

7 Untersuche die Erzählsituation des Textes.

a) Wer erzählt von diesem Montagmorgenwunder? Belege am Text.

b) Erläutere die Wirkung, die dadurch bei den Lesern erzielt wird.

8 Am Abend dieses besonderen Montags schreibt der Busfahrer einen Brief an einen Freund. Was könnte in seinem Brief stehen? Versetze dich in den Busfahrer und schreibe aus seiner Sicht den Brief.

Erzählsituation

- Der **auktoriale Erzähler** kennt die Handlungen, Gedanken und Gefühle aller Figuren.
- In der **personalen Erzählsituation** wird das Geschehen aus der Sicht/Perspektive einer Person in der Er- oder Sie-Form erzählt.
- In der **Ich-Erzählsituation** ist die Erzählerin / der Erzähler gleichzeitig eine Handlungsfigur. Die Leser/innen erleben das Geschehen aus der Sicht dieser Figur mit.

Placemat
→ S.234

Erzählelemente erkennen und verstehen

sprachliche Bilder erkennen und verstehen
→ S.222

Aussagen vertiefen, eigene Erfahrung einbringen

die Erzählsituation erkennen und erläutern

produktives Schreiben zur Vertiefung des Textverständnisses

INFO
› Ich-Erzähler
› Er-/Sie-Erzähler
› auktorialer Erzähler
› personaler Erzähler

Literarische Texte lesen

101

Die Erzählsituation untersuchen

Vermutungen anstellen und Leseeindrücke festhalten

1 a) Lies zunächst die Überschrift.
Überlege, wovon der Text handeln könnte.

b) Lies den Text und notiere Leseeindrücke.

Gianni Rodari

Die Geschichte vom jungen Krebs

Ein junger Krebs dachte bei sich: „Warum gehen alle Krebse in meiner Familie immer rückwärts? Ich will vorwärtsgehen lernen, so wie die Frösche, und mein Krebsschwanz
5 soll mir abfallen, wenn ich es nicht fertigbringe."
Und heimlich begann er zwischen den großen Steinen seines heimatlichen Bächleins zu üben. In den ersten Tagen
10 kostete ihn dieses Unternehmen ungeheure Kräfte. Überall stieß er sich und quetschte sich seinen Krebspanzer, unaufhörlich verfing sich ein Bein im anderen. Aber von Mal zu Mal ging es ein bisschen besser,
15 denn: Alles kann man lernen, wenn man will. Als er seiner Sache sicher war, stellte er sich vor seine Familie und sagte: „Jetzt schaut mir einmal zu!"

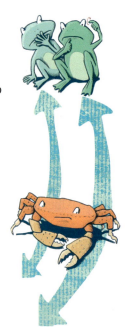

Und machte einen ganz prächtigen Lauf vorwärts. „Sohn", brach
20 da seine Mutter in Tränen aus, „bist du denn ganz verdreht? Komm doch zu dir – gehe so, wie es dich dein Vater und deine Mutter gelehrt haben. Gehe wie deine Brüder, die dich alle lieben."
Seine Brüder jedoch lachten ihn nur aus. Der Vater schaute ihn eine Weile streng an und sagte dann: „Schluss damit. Wenn du bei
25 uns bleiben willst, gehe wie alle Krebse. Rückwärts! Wenn du aber nach deinem eigenen Kopf leben willst – der Bach ist groß –, geh fort und komm nie mehr zu uns zurück!"
Der brave junge Krebs hatte die Seinen zwar zärtlich lieb, war aber sicher, er handle richtig, dass ihm nicht die mindesten Zweifel
30 kamen. Er umarmte seine Mutter, sagte Lebewohl zu seinem Vater und zu seinen Brüdern und machte sich auf in die Welt.
Als er an einem Grüppchen Kröten vorüberkam, erregte er großes Aufsehen. Sie hockten unter den Blättern einer Wasserlilie, um als gute Gevatterinnen ihren Schwatz zu halten. „Jetzt geht die
35 Welt verkehrt herum", sagte eine dicke Kröte, „schaut euch nur diesen jungen Krebs an! Da müsst ihr mir recht geben!" „Ja, Respekt gibt es überhaupt nicht mehr", sagte eine andere. „Pfui, pfui", sagte eine Dritte.

Doch der junge Krebs ließ sich nicht anfechten und ging aufrecht
seine Straße weiter, man muss es wirklich sagen. Plötzlich hörte
er, wie ihn ein alter Krebs, an dem er vorüberging, rief. Der sah
ganz melancholisch aus und hockte allein auf einem Stein.
„Guten Tag", sagte der junge Krebs.
Der Alte betrachtete ihn lange, schließlich sagte er: „Was glaubst
du, was du da Großartiges anstellst?! Als ich noch jung war,
wollte ich auch den Krebsen das Vorwärtsgehen beibringen. Sieh
mal, was mir das eingebracht hat! – Ich muss ganz allein leben
und die Leute würden sich lieber die Zunge abbeißen, als ein Wort
an mich zu richten. – Hör auf mich, solange es noch Zeit ist!
Bescheide dich, lebe wie die anderen! Eines Tages wirst du mir für
meinen Rat dankbar sein!"
Der junge Krebs wusste nicht, was er antworten sollte, und blieb
stumm. Aber im Innern dachte er: „Ich habe doch recht! Ich habe
recht!" Und nachdem er den Alten höflich gegrüßt hatte, setzte er
stolz seinen Weg fort.
Ob er weit kommt? Ob er sein Glück macht? Ob er alle schiefen
Dinge dieser Welt gerade richtet?
Wir wissen es nicht, weil er noch mit dem gleichen Mut und der
gleichen Entschiedenheit dahinmarschiert wie am ersten Tag.
Wir können ihm nur von ganzem Herzen „Gute Reise" wünschen.

2 Vergleicht eure Leseeindrücke.

3 Kläre die Handlungsschritte. Übernimm die Schrittfolge in dein Heft
und ergänze die einzelnen Handlungssituationen.

HILFEN
Mache Zeilenangaben
und nenne die Gegen-
spieler des Krebses.

4 Was erfahrt ihr vom jungen Krebs?

(Motive) (Eigenschaften) (Gedanken) (Gefühle)

a) Teilt diese Betrachtungsschwerpunkte in einer Arbeitsgruppe auf
und notiert Stichworte und Textbelege.

b) Tragt eure Ergebnisse in der Gruppe vor.

c) Bildet themengleiche Arbeitsgruppen (z. B. „Motive") und tauscht
eure Ergebnisse aus.

d) Informiert die Tischgruppe über die „neuen" Ergebnisse.

5 Wie stellt Gianni Rodari die anderen Handlungsfiguren dar?

   a) Übernimm die Tabelle in dein Heft und ergänze sie.

   Was denken die anderen über den jungen Krebs?

die Familie	die Kröten	der alte Krebs
…	…	…

literarische Figuren bewerten

   b) Bewerte das Verhalten der einzelnen Figuren.

6 An welche Textsorte erinnert diese Geschichte? Begründe deine Wahl.

   A Erzählung   **B** Fabel   **C** Märchen   **D** Lügengeschichte

Funktion von Literatur verstehen

7 Der junge Krebs, das krebsuntypische Vorwärtsgehen und seine „Gegenspieler" haben Stellvertreterfunktion für Verhaltensweisen und Rollen in der Gesellschaft. Ergänze die Tabelle so, dass klar wird, wer oder was gemeint sein könnte.

der junge Krebs	das Vorwärtsgehen	die Gegenspieler
…	*verändern Neues wagen …*	…

eigene Erfahrungen einbringen

8 Überlege dir eine Lebenssituation, die sich mit der des jungen Krebses vergleichen lässt. Schreibe auf und begründe.

produktives Schreiben zur Vertiefung des Textverständnisses

9 Schreibe einen Paralleltext zu der „Geschichte vom jungen Krebs".

   a) Gestalte eine Situation mit einer anderen Handlungsfigur, die den jungen Krebs ermutigt.

   b) Welche Erzählsituation musst du dabei beachten? Belege anhand des Textes.

   c) Welchen Zeitraum soll deine Geschichte umfassen? Lege vorab fest, ob du in deiner Geschichte nur das Gespräch oder eine Entwicklung über einen längeren Zeitraum darstellen willst.

Das habe ich gelernt

- Entwirf einen Lesestrategie-Fahrplan, der deutlich macht, in welchen Schritten man beim Lesen eines Textes vorgeht.
- Nenne eine Erzählsituation und erkläre.
- Ergänze folgenden Satz: Ich finde die Erstellung einer Figurenskizze nützlich/weniger nützlich, weil …
- Inwieweit hat dir die Zusammenarbeit mit Mitschüler/innen beim Textverstehen geholfen? Berichte.

Schreibe in dein Heft oder Portfolio.

Anwenden und vertiefen

Herman Gilhaus

Der Adler

Ein Mann ging in einen Wald, um nach einem Vogel zu suchen, den er mit nach Hause nehmen könnte. Er fing einen jungen Adler, brachte ihn heim und steckte ihn in den Hühnerhof zu den Hennen, Enten und Truthühnern. Und er gab ihm Hühnerfutter zu
5 fressen, obwohl er ein Adler war, der König der Vögel. Nach fünf Jahren erhielt der Mann den Besuch eines naturkundlichen Mannes. Und als sie miteinander durch den Garten gingen, sagte der: „Der Vogel dort ist kein Huhn, er ist ein Adler!" „Ja", sagte der Mann, „das stimmt, aber ich habe ihn zu einem Huhn erzogen. Er
10 ist jetzt kein Adler mehr, sondern ein Huhn, auch wenn seine Flügel drei Meter breit sind." „Nein", sagte der andere, „er ist noch immer ein Adler, denn er hat das Herz eines Adlers. Und das wird ihn hoch hinauffliegen lassen in die Lüfte." „Nein, nein", sagte der Mann, „er ist jetzt ein richtiges Huhn und wird niemals wie ein
15 Adler fliegen." Darauf beschlossen sie, eine Probe zu machen. Der naturkundliche Mann nahm den Adler, hob ihn in die Höhe und sagte beschwörend: „Der du ein Adler bist, der du dem Himmel gehörst und nicht dieser Erde; breite deine Schwingen aus und fliege!" – Der Adler saß auf der hochgereckten Faust und blickte
20 um sich. Hinter sich sah er die Hühner nach ihren Körnern picken und er sprang zu ihnen hinunter. Der Mann sagte: „Ich habe dir gesagt, er ist ein Huhn." „Nein", sagte der andere, „er ist ein Adler, versuche es morgen noch einmal." Am anderen Tag stieg er mit dem Adler auf das Dach des Hauses, hob ihn empor und sagte:
25 „Adler, der du ein Adler bist, breite deine Schwingen aus und fliege!" Aber als der Adler wieder die scharrenden Hühner im Hofe erblickte, sprang er abermals zu ihnen hinunter und scharrte mit ihnen. Da sagte der Mann wieder: „Ich habe es dir gesagt, er ist ein Huhn." – „Nein", sagte der andere, „er ist ein
30 Adler. Lass es uns noch ein einziges Mal versuchen; morgen werde ich ihn fliegen lassen."

die Zinne:
meist viereckiger Block auf den Mauern einer Burg, hinter der die Verteidiger geschützt waren

35 Am nächsten Morgen erhob er sich früh, nahm den Adler und brachte ihn hinaus aus der Stadt, weit weg von den Häusern an den Fuß eines hohen Berges, jede Zinne* erstrahlte in der Ferne eines wundervollen Morgens. Er hob den Adler hoch und sagte zu ihm: „Adler, du bist ein Adler. Du gehörst dem Himmel und nicht dieser Erde. Breite deine Schwingen aus und fliege!" Der Adler blickte umher, zitterte, als erfüllte ihn neues Leben – aber er flog nicht. Da ließ ihn der naturkundliche Mann direkt in die Sonne
40 schauen. Und plötzlich breitete er seine gewaltigen Flügel aus, erhob sich mit dem Schrei eines Adlers, flog höher und höher und kehrte nie wieder zurück.

einen Text zusammenfassen

1 Gliedere den Text in Abschnitte, formuliere Teilüberschriften und fasse ihn dann mit eigenen Worten zusammen.

die Erzählsituation bestimmen

2 Bestimme die Erzählsituation.

sprachliche Bilder deuten

3 a) Erkläre die Bedeutung folgender Sprachbilder:
„König der Vögel"
„du gehörst dem Himmel"

b) Inwiefern sind diese Sprachbilder wichtig für den Inhalt und das Verstehen?

Figuren und ihre Beziehung untersuchen

4 Untersuche die beiden Hauptfiguren.

a) Beschreibe ihre Charaktere und nenne Unterschiede sowie Gemeinsamkeiten.

b) In welcher Beziehung stehen sie zum Adler? Fertige eine Figurenskizze an.

persönliche Textbezüge herstellen

5 Nenne eine dir bekannte oder vertraute Lebenssituation, die sich mit der des Adlers vergleichen lässt. Schreibe auf.

Literarische Texte lesen

106

„Vorbei, verweht, nie wieder"
Lyrische Texte lesen und verstehen

Was weißt du schon?

- Sieh dir das Bild an. Beschreibe, welche Vorstellungen es in dir weckt.
- Beachte insbesondere die Haltung der Menschen – was fällt dir auf?
- „Gedichte sind Fenster in die Seele." Nimm Stellung zu dieser Aussage.
- Mit welchen Themen setzen sich Gedichte oft auseinander?
- Im Internet findet man viele Gedichte, die von Jugendlichen geschrieben wurden. Welche Erklärung hast du dafür?
- Was weißt du über den Aufbau von Gedichten?
- Welche Reimschemata kennst du? Grenze sie voneinander ab.

Gedichte lesen und wirken lassen

1 a) Lies die Überschrift des Gedichts und stelle Vermutungen zum Inhalt an.

b) Lies das Gedicht und notiere erste Leseeindrücke.

Kurt Tucholsky (1890–1935)

Augen in der Groß-Stadt

Wenn du zur Arbeit gehst
am frühen Morgen,
wenn du am Bahnhof stehst
mit deinen Sorgen:
5 da zeigt die Stadt
dir asphaltglatt
im Menschentrichter
Millionen Gesichter:
Zwei fremde Augen, ein kurzer Blick,
10 die Braue*, Pupillen, die Lider* –
Was war das? vielleicht dein Lebensglück ...
vorbei, verweht, nie wieder.

Du gehst dein Leben lang
auf tausend Straßen;
15 du siehst auf deinem Gang,
die dich vergaßen.
Ein Auge winkt,
die Seele klingt;
du hast's gefunden,
20 nur für Sekunden ...
Zwei fremde Augen, ein kurzer Blick,
die Braue, Pupillen, die Lider;
Was war das? kein Mensch dreht die Zeit zurück ...
Vorbei, verweht, nie wieder.

25 Du mußt auf deinem Gang
durch Städte wandern;
siehst einen Pulsschlag lang
den fremden Andern.
Es kann ein Feind sein,
30 es kann ein Freund sein,
es kann im Kampfe dein
Genosse* sein.
Es sieht hinüber
und zieht vorüber ...
35 Zwei fremde Augen, ein kurzer Blick,
die Braue, Pupillen, die Lider –
Was war das? Von der großen Menschheit ein Stück!
Vorbei, verweht, nie wieder. R

die Braue: Augenbraue
die Lider: Augenlider

der Genosse: Kamerad/Gefährte

Den Aufbau eines Gedichts untersuchen

1 Beschreibe die äußere Form des Gedichts, z. B. Anzahl der Strophen, Anzahl der Verse, Besonderheiten der Textanordnung.

2 Untersuche die Binnengliederung der Strophen.

a) Gliedere jede Strophe in Abschnitte, notiere die Anzahl der Zeilen pro Abschnitt und Stichworte zum Inhalt.

b) Vergleiche die Anzahl der Zeilen pro Abschnitt in jeder Strophe. Notiere so:
1. Strophe: 4:4:4
2. Strophe
3. Strophe

c) Welche Begründung könnte es für die eine Abweichung geben? Suche zusammen mit deinem Lernpartner / deiner Lernpartnerin eine mögliche Antwort im Text.

d) Vergleiche die jeweils letzten vier Verse jeder Strophe. Was fällt auf?

> **Refrain**
>
> Die Wiederholung von Versen nennt man Kehrreim oder Refrain. Meist steht der Refrain am Strophenende.

3 Untersuche das Reimschema.

a) Kennzeichne die Reime, wie du es gelernt hast, mit Buchstaben und notiere das Schema für eine Strophe, z. B.:
gehst   a
morgen   b
stehst   a
...

b) Was stellst du fest? Notiere.

c) Lies die Erklärungen im Kasten und benenne das Reimschema des Gedichts.

> **Reimschema**
>
> - Reimen sich zwei aufeinanderfolgende Zeilen, dann spricht man von einem **Paarreim** (aa bb).
> - Reimen sich die 1. und die 3. Zeile sowie die 2. und 4. Zeile, liegt ein **Kreuzreim** vor (abab).
> - Reimen sich die 1. und 4. Zeile sowie die 2. und 3. Zeile, entsteht ein **umarmender Reim** (abba).

---

die Form des Gedichtes untersuchen
- Strophen
- Verse
- Textanordnung
- Binnengliederung
- Reimschema

Literarische Texte lesen

4 a) Übernimm die folgenden Wörter in dein Heft.

| Städte | Lider | wieder | Augen | vorbei | verweht | Arbeit |

INFO
Betonungszeichen
x̂ betont
x unbetont

b) Setze die entsprechenden Betonungszeichen, z. B.
x̂ x
Städte

c) Übertrage diese Zeilen in dein Heft und setze Betonungszeichen.

Wenn du zur Arbeit gehst
am frühen Morgen,
wenn du am Bahnhof stehst
mit deinen Sorgen

> **Versmaß**
>
> Das Versmaß bezeichnet die Abfolge von betonten und unbetonten Silben in einem Gedicht.
> unbetont – betont = Jambus: x x̂ (Beispiel: *vorbei*)
> betont – unbetont = Trochäus: x̂ x (Beispiel: *wieder*)

die sprachliche Gestaltung untersuchen
› die Ellipse kennen lernen
› Wegstreichprobe

5 a) Vergleiche den folgenden Satz mit der entsprechenden Stelle im Gedicht. Beschreibe, mit welchen Mitteln der Eindruck von Hektik und Atemlosigkeit erreicht wird.

Du siehst zwei fremde Augen und nur einen kurzen Blick und im fremden Gesicht die Augenbrauen, sogar die Pupillen und die Augenlider.

Zwei fremde Augen, ein kurzer Blick,
die Braue, Pupillen, die Lider –

> **Ellipse**
>
> Die **Ellipse** ist ein sprachlich-stilistisches Element, das in Gedichten verwendet wird, um die Aussage (z. B. den rasch vergehenden Augenblick) zu verdeutlichen. Bei der Ellipse werden Satzglieder weggelassen, um das Wesentliche eines Gedankens hervorzuheben.

b) Prüfe nach, an welcher Stelle im Gedicht auf S. 108 Tucholsky dieses Stilmittel noch einsetzt.

Literarische Texte lesen

Die Textaussage verstehen und am Text belegen

1 Vergleicht eure zu Beginn notierten Leseeindrücke zum Gedicht von Tucholsky. Welche Aussagen zum Gedicht haben dich zunächst überrascht, eventuell dann doch überzeugt?

2 Untersucht die Aussage des Gedichts. Arbeitet in Dreier- oder Sechsergruppen nach dem „Think-pair-share"*-Verfahren.

die Textaussage untersuchen

think: Einzelarbeit
pair: Partnerarbeit
share: in der Gruppe
➔ S. 235

a) Jeder bearbeitet eine Auftragskarte:

> Notiere, was der mit „du" Angesprochene tut (Verse 1–4) und übernimm die Textstelle, die seine persönliche Situation spiegelt.

> Notiere, was der mit „du" Angesprochene sieht (Verse 5–8 bzw. 10) und übernimm die Textstelle, die die Situation am Morgen widerspiegelt. Ergänze mindestens fünf Adjektive, die diese Situation beschreiben.

> Notiere, was im Refrain beschrieben wird (Verse 9–12) und übernimm die Antwort auf die gestellte Frage. Ergänze mindestens fünf Nomen oder Vergleiche, die diese Situation beschreiben.

b) Tauscht eure Ergebnisse in der Gruppe aus und ergänzt zusätzliche Eindrücke der Gruppenmitglieder.

c) Bildet aufgabengleiche Gruppen, vergleicht eure Ergebnisse. Ergänzt auf eurem Blatt Hinweise der anderen, die euch überzeugt haben.

d) Wählt aus jeder Gruppe eine Sprecherin oder einen Sprecher aus, um die Ergebnisse der Klasse vorzutragen. Die Zuhörer/innen ergänzen, was fehlt oder deutlicher erklärt werden muss.

3 Belege die Eindrücke am Text. Wähle aus jeder Spalte ein Beispiel aus und nenne die Textstelle, die diesen Eindruck unterstreicht.

Textbelege angeben

Augenblick	Hektik
Flüchtigkeit	Atemlosigkeit
wie ein Blitzlicht	

Literarische Texte lesen

111

Ein Parallelgedicht schreiben

produktions-orientiertes Schreiben

1 a) Lies das Gedicht von Jürgen Becker und notiere erste Leseeindrücke.

Jürgen Becker (geb. 1932)
Das Fenster am Ende des Korridors

Der Himmel, die Landschaft, der Fluss:
das Bild am Ende des Korridors.
Links und rechts die Appartements;
die Feuerlösch-Anlage. Das Summen des Aufzugs.
5 Die Zeit nach Büroschluss. Abweisende Gesichter,
kein Wort und keine Zärtlichkeit.
Jemand wird den Anfang machen
und an seiner Tür vorbeigehen
und weitergehen durch das Bild
10 hinaus in den Raum zum Fliegen.

b) Vergleicht eure Leseeindrücke.

ein Gedicht erschließen
› Leseeindrücke festhalten
› Leseeindrücke vergleichen
› Form des Gedichts untersuchen
› Textaussage untersuchen
› sprachliche Gestaltung untersuchen

2 Schreibe einen „Steckbrief" des Gedichts.

Titel	...
Autor	...
Strophen	...
Verse	...
Binnengliederung	...
Inhalt	...
Reim	kein Reim
Sprachlich-stilistische Mittel	...

3 Sprecht zu zweit über folgende Fragen:

   a) Wie beschreibt Jürgen Becker den Alltag vieler Menschen?

   b) Welche sprachlichen Mittel unterstreichen die Textaussage?

4 a) Was ist ungewöhnlich an dem „Schluss" des Gedichts? Wie verstehst du diese Zeilen?

einen persönlichen Bezug herstellen

> **Metapher**
>
> **Metaphern** sind verkürzte Vergleiche. Dabei wird die Bedeutung eines Wortes auf einen anderen Bereich übertragen.
> Beispiel: *Menschentrichter* (Gedicht S. 108, Z. 7).

   b) Ergänze den Steckbrief: Welche Metaphern findest du im Gedicht?

5 a) Welches sind die wiederkehrenden Momente deines Alltagslebens? Notiere Stichworte dazu.

Bezug zum Leser herstellen

   b) Prüfe deine Stichworte: Welche Alltagsmomente empfindest du als bedrückend?

6 Schreibe ein Parallelgedicht, in dem du deine Alltagserfahrungen einbringst (Schule/Freizeit) – gerne mit positiveren Erfahrungen und Eindrücken als im Gedicht von Becker!

> **Ein Parallelgedicht schreiben**
>
> In einem **Parallelgedicht** übernimmst du möglichst viele Form- und Sprachelemente. Meist wählst du aber eine andere Thematik.

> ### Das habe ich gelernt
> - Unter „äußerer Form" eines Gedichts versteht man ...
> - Unter „Binnengliederung" eines Gedichts versteht man ...
> - Schreibe die sprachlich-stilistischen Gestaltungsmittel auf, die du kennst. Schreibe jeweils ein Beispiel dazu auf.

Literarische Texte lesen

Anwenden und vertiefen

Bertolt Brecht (1898–1956)
Morgens und abends zu lesen

Der, den ich liebe
Hat mir gesagt
Daß er mich braucht.

Darum
Gebe ich auf mich acht
Sehe auf meinen Weg und
Fürchte von jedem Regentropfen
Daß er mich erschlagen könnte. R

Jürgen Becker (geb. 1932)
Natur-Gedicht

in der Nähe des Hauses,
der Kahlschlag, Kieshügel,
 Krater
erinnern mich daran –
nichts Neues; kaputte
 Natur,
aber ich vergesse das gern,
solange ein Strauch steht

ein Parallelgedicht schreiben

1 Schreibe ein Parallelgedicht zu B. Brechts Gedicht. Beginne die erste Strophe mit „Der, den ich liebe…" und die zweite mit „Darum …".

ein Gedicht untersuchen

2 a) J. Beckers Text trägt den Titel „Natur-Gedicht". Begründe die Wahl.

b) Beschreibe die Stimmung des Gedichts und erkläre, wodurch sie erreicht wird.

ein Parallelgedicht schreiben

c) Schreibe ein Parallelgedicht, indem du die Verse eins, zwei, vier und sechs ersetzt.

Theodor Fontane (1819–1898)
Überlass es der Zeit

Erscheint dir etwas unerhört,
Bist du tiefsten Herzens empört,
Bäume nicht auf*, versuchs nicht mit Streit,
Berühr es nicht, überlass es der Zeit.
5 Am ersten Tag wirst du feige dich schelten*,
Am zweiten lässt du dein Schweigen schon gelten,
Am dritten hast du's überwunden;
Alles ist wichtig nur auf Stunden,
Ärger ist Zehrer* und Lebensvergifter,
10 Zeit ist Balsam* und Friedensstifter.

bäume nicht auf: wehre dich nicht

schelten: schimpfen
Zehrer: abgeleitet von „etwas zehrt an jemandem": etwas nimmt jemandem die körperliche und seelische Kraft
der Balsam: *hier:* Gutes für die Seele

ein Gedicht erschließen und zur Textaussage Stellung nehmen

3 a) Schreibe einen „Steckbrief" für Fontanes Gedicht. Beachte dazu: Titel, Autor, Lebensdaten, Strophen, Verse, Binnengliederung, Reim und sprachlich-stilistische Gestaltungsmittel.

b) Beschreibe eine konkrete Situation, aus der dieses Gedicht entstanden sein könnte.

c) Fasse in einem Satz oder in einer Redewendung die Aussage des Gedichts zusammen und nimm Stellung dazu.

Literarische Texte lesen

Ich weiß genug – ich finde dich

Dialogische Texte lesen, verstehen und szenisch umsetzen

Was weißt du schon?

- Sieh dir das Bild an. Welche Kommunikationssituationen erkennst du? Begründe.
- Hast du schon Erfahrungen mit dem Theaterspielen gemacht, z. B. in einer AG oder als Zuschauer/in im Theater? Berichte.
- Beschreibe deine Vorstellungen, wie ein szenisches Spiel eingeübt wird. Was erscheint dir dabei besonders wichtig?
- Beschreibe, welche Erfahrungen du bereits mit „Communities und Chatrooms" hast. Versuche, deine Erfahrungen kurz zu bewerten.

Dialogische Texte lesen, vergleichen und verstehen

Prosatext und dialogischen Text vergleichen

Shannon: Mädchenname

1 a) Lies die folgenden beiden Textausschnitte und vergleiche sie.

A

Shannon* konnte die Fußschritte hinter sich hören, als sie nach Hause ging. Der Gedanke, dass sie verfolgt wurde, ließ ihr Herz schneller schlagen. „Das ist lächerlich", sagte sie sich selbst, „niemand verfolgt dich." Um sicherzugehen, beschleunigte sie ihr
5 Schritttempo, doch die Schritte glichen sich ihren an. Sie hatte Angst, nach hinten zu sehen, und sie war froh, dass sie fast zu Hause war.
Shannon sagte ein schnelles Gebet: „Gott, bitte lass mich sicher nach Hause kommen." Sie sah das Außenlicht brennen und
10 rannte den Rest des Weges, bis zum Haus. Erst mal drinnen, lehnte sie sich einen Moment gegen die Tür, erleichtert, in den sicheren vier Wänden ihres Zuhauses zu sein. Sie sah aus dem Fenster, um nachzusehen, ob jemand da draußen war. Der Gehweg war leer.

B

1. Szene: Auf der Straße
Nachbarin (*kopfschüttelnd*): Shannon, du rennst ja, als wäre der leibhaftige Teufel hinter dir her. Was ist denn los?
Shannon (*bleibt kurz stehen, atmet schnell*): Nichts, nichts – ich bin nur sehr in Eile.

b) Besprecht und notiert die Unterschiede zu zweit. Fertigt dazu eine Tabelle an.

die Prosa: Text in ungebundener Form, im Gegensatz zu lyrischen Texten (Gedichte) oder dramatischen Texten (Theaterstücke)

Prosatext*	dialogischer Text
– äußere Form: …	– …
– …	– …
– …	– …

2 a) Lies die folgende Szene.

Ich weiß genug – ich finde dich

Jugendzimmer mit Schreibtisch und PC.
Shannon betritt ihr Zimmer, wirft ihre Tasche aufs Bett, schaltet ihren Computer ein. Sie setzt sich vor ihren PC, loggt sich unter ihrem Nickname „ByAngel213" in den Chatroom ein. Ein Lächeln macht sich
5 *auf ihrem Gesicht breit.*

Shannon *(erfreut):* Oh wie schön, GoTo123 ist online.
(Sie tippt und zitiert leise) Hi! Ich bin froh, dass du online bist! Ich hab geglaubt, dass mich jemand nach Hause verfolgt hat. Es war total komisch!

10 **GoTo123** *(Stimme aus dem Off unterlegt mit Tippgeräuschen):*
Du guckst zu viel fern!

Shannon *(entsetzt und enttäuscht zugleich):* Der nimmt mich nicht ernst!

GoTo123 *(Stimme aus dem Off unterlegt mit Tippgeräuschen):* Wieso
15 sollte dich jemand verfolgen? Wohnst du nicht in einer sicheren Gegend?

Shannon *(kommentiert):* Was soll das denn jetzt?
(Sie tippt und zitiert leise) Natürlich wohne ich in einer sicheren Gegend. Ich nehme an, dass ich mir das nur eingebildet habe,
20 denn ich hab niemanden gesehen, als ich rausgeschaut habe.
(Sie blickt noch einmal ängstlich aus dem Fenster.)

GoTo123 *(Stimme aus dem Off unterlegt mit Tippgeräuschen):*
Es sei denn, du hast deinen Namen übers Internet rausgegeben. Das hast du doch nicht gemacht, oder?

25 **Shannon** *(laut):* Ich bin doch nicht blöd! Was denkt der nur von mir?
(Sie tippt und zitiert leise) Natürlich nicht. Ich bin doch nicht doof, weißt du?

GoTo123 *(Stimme aus dem Off unterlegt mit Tippgeräuschen):*
30 Hattest du ein Softball-Spiel nach der Schule heute?

Shannon *(lacht, tippt laut sprechend):* Ja, und wir haben gewonnen!

GoTo123 *(Stimme aus dem Off unterlegt mit Tippgeräuschen):*
Das ist klasse! Gegen wen habt ihr gespielt?

Shannon *(tippt, spricht mit):* Wir haben gegen die Hornets* gespielt.
35 Deren irre Uniformen sind total schrecklich! Sie sehen aus wie Bienen. *(Shannon lacht.)*

GoTo123 *(Stimme aus dem Off unterlegt mit Tippgeräuschen):*
In welchem Team spielst du?

Hornets: Name einer Softball-Mannschaft

Canton Cats: Name einer Softball-Mannschaft

der Pitch: Abschlag

Second Base: Spielposition beim Softball (vgl. Baseball)

CU (lautmalerisch: see you): Abkürzung für „Tschüss" beim Chatten

einen dialogischen Text untersuchen

Shannon *(tippt, plaudert gut gelaunt mit)*: Wir sind die Canton Cats*. Wir haben Tigerpfoten auf unseren Uniformen. Die sind total cool.

GoTo123 *(Stimme aus dem Off unterlegt mit Tippgeräuschen)*: Hast du gepitched?*

Shannon *(muss grinsen)*: Was? Ich und gepitched? Nee.
(tippt und zitiert): Nein, ich spiele Second Base*. Ich muss weg. Meine Hausaufgaben müssen fertig sein, bevor meine Eltern um halb sechs nach Hause kommen. Ich will sie nicht verärgern. CU!

GoTo123 *(Stimme aus dem Off unterlegt mit Tippgeräuschen)*: Bis dann. CU!*
(Shannon schaltet den Computer aus.)

b) Fasse die Szene mit eigenen Worten zusammen.

3 a) Was verrät Shannon innerhalb des Gesprächs über sich? Schreibe auf.

b) Vergleiche mit GoTo123.

> ### Dialogische Texte
> - Dialogische Texte sind oft in **Szenen** gegliedert.
> - Einzelnen **Textpassagen** werden **Figuren** (Handlungsfiguren) zugeordnet (z.B. hier: GoTo123, Shannon).
> - Dialogische Texte dienen oft als Vorlage für **Theaterstücke** und **Filme** (Rollentexte).
> - **Regieanweisungen** werden meist mit in den **dialogischen Text** aufgenommen. Sie geben Hinweise zum Auftreten der Schauspieler/innen.

die Regisseurin/ der Regisseur: leitet die Gestaltung einer Aufführung

4 „Diesen Text kann man nicht nur lesen, man kann ihn auch spielen." Sammelt Ideen, wie dieser Textausschnitt „dargestellt" werden kann. Welche Anweisungen würdet ihr als Regisseurin* oder Regisseur geben?

Literarische Texte lesen

Einen dialogischen Text spielen

1 a) Lies den folgenden Textausschnitt aufmerksam.

Im Wohnzimmer von Shannons Eltern.

Vater *(ruft besorgt)*: Shannon, komm bitte mal runter!

Shannon *(kommt ins Wohnzimmer, erschrickt, als sie den Mann vom Softballplatz* auf der Couch sitzen sieht. Sie schaut verunsichert von
5 einem zum anderen.)*

* beim letzten Spiel hat sie diesen Mann auf den Zuschauerrängen bemerkt

Vater *(ernst)*: Setz dich. Dieser Mann *(er zeigt auf ihn)* hat uns gerade eine sehr interessante Geschichte über dich erzählt.

(Shannon setzt sich auf die Vorderkante eines Stuhles, schaut irritiert.)

Mann: Weißt du, wer ich bin, Shannon?

10 **Shannon** *(schüttelt den Kopf)*: Nein!

Mann: Ich bin Polizist und dein Chatpartner!

Shannon *(schaut überrascht – ungläubig)*: Nein, unmöglich. GoTo123 ist so alt wie ich und wohnt in Michigan!

Mann *(lächelt)*: Ich weiß, dass ich dir das erzählt habe. Aber es war
15 nicht wahr! Siehst du, Shannon, es gibt nun mal Menschen online, die tun nur so, als ob sie Teenies wären, ich bin einer von denen. Doch während andere schlimme Absichten damit verfolgen, will ich die Jugendlichen schützen.

Shannon *(irritiert)*: Ich versteh nicht ganz …

20 **Mann** *(ruhig und sachlich)*: Ich bin hierhergekommen, um dir beizubringen, wie gefährlich es sein kann, zu viele Informationen über sich im Internet zu veröffentlichen. Du hast – ohne dass es dir bewusst geworden ist – so viel von dir preisgegeben, dass es nicht schwer war, dich zu finden: Deinen Namen, die Schule, den
25 Namen deiner Mannschaft, die Position, auf der du spielst. Ich hab dir sogar beim Spiel zugeschaut. –

Shannon *(wird unsicher)*: Und ich hab nichts gemerkt!

Shannon *(sieht ihn direkt an)*: GoTo123 wohnt also nicht in Michigan?

30 **Mann** *(lacht)*: Nein, ich wohne in Raleigh. Es hat dir ein Gefühl der Sicherheit gegeben, dass ich so weit weg wohne, nicht wahr?

Shannon *(nickt)*: Ja, das stimmt.

Mann *(mit trauriger Stimme)*: Ich hatte Freunde, deren Tochter war genau wie du, nur hatte sie nicht so viel Glück: Der Mann fand sie
35 – na ja, und der Rest ist sehr, sehr traurig.

Weißt du, Kindern wird beigebracht, nie jemand zu sagen, wenn sie allein zu Hause sind, jedoch tun sie es ständig – online! Chatpartner tricksen dich aus, Informationen rauszugeben, ein wenig hier, ein wenig da. Bevor dir das klar wird, hast du ihnen
40 genug erzählt, damit sie dich finden können.

Shannon *(sehr nachdenklich)*: Daran habe ich nie gedacht!

Mann: Ich wünsche dir, dass du in Zukunft vorsichtiger bist beim Chatten. Und noch eins: Wirst du den anderen davon erzählen?

Literarische Texte lesen

Textinhalte wiedergeben

b) Gib kurz in eigenen Worten wieder, was geschieht.

2 Stelle eine Verbindung zwischen diesem und den beiden vorherigen Textausschnitten her. Notiere, wo das Geschehen spielen könnte und wer die Mitspieler sind.

ein Standbild gestalten

Freeze: Erstarren in Körperhaltung, Mimik und Bewegung

die Mimik: der Gesichtsausdruck
die Gestik: Körpersprache
der Untertitel: drückt den Inhalt des Bildes kurz aus; Bezug zum Text

3 a) Arbeitet zu zweit. Sucht eine für euch wichtige Textstelle heraus und stellt diese als Standbild (auch Freeze* genannt) dar. Dabei sind Mimik und Gestik von großer Bedeutung.

❗ **Standbild**

Standbilder entstehen, wenn Spieler/innen in Haltungen erstarren, die bestimmte Situationen darstellen.
Die Spieler/innen drücken durch ihre **Haltungen,** ihre **Gestik*** und **Mimik*** aus, was sie in ihrer Rolle gerade **denken** und **empfinden.**

b) Überlegt euch einen Untertitel* für euer Standbild, notiert ihn, aber behaltet ihn für euch.

c) Stellt nun eure Standbilder der Klasse vor. Eure Mitschüler/innen beschreiben nun kurz Mimik und Gestik und nennen dann einen Untertitel. Vergleicht mit eurem.

4 a) Bildet Dreiergruppen und bereitet die spielerische Umsetzung des dialogischen Textes vor, indem ihr für jede Handlungsfigur eine Rollenkarte entwerft.

die Aufführung planen und üben

> **Rollenkarte**
>
> Eine **Rollenkarte** beschreibt die Handlungsfigur genau:
> - ihr Äußeres
> - ihre innere Haltung
> - ihr Verhältnis zu anderen Handlungsfiguren
> - Regieanweisungen zur Rolle
>
> So können sich die Schauspieler/innen in die Lebenssituation und innere Welt der Handlungsfigur einfühlen, die sie spielen.

b) Übt nun die spielerische Umsetzung in der Gruppe. Benutzt dazu eure Rollenkarten.

5 Stellt eure szenische Darstellung (spielerische Darstellung) nun der Klasse vor, besprecht im Anschluss daran eure Aufführungen. Die unten aufgeführten Kriterien sollen euch dabei eine Hilfe sein. Achtet auf:
- passende Mimik,
- passende Gestik,
- deutliche Sprache,
- Umsetzung der Regieanweisungen.

die Aufführung beurteilen

> **Das habe ich gelernt**
>
> - Erkläre den Begriff Standbild.
> - Ergänze folgenden Satz: Ich finde die Erstellung einer Rollenkarte nützlich/weniger nützlich, weil …
> - Welche Funktion haben Regieanweisungen?
> - Was kennzeichnet dialogische Texte? Schreibe auf.
>
> Schreibe in dein Heft oder Portfolio.

Literarische Texte lesen

121

Anwenden und vertiefen

1 a) Lies den folgenden Textausschnitt aufmerksam.

Währenddessen ging GoTo123 zum Mitglieds-Menü und begann die Suche nach ihrem Profil. Als er es fand, markierte er es und druckte es aus. Er holte einen Stift heraus und begann aufzuschreiben, was er bis jetzt über Angel wusste. Ihr Name war Shannon. Sie wurde am 3. Januar 1991 geboren und war nun 13 Jahre alt. Sie lebte im Staate North Carolina*. Ihre Hobbys waren Softball, Chor, Skaten und Shopping.

Neben diesen ganzen Informationen wusste er, dass sie in Canton wohnte, weil sie es ihm im Chatroom gesagt hatte. Er wusste, dass sie bis 17:30 Uhr alleine war, und das jeden Nachmittag, bis ihre Eltern von der Arbeit kamen. Er wusste, dass sie im Schulteam Donnerstagnachmittag Softball spielte. Und dass sich das Team Canton Cats nannte. Ihre Glückszahl 7 war auf dem Rücken ihrer Uniform gedruckt. Er wusste, dass sie im siebten Schuljahr der Canton Junior High School war. Das hatte sie ihm erzählt. All dies in einer Unterhaltung, die sie online hatten. Er hatte jetzt genug Informationen, um sie zu finden.

North Carolina: Bundesstaat in den USA
Canton: amerikan. Kleinstadt

b) Entwirf eine Handlungsskizze zum Textausschnitt: Wer? Was? Wo?

eine Handlungsskizze entwerfen

2 Schreibe den vorliegenden Textausschnitt in einen dialogischen Text um. Suche dazu eine der folgenden Dialogsituationen und einen Dialogpartner aus. Formuliere auch Regieanweisungen, die bei der spielerischen Umsetzung hilfreich sein können.

einen dialogischen Text schreiben

Dialogsituation	Dialogpartner/-in
zu Hause vor dem PC	Freund, Freundin
im Büro	Kollege, Kollegin

Szenen spielen

3 Entwirf Möglichkeiten zur spielerischen Umsetzung des Schlusssatzes (vgl. S.120). Notiere sie und mache konkrete Vorschläge zur Umsetzung.

„Ich hoffe, dass du daraus etwas gelernt hast und demnächst vorsichtiger bist." „Das werde ich", versprach Shannon. „Wirst du anderen davon erzählen, damit sie auch vorsichtig sind?" „Das verspreche ich!"

TIPPS
> Rap
> Stimme aus dem Off mit Daten, die auf Tatsachen beruhen

4 Tragt alle eure Arbeitsergebnisse zu den einzelnen Szenen zusammen. In Arbeitsgruppen könnt ihr nun die spielerische Umsetzung durchführen und letztendlich als Klassen-Theaterstück z.B. an einem Elternabend aufführen. Lasst euch dazu auch einen anderen, treffenden Titel einfallen.

Teste dich selbst!
Einen literarischen Text lesen und verstehen

Jürg Schubiger
Das Ausland

Ein Mann war in schweren Schuhen und seit vielen Wochen unterwegs. Im Ausland, hatte er gehört, sei es fast wie im Paradies und dahin wollte er. Der Mann ging von Land zu Land. Keines aber glich dem Ausland, das man ihm beschrieben hatte. Er stapfte über Wiesen und Weiden. Was suchen
5 Sie?, rief ein Bauer, der sich auf einen Spaten stützte. Seine Sprache klang fremd, als käme sie aus einem breiteren Mund mit flacheren Zähnen. Das Ausland, sagte der Mann. Das was?
Das Ausland.
Nur immer der Nase nach, rief der Bauer, so können Sie es nicht
10 verfehlen.
Der Mann griff sich an seine Nase. Er lachte, winkte und ging weiter – zuerst an einem Acker entlang, dann in den Wald hinein. Am folgenden Morgen war er über der Grenze. Es sah hier nicht aus wie im Paradies, auch nicht fast wie im Paradies, eher noch fast wie zu Hause. Zur
15 Sicherheit fragte er doch einen Straßenarbeiter, der sich auf eine Schaufel stützte und ihm entgegensah: Entschuldigung, ist hier das Ausland? Fehlte gerade noch, war die Antwort. Der Arbeiter wies ihm den Weg: Nur immer der Nase nach. Das war aber genau die Richtung, aus der der Mann gekommen war. Er kehrte um, müde und verwirrt. So geriet er bald darauf
20 wieder auf die Wiesen des Bauern, der diesmal auf einem Traktor saß und vom rumpelnden Motor geschüttelt wurde. Er beugte sich herab und schrie: Schon zurück aus dem Ausland?
Zurück schon, stotterte der Mann. Er hatte auf einmal einen traurigen Verdacht. Vielleicht gibt es das gar nicht, sagte er zu sich selbst, dieses
25 Ausland.
Der Bauer nahm an, der Fremde sei nicht recht im Kopf. Und dann seine Sprache: Sie klang, als käme sie aus einem schmaleren Mund mit spitzeren Zähnen. Er brachte den Motor zum Schweigen. Wenn man Ihnen so zuhört, sagt er – Sie sind wohl ein Ausländer, wie? Kehren Sie
30 nach Hause zurück. Da ist das Ausland.

1 Zu welchen Abschnitten passen die folgenden Überschriften?
Ordne zu und schreibe die jeweiligen Zeilenzahlen mit in dein Heft.

- Nur immer der Nase nach
- Die Umkehr
- Der Aufbruch
- Über die Grenze
- Da ist das Ausland

2 a) Welche Überschrift passt eigentlich zu zwei Textabschnitten? Begründe deine Meinung am Text.

b) Erstelle eine Zeichnung, die die Reiserichtung des Mannes darstellt. Was fällt dir auf?

3 Was und wo ist das Ausland? Übernimm die Tabelle in dein Heft und notiere passende Stichworte in die Spalten. Ausland ist für ...

4 a) Stelle die Reise des Mannes als Schrittfolge dar.

  b) Markiere die Überschreitungen der Grenzen.

5 Wer erzählt? Notiere die richtige Antwort und eine kurze Begründung in dein Heft.

A Ich-Erzähler	**B** Er-Erzähler	**C** Auktorialer Erzähler

6 Was erfährst du über den Mann?

  a) Schreibe drei wichtige Textstellen mit Zeilenangaben untereinander, die etwas über ihn aussagen.

  b) Notiere in Stichworten daneben, was dir die jeweilige Textstelle über ihn verrät.

7 Wie verändert sich der Sinn? Erkläre.
Schon zurück (Z. 22)   *Zurück schon* (Z. 23)

8 An welcher Stelle findet im Text ein Perspektivenwechsel statt?

  a) Notiere die entsprechende Zeile.

  b) Erkläre, wie der Perspektivenwechsel helfen kann, die Geschichte besser zu verstehen.

9 Im Text heißt es: ... *fast wie im Paradies* ... (Z. 2 f.) und
Nur immer der Nase nach ... (Z. 9 f.).

  a) Was bedeuten diese Redewendungen? Erkläre mit eigenen Worten.

  b) Vergleiche diese Aussagen mit der Suche des Mannes. Was stellst du fest? Beschreibe in jeweils drei Sätzen.

10 Formuliere die Gedanken des Bauern (Z. 28 f.) aus und schreibe sie in fünf Gedankenblasen, die deutlich machen, warum der Mann dem Bauern verwirrt erscheint.

Warum ...

11 Wie verstehst du den Satz: „Kehren Sie nach Hause zurück. Da ist das Ausland."? Erläutere seine Bedeutung in einem kurzen Text.

Teste dich selbst: Texte erschließen

Wie redest *du* denn?
Sprache untersuchen

Grüß dich, Roxana – wunderbar, dass du zu uns ins Studio gekommen bist – und jetzt lassen wir dich nicht wieder los, bis du –

– irgendwo 'nen Song gebracht hast –

Das *auch* – aber erst hätte ich da ein paar Fragen. Die Hörer möchten sicher eine Menge wissen – zum Beispiel: Was ist das eigentlich für ein Gefühl – ich bin Plattenmillionärin, ich werde beneidet, bewundert –

Echt geil is das.

Drehen sich die Leute nach dir um auf der Straße?

Auf welcher Straße?

Ich meine, wenn du auf der Straße – also, wenn du unterwegs bist – wenn du irgendwo hingehst –

Ich *gehe* nicht. Die Zeiten sind vorbei. Ich *fahre*.

Was weißt du schon?

- Moderator und Star sprechen in einer Sprache und doch unterschiedlich. Beschreibe die Unterschiede und gib Beispiele an.
- Wie beurteilst du das Gesprächsverhalten des Moderators und des Stars?
- Nenne die Textstelle, in der ein Missverständnis deutlich wird.
- Erkläre, warum die beiden Personen „aneinander vorbeireden".
- Kennst du ähnliche Situationen? Schreibt in Partnerarbeit eine Szene und spielt sie der Klasse vor.

Nachdenken über Sprache

„Echt geil ist das" – Sprachvarianten untersuchen

1 a) Lest die Fortsetzung des Radiointerviews von der Einstiegsseite mit verteilten Rollen.

Der Star

Personen: Star, Moderator

Mod.: Erzähl doch mal, wie's
5 angefangen hat
mit deiner Karriere –
Star: Muss das sein? Also, da hab ich nu wirklich kein Bock drauf – eine Frage noch blöder als die andere. Ist das alles, was du draufhast, Daddy?
10 **Mod.:** Aber Roxana – die Hörer sind doch so gespannt –
Star: Wie's *immer* anfängt.
Mod.: Wie fängt's denn *immer* an?
Star: Soll ich dir mal was sagen? Du nervst mich irgendwo, Daddy. Und wie du mich nervst – das stinkt mir vielleicht, dieses
15 Gelabere – das bringt doch nix, aber echt –
Mod.: Komm, sei nett zu uns, Roxana – bist doch sonst so'n Schatz – wir sind ja auch gleich fertig –

b) Welche sprachlichen Besonderheiten stellst du hier fest? Nenne Beispiele.

c) Drückt sich der Star der Situation angemessen aus? Begründe.

2 a) Lies die Fragen, die der Moderator stellen könnte.
– „Sind die Jugendlichen von deiner Musik begeistert?"
– „Was machst du eigentlich in deiner Freizeit?"

b) Formuliere mögliche Antworten: einmal in heutiger Jugendsprache, dann in der Standardsprache. Beachte dafür die Hinweise im Merkkasten.

Nachdenken über Sprache

die Sprache in einem Gespräch untersuchen

Hörerantworten formulieren

sprachliche Merkmale von Sprachvarianten bestimmen

HILFEN
> „Hast du die Aufgabe verstanden?" (Standardsprache)
> „Hast du's verstanden?" (Umgangssprache)
> „Hast du's gerafft?" (Jugendsprache)

❗ Eine Sprache – verschiedene Varianten

Eine Sprachgemeinschaft verwendet in der Regel eine allgemein verbindliche Form einer Sprache – die **Standardsprache.** An dieser orientiert sich die **Umgangssprache,** wendet aber deren Regeln und Normen nicht streng an. Typisch sind einfache, kurze und manchmal auch unvollständige Sätze. **Jugendsprache** zeichnet sich z. B. durch Wortneuschöpfungen und grammatikalische Veränderungen aus. Sie unterliegt einem raschen Wandel.

3 a) Welche Merkmale kann Jugendsprache haben? Nenne Beispiele aus dem Gesprächsausschnitt von S. 126. Gib die Zeilen an.

Jugendsprache untersuchen und beschreiben

Grammatikalische Veränderungen	Füllwörter	Sätze sind oft …	…
– *kein Bock (Z. 7)*	– …	– …	– …

b) Sammelt in Partnerarbeit Beispiele für heutige Jugendsprache.

4 a) Lies die folgende Stellungnahme.
Achte besonders auf die Wortwahl.
„In dem Interview wird deutlich, dass Roxana sehr eigenwillig mit den Fragen des Moderators umgeht. Kurz und knapp bringt sie ihre Meinung auf den Punkt und temperamentvoll kontert sie zum Schluss auf Fragen nach dem Beginn ihrer Karriere."

b) Vergleiche mit deiner eigenen Meinung (Aufg. 1b). Begründe.

c) Welche Gründe könnte es dafür geben, dass Beurteilungen auf beschönigende Weise formuliert werden? Stelle Vermutungen an.

HILFEN
Eine beschönigende, verhüllende Bezeichnung nennt man Euphemismus, z. B. *unvorteilhaft* statt *hässlich*.

5 Stell dir vor, der Moderator führt mit einer weiteren erfolgreichen Person aus dem Showbusiness ein Interview, z. B. mit einem kultivierten Klavierspieler, einer Rapperin, …

a) Denkt euch in Partnerarbeit ein Gespräch zwischen dem Moderator und einer Person eurer Wahl aus. Schreibt es auf und verwendet hierbei verschiedene Sprachvarianten.

b) Lest oder spielt das Gespräch anschließend in der Klasse vor. Beurteilt, inwieweit die verschiedenen Varianten deutlich werden.

einen Dialog schreiben, Sprachvarianten verwenden

Sprachvarianten beurteilen

Das habe ich gelernt

- „Wir sprechen in Deutschland die gleiche Sprache und doch nicht gleich." Erkläre, was damit gemeint ist.
- Erkläre einer Lernpartnerin / einem Lernpartner den Unterschied zwischen Standard- und Umgangssprache anhand von Beispielen.
- Nenne mögliche Merkmale von Jugendsprache.
- Sprache zu untersuchen fällt mir leicht / nicht so leicht, weil …
- Diese Aufgabe war in diesem Kapitel hilfreich, weil …
- Darin möchte ich mich noch verbessern: …

Schreibe in dein Heft oder Portfolio.

Nachdenken über Sprache

Anwenden und vertiefen

 1 a) Lies die standardsprachlichen und umgangssprachlichen Aussagen im Kasten.

> In der Innenstadt kommt es auf Grund einer Demonstration zu Verkehrsbehinderungen.   Tschuldigung, wie geht's am schnellsten zum Flughafen?   Der Film hat mir sehr gut gefallen. In der Innenstadt geht nichts mehr, alles voller Demonstranten. Echt gut, der Film!   Können Sie mir sagen, wie ich am schnellsten zum Flughafen komme?

Sprachvarianten bestimmen

b) Übertrage die Tabelle in dein Heft und schreibe die Aussagen in die passende Spalte.

Standardsprache	Umgangssprache	Jugendsprache
…	…	…

Jugendsprache verwenden

c) Ergänze je eine Aussage in heutiger, aktueller Jugendsprache.

Sprachvarianten beurteilen

d) Erkläre einer Lernpartnerin oder einem Lernpartner, in welchen Situationen die Sprachvarianten oben angemessen sind.

2 Viele schriftliche Formen orientieren sich an der Standardsprache – so auch Bewerbungsschreiben.

a) Lies den Auszug aus dem Brief, der an vier Stellen zu umgangssprachlich formuliert ist.

> Sehr geehrte Frau Rudolf,
> Ihr Ausbildungsangebot im Tageblatt hat mich ziemlich neugierig gemacht. Deshalb wäre es gut, wenn ich bei Ihnen eine Ausbildung zur Einzelhandelskauffrau machen könnte.
> Im Berufsinformationszentrum konnte ich einen ersten Eindruck von dem Beruf bekommen. Außerdem habe ich mir aus Broschüren Infos geholt. Dabei habe ich festgestellt, dass der Beruf eigentlich ganz gut zu mir passt.

die Sprache eines Bewerbungsschreibens untersuchen

b) An welchen Stellen besteht Überarbeitungsbedarf? Suche passende standardsprachliche Formulierungen.

ein Bewerbungsschreiben überarbeiten

 3 a) Überarbeite den Auszug und schreibe ihn neu auf.

b) Überarbeite den Auszug und schreibe ihn neu auf. Die Formulierungen im Kasten können dir dabei helfen.

> meinen Interessen und Fähigkeiten entspricht
> bewerbe ich mich um einen Ausbildungsplatz in Ihrem Haus
> in Broschüren über den Beruf informiert   sehr angesprochen

128

Was Wörter bedeuten
Wörter untersuchen, Wörter nachschlagen

Sie bauen mechanische, elektrische und elektronische Komponenten zu komplexen Systemen zusammen, installieren Steuerungssoftware und halten die Systeme instand. Sie arbeiten z. B. bei Herstellern von industriellen Prozesssteuerungseinrichtungen oder elektrischen Anlagen und Bauteilen.

In diesem Beruf produzieren Sie kieferorthopädische Hilfsmittel und Prothesen. Ihre Arbeitsorte können technische Labore oder Kieferorthopädiepraxen sein.

Sie koordinieren das Zusammenspiel von Übernachtungsbetrieb, Restaurant, Küche, Lager und Verwaltung. Häufig entwickeln Sie auch in Werbeagenturen Gastronomiekonzepte.

Was weißt du schon?

- Lies die Berufsbeschreibungen. Um welche Berufe könnte es hier gehen? Begründe.
- Erkläre, was dir geholfen hat, einen Beruf zuzuordnen.
- Die Texte enthalten einige schwierige Wörter. Wie gehst du vor, wenn du schwierige Wörter oder Fachbegriffe in einem Text nicht verstehst?
- Bei welchen Wörtern konntest du eine Bedeutung zuordnen, obwohl du sie nicht kanntest? Woran lag das?
- Welche anderen Möglichkeiten zur Klärung unbekannter Wörter kennst du schon?

Nachdenken über Sprache

129

Wörter verstehen – Fachbegriffe erschließen

die Bedeutung von Fachbegriffen verstehen

1 Was machen eigentlich Mikrotechnologen?

  a) Zerlege das Wort und übertrage es wie im Beispiel in dein Heft. Ergänze stichwortartig ähnliche Wörter oder kurze Erklärungen.

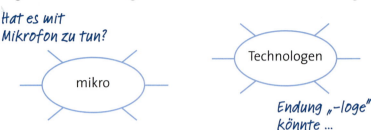

  b) Lies den ersten Teil des Informationstextes über diesen Beruf. Die Worterklärungen in der Randspalte helfen dir dabei.

die Aufzugsteuerung: System, das die Bewegung eines Aufzuges bestimmt
der Herzschrittmacher: medizinisches Gerät zur Anregung des Herzmuskels
komplex: vielschichtig, kompliziert
(sich) spezialisieren: sich mit einem Teilgebiet besonders eingehend befassen

Was haben Autos, Ampeln, Aufzugsteuerungen*, Telefon- und Alarmanlagen, Computer, Waschmaschinen, Hörgeräte, Heizungsanlagen, Herzschrittmacher* und viele andere Hightechprodukte gemeinsam? Ganz einfach, sie haben alle mindestens einen
5 Mikrochip, der als Herzstück die Funktionalität dieser Geräte und Anlagen sicherstellt. Und Mikrotechnologen fertigen diese winzig kleinen Alleskönner, bei denen elektronische, mechanische und andere Funktionen auf kleinstem Raum miteinander verknüpft sind. Da die Aufgaben sehr komplex* sind, spezialisiert* man sich
10 bereits in der Ausbildung.
Im Schwerpunkt Halbleitertechnik werden Mikrochips hergestellt. Dies geschieht durch das Auftragen von verschiedenen Schichten, dem Ätzen von Rillen und Löchern und der Montage von Metallkontakten.

  c) Der Text enthält schwierige Wörter. Erkläre einer Lernpartnerin oder einem Lernpartner, was du trotz dieser Wörter über den Beruf der Mikrotechnologin / des Mikrotechnologen erfahren hast.

2 Im Text sind zu dem Beruf gehörende Fachbegriffe markiert.

  a) Sammelt in Partnerarbeit Ideen, wie ihr diese Fachbegriffe erklären könntet. Übertragt die Tabelle in euer Heft und ergänzt.

Möglichkeiten zur Klärung von Fachbegriffen sammeln

Hilfe	Vorteile	Nachteile
1. den Satzzusammenhang nutzen, umschreiben	– wenig aufwendig	– nicht immer hilft der Satz
2. im Wörterbuch nachschlagen	– …	– …

Nachdenken über Sprache

130

Fachbegriffe verstehen – Wörter untersuchen

Es gibt verschiedene Möglichkeiten, wie du die Bedeutung eines Fachbegriffes in einem Text erschließen kannst:
- Zerlege das Wort in seine Wortbausteine. Oft verstehst du einen Baustein, der dir beim Gesamtverständnis hilft.
- Viele Fachwörter bzw. Wortbestandteile stammen aus anderen Sprachen (z. B. *Hightechprodukt*). Wortstämme aus dem Griechischen kommen häufig vor (z. B. *mikro* = klein). Diese kannst du im Wörterbuch nachschlagen.

HILFE
Wortstämme aus dem Griechischen und ihre Bedeutung
astro- = Stern
anti- = gegen
hydr- = Wasser
-fon = die Stimme, der Klang
-graf = schreiben, aufzeichnen
mega- = groß
mikro- = klein
-meter = das Maß (messen)
-sphäre = der Ball, die Kugel
therm- = warm

b) Übertrage die Übersicht und ergänze die markierten Fachbegriffe.

Fachbegriff	Worterklärung
(die) Hightechprodukte	Produkte, die …
(der) Mikrochip	…

c) Schreibe jeweils eine passende Worterklärung auf. Schlage in geeigneten Nachschlagewerken nach, wenn du Hilfe benötigst.

Worterklärungen zu Fachbegriffen schreiben

3 a) Lies nun den zweiten Teil des Informationstextes. Zwei schwierige Wörter sind bereits in der Randspalte erklärt.

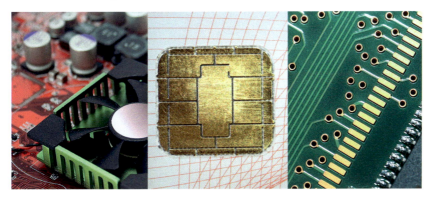

Im Schwerpunkt Mikrosystemtechnik stellen Mikrotechnologen zum Beispiel Sensoren* für Airbags her und befestigen hauchdünne Drähte auf Bauteilen. Mikrotechnologen arbeiten mit hochpräzisen Maschinen und Anlagen, bis hin zum Rasterelektronenmikroskop*. Sie überwachen die Qualität der Produkte, kontrollieren die Produktionseinrichtungen und rüsten sie um. Und weil schon kleinste Staubkörnchen einen Chip zum Abfallprodukt machen können, arbeiten sie in staubfreier Luft und tragen entsprechende Schutzkleidung.

der Sensor: Bauteil, das bestimmte Eigenschaften oder die Beschaffenheit seiner Umgebung erfassen kann
das Rasterelektronenmikroskop: Vergrößerungsgerät, das mit Hilfe eines Elektronenstrahls Dinge sehr stark vergrößern kann

b) Übertrage weitere Fachbegriffe aus dem Text in die obige Tabelle. Notiere auch hier zu jedem Wort eine kurze Erklärung.

4 Notiere zu jedem Wortstamm aus der Randspalte neben dem Merkkasten zwei Beispiele aus einem Wörterbuch.

Nachdenken über Sprache

131

Schwierige Wörter verstehen – mit Wörterbuch und Lexikon umgehen

mit dem Wörterbuch umgehen

1 a) Welche Wörter der abgebildeten Wörterbuchseite sind gemeint? Ordnet in Partnerarbeit zu.
— Sie ist etwas Besonderes.
— Es wird einfach angehängt.
— Sie ist da und nicht zu sehen.
— Es ist ein anderes Wort für „Angriff".

b) Klärt in Partnerarbeit Abkürzungen und Besonderheiten auf der Wörterbuchseite. Geht dabei wie im Beispiel vor.

> At·mo·sphä·re *griech.*, die: -, -n; die Atmosphäre (Gashülle) der Erde – eine angenehme Atmosphäre (Stimmung) schaffen – 2 Atmosphären (Druckmaß); der **Atmosphärenüberdruck**, die ... drücke ⟨atü⟩; **atmosphärisch**

At·mo·sphä·re = Silbentrennung
griech. = griechisch (Herkunft)
die = Artikel
- = der Atmosphäre (keine andere Genitiv*-Endung)
-n = Plural
Gashülle der Erde = Worterklärung
Atmosphärenüberdruck = zusätzliches Beispiel
atmosphärisch = passendes Adjektiv

der Genitiv: 2. Fall (Wessen?)
i.w.S.: im weiteren Sinn
mbar, hPa: Maßeinheiten des Drucks
t: Tonne(n)
allg.: allgemein

TIPP
Abkürzungen kann man im Abkürzungsverzeichnis am Anfang eines Wörterbuchs oder eines Lexikons nachschlagen.

den Gebrauch von Wörterbuch und Lexikon vergleichen

2 Eine andere Möglichkeit, Wortbedeutungen zu klären, bietet ein Lexikon.

a) Vergleiche den folgenden Lexikoneintrag mit dem Eintrag im Wörterbuch und beschreibe die Unterschiede.

b) Erkläre, wann es sinnvoll ist, ein Wörterbuch zu nutzen, und wann ein Lexikon.

Wörterbuchspalte:

den *Pl.*; das **Atemholen**; **atemlos**; die **Atemnot**; die **Atempause**; **atemraubend**; der **Atemschutz**; der **Atemzug**, die ... züge; die **Atmung**; das **Atmungsorgan**
At·mo·sphä·re *griech.*, die: -, -n; die Atmosphäre (Gashülle) der Erde – eine angenehme Atmosphäre (Stimmung) schaffen – 2 Atmosphären (Druckmaß); der **Atmosphärenüberdruck**, die ... drücke ⟨atü⟩; **atmosphärisch**
Atoll, das: -s, -e (ringförmige Koralleninsel)
Atom *griech.*, das: -s, -e (Urstoffteilchen, kleinster Teil eines chemischen Grundstoffes); **atomar**; **atombetrieben**; die **Atombombe**; die **Atomenergie**; die **Atomerzeugung**; die **Atomexplosion**; **atomisieren** (in kleine Teilchen zertrümmern); die **Atomisierung**; der **Atomkern**; die **Atomkraft**; das **Atomkraftwerk** ⟨AKW⟩; die **Atommacht**, die ... mächte; der **Atommeiler**; der **Atommüll**; der **Atomreaktor**; der **Atomsprengkopf**; der **Atomstopp**; das **Atom-U-Boot**; die **Atomwaffe**; **atomwaffenfrei**: die atomwaffenfreie Zone; das **Atomzeitalter**
At·tach·ment *engl. [etätschment]*, das: -(s), -s (Anlage zum E-Mail); **attachen**
At·ta·cke *franz.*, die: -, -n (Angriff, heftige Kritik); gegen jemanden eine Attacke reiten (scharf vorgehen); **attackieren**
At·ten·tat *franz.*, das: -(e)s, -e (Anschlag, politischer Mordanschlag); der **Attentäter**; die **Attentäterin**, die Attentäterinnen
At·test *lat.*, das: -(e)s, -e (Zeugnis, Gutachten); ärztliches Attest; **attestieren** (bescheinigen)
At·trak·ti·on *lat.*, die: -, -en (Sehenswürdigkeit); **attraktiv**: eine attraktive (anziehende) Frau; die **Attraktivität** (Anziehungskraft)
At·trap·pe *franz.*, die: -, -n (Nachbildung)

Lexikoneintrag:

Atmosphäre, 1. ALLGEMEIN: Umgebung, Ausstrahlung, Stimmung. – **2.** die Lufthülle der Erde, i.w.S. allg. die Gashülle der Planeten. Der mittlere Druck der Erd-A. beträgt 1013,25 mbar bzw. hPa (Luftdruck), ihre Gesamtmasse wiegt $5{,}3 \cdot 10^{15}$ t. Sie breitet sich als ein dünner, unsichtbarer Mantel um den Erdball aus. Dieser Mantel besteht aus einem Gasgemisch, an dessen Zusammensetzung an der Erdoberfläche sich

---

Nachdenken über Sprache

132

3 Ist man jemals zu alt zum Studieren?

a) Lies zum Thema die folgende Zeitungsnachricht.

So fit wie eine 25-Jährige

Phyliss Turner ist bereits neunfache Ur-Ur-Groß-mutter, doch ihr Professor attestierte ihr Neugierde, Engagement und mentale Fitness wie einer 25-Jährigen. Die Australierin hat sich mit ihrem abge-
5 schlossenen Medizinstudium einen lang ersehnten akademischen Traum erfüllt. Nachdem sie als Kind aus familiären Gründen die Schule abgebrochen hatte, wollte sie sich mit 70 Jahren noch einmal an einer Uni immatrikulieren. Ihr Anthropologie-Stu-
10 dium schloss sie 1986 ab, 1990 das Studium der Medizin – mit 94. Jetzt plant die ambitionierte alte Dame bereits das nächste Studium.

b) Ermittle die Bedeutung der markierten Wörter mit Hilfe eines Wörterbuchs und eines Lexikons.

schwierige Wörter in einem Text klären

Schwierige Wörter nachschlagen

Ein **Wörterbuch** hilft dir, die Schreibung eines Wortes zu überprüfen und gibt den Artikel, die Genitiv-Endung sowie die Pluralform an. Darüber hinaus findest du Informationen zur Betonung, zur Silbentrennung, zur Herkunft des Wortes, Worterklärungen und Beispiele sowie weitere Wörter aus derselben Wortfamilie.
Ein **Lexikon** informiert umfassend und ausführlich und führt die verschiedenen Bedeutungen eines Wortes an. Oft findest du hier viele weitere Informationen. Vieles wird zusätzlich mit Hilfe von Bildern und Grafiken erklärt.

TIPP
So kannst du das Nachschlagen im Wörterbuch üben:
1. Legt in der Klasse einen Themen-schwerpunkt für die Suchwörter fest (z. B. Sport, Reisen).
2. Bildet Gruppen. Umschreibt fünf Wörter, die in eurem Wörterbuch zu finden sind.
3. Je eine Gruppe stellt einen Suchauftrag, die anderen versuchen das Wort im Wörterbuch möglichst schnell zu finden.
4. Die Gruppe, die das gesuchte Wort am schnellsten gefunden hat, bekommt einen Punkt. Die Gruppe mit den meisten Punkten gewinnt.

Das habe ich gelernt

- „Fachbegriffe verstehen" – Erstelle zu dieser Überschrift eine Liste mit Tipps.
- Erkläre einer Lernpartnerin / einem Lernpartner, wie man ein Wort in einem Wörterbuch am schnellsten finden kann.
- Beschreibe Vorteile eines Lexikons im Vergleich zu einem Wörterbuch.
- Fachbegriffe und schwierige Wörter zu klären fällt mir leicht / nicht so leicht, weil …
- Das muss ich noch üben: …

Schreibe in dein Heft oder Portfolio.

Nachdenken über Sprache

Anwenden und vertiefen

1 Bei den folgenden Wörtern hilft die Untersuchung der Wortstämme und Wortbausteine beim Verständnis.

die Bedeutung von Wörtern anhand des Wortaufbaus klären

Wortbedeutungen im Wörterbuch nachschlagen

a) Stellt in Partnerarbeit Vermutungen zur Bedeutung der Wörter an. Notiert mögliche Erklärungen in Stichworten.

> der Hydrant   der Astronom   die Therme   der Megastar
> die Dehydration   der Astrograf   das Barometer
> der Thermoanzug   antibakteriell

b) Überprüft eure Vermutungen mit Hilfe eines Wörterbuchs.

2 a) Informiere dich (z. B. im Internet) über deine Lieblingssportart.

Fachbegriffe sammeln und mit Hilfe eines Wörterbuches oder eines Lexikons erklären

b) Erstelle eine Liste mit zehn Fachbegriffen, die in dieser Sportart eine Rolle spielen.

c) Kläre die Bedeutung der Fachbegriffe (ggf. mit Hilfe eines Wörterbuchs oder eines Lexikons). Notiere zu jedem Fachbegriff eine kurze Erklärung.

> *Kitesurfen*
> *– der Kite: der Lenkdrachen*
> *– der Trapezgurt: ...*

Wörter mit verschiedenen Bedeutungen

3 Häufig hat ein Wort unterschiedliche Bedeutungen, z. B.:

Auch die folgenden Wörter haben verschiedene Bedeutungen, wovon dir mindestens eine jeweils bekannt sein wird.

> die Blüte   der Flügel   der Kamm   die Krone   der Strudel   der Zug

Wortbedeutungen in einem Lexikon nachschlagen

Wortbedeutungen durch den Kontext klären

a) Schlage jedes Wort in einem Lexikon nach und notiere zwei verschiedene Bedeutungen.

b) Denke dir zu jedem Wort je zwei Sätze aus, in denen die unterschiedliche Bedeutung deutlich wird.
– *Heute Morgen fiel leider der Strom aus.*
– *Über eine Brücke überquerten wir den reißenden Strom.*

Wörter mit unterschiedlichen Bedeutungen finden

c) Suche sechs Wörter mit mindestens zwei unterschiedlichen Bedeutungen. Schreibe die Wörter auf und notiere die Bedeutungen stichwortartig.

Nomen, Pronomen und Verben
Mit Wortarten umgehen

Was weißt du schon?

- Lies die Kurzbeschreibung des Wettbewerbs. Welches Nomen taucht immer wieder auf? Beschreibe, was durch die Wortwiederholung passiert.

- Überarbeite den Text. Verwende passende Pronomen, z.B. *ihnen, sie*. Schreibe den Text neu auf.

- Erkläre, wann die Verwendung eines Pronomens sinnvoll ist und worauf man bei einer Textüberarbeitung achten muss.

- Erstellt in Partnerarbeit eine Übersicht zu den verschiedenen Pronomen (→ Nomen und ihre Begleiter, S. 223), die ihr kennt. Notiert zu jeder Gruppe je drei Beispiele.

- Welche Wortarten kennst du noch? Was kann dir helfen, sie voneinander zu unterscheiden?

Nomen und Pronomen verwenden

1 a) Lies zunächst nur die Überschrift der Zeitungsmeldung. Stelle Vermutungen an, um welche Erfindung es in dem Text gehen könnte.

b) Lies nun den Text und überprüfe deine Vermutungen.

Faulheit macht erfinderisch

Wenn Marc Pabst (12) einmal in die Hände klatscht, macht sich ein Roboter mit vier Rädern auf den Weg. Leise summend steuert der Roboter einen schwarzen Leitstrich an. Daran entlang fährt der Roboter bis zum Ziel. Sanft stößt der Roboter gegen den Kontaktschalter eines
5 anderen Roboters. Dieser Roboter führt eine Flasche Mineralwasser bei sich. Die Flasche neigt sich, und Wasser wird ins Glas geschenkt. Anschließend kehrt der Roboter mit der flüssigen Fracht an Bord zurück zum Auftraggeber.

Mit ihrem selbst konstruier-
10 ten Roboter errangen Marc Pabst und seine Freunde Constantin Zimmer (12) und Jan-Gerrit Dicks (10) beim Wettbewerb „Schüler experi-
15 mentieren" einen ersten Preis. Wie Marc, Constantin und Jan-Gerrit auf die Idee mit dem Roboter kamen? „Die meisten Menschen sind doch
20 faul", sagt Marc grinsend.

einen Text mit Hilfe von Pronomen überarbeiten

INFO
Wichtige Pronomen:
Personalpronomen stehen für ein Nomen, z. B.: *ich, du, er/sie/es*
Possessivpronomen geben an, wem etwas gehört, z. B.: *mein/ meine, dein/deine, sein/seine, ihr/ihre*
Demonstrativpronomen weisen auf etwas Besonderes hin, z. B.: *dieser/diese/ dieses, jener/jene/jenes*

2 a) Überarbeite den Text so, dass er sich abwechslungsreicher anhört. Verwende dafür passende Pronomen. Achte darauf, dass der Text verständlich bleibt.

b) Schreibe den Text wie im Beispiel neu auf.

Wenn Marc Pabst (12) einmal in die Hände klatscht, macht sich ein Roboter mit vier Rädern auf den Weg. Leise summend steuert er ...

c) Überprüfe die Verwendung der Pronomen und unterstreiche sie dafür in deinem Text.

3 Beurteilt eure Überarbeitungen in Partnerarbeit.
– Wurden Pronomen sinnvoll verwendet?
– Ist der überarbeitete Text verständlich?

4 In der folgenden Kurzmitteilung sind einige Pronomen fett markiert.

a) Lies den Text.

> **Die Spannung steigt**
> Auch in diesem Jahr warten **alle** gespannt auf die Sieger des Wettbewerbs „Schüler experimentieren". **Manche** brüten schon sehr lange über Ideen und können es kaum abwarten, **etwas** vorzustellen. Falls **jemand** sich noch nicht beworben hat, sollte dies schnell nachgeholt werden.

b) Wofür könnten die Pronomen jeweils stehen?
Stelle Vermutungen an und schreibe wie im Beispiel auf:
– *alle: die Teilnehmer am Wettbewerb, die Leserinnen und Leser, ...*
– *manche:*
– *etwas:*
– *jemand:*

die Funktion unterschiedlicher Pronomen untersuchen

c) Erkläre, warum es sinnvoll ist, diese Pronomen als „Stellvertreter" einzusetzen.

> **Indefinitpronomen verwenden**
> Wenn etwas nicht näher Bestimmtes oder Unbekanntes ersetzt werden soll, können Indefinitpronomen verwendet werden, z. B.:
> *man, manche/mancher/manches, etwas, jemand, keine/keiner/keines, einige/einiges, alle, viele/vieles, andere*
> Mit Hilfe dieser Wörter können unbestimmte Dinge umschrieben werden, z. B.:
> **Jemand** *hat gestern die Tür offen stehen lassen.*
> *Bei dem Experiment hat er leider* **einiges** *übersehen.*

5 Ergänze in den Lücken passende Indefinitpronomen und schreibe den Text auf.

Indefinitpronomen verwenden

Gewonnen!

Für den Wettbewerb haben sich ___ gut vorbereitet. ___ waren am Tag der Preisverleihung aufgeregt. Mit dieser Siegerin hat sicher ___ gerechnet. ___ an der Erfindung war nicht ganz neu. Trotzdem haben sich ___ für die Siegerin gefreut.
___ waren auch enttäuscht, dass der Preis an ihnen vorbeigegangen ist. Aber ___ applaudierten und ___ hatten sogar Fotoapparate dabei, um den Moment festzuhalten. Zum Schluss durften sich ___ am kalten Büfett noch für die Heimreise stärken.

Nachdenken über Sprache

Das Partizip I verwenden

1 a) Lies die Überschrift.

> **Schülerinnen erfinden sprechenden Toaster**

b) Gib wieder, was die Besonderheit des Toasters ausmacht, z. B.:
Die Schülerinnen erfinden einen Toaster, der …

Verbformen verwenden, Dinge umschreiben

c) Schreibe die folgenden Überschriften ab und ergänze die Lücken, indem du dich an dem Beispiel oben orientierst.

> ...... (strahlen) Sieger nimmt 1. Preis entgegen

> ...... (glänzen) Leistung! Tom (14) schlägt Einstein

> Endlich! Keine ...... (tropfen) Wasserhähne mehr!

> ...... (fliegen) Telefon begeistert Jury

INFO
Wird das Partizip I wie ein Adjektiv verwendet, spricht man von einem Adjektivattribut. Bei der Umstellprobe bleibt das Attribut fest mit seinem Bezugswort verbunden, z. B.:
Ein lachender Clown erfreute die Kinder.
Die Kinder erfreute ein lachender Clown.

> ⚠️ **Das Partizip I verwenden**
> - Eine Form des Verbs ist das Partizip I, das so gebildet wird: Verbstamm + **end**, z. B.:
>   lauf**end**, schreib**end**, lach**end**
> - Mit Hilfe des Partizips I können gleichzeitig ablaufende Handlungen beschrieben werden, z. B.:
>   *Die Frau sitzt les**end** im Sessel.*
> - Das Partizip I kann vor einem Nomen mit passenden Endungen wie ein Adjektiv gebraucht werden, z. B.:
>   *Die les**ende** Frau sitzt im Sessel.*
>   *Ein dampf**ender** Tee steht neben ihr auf dem Tisch.*

das Partizip I verwenden

2 a) Denkt euch in Partnerarbeit selbst Überschriften zu ungewöhnlichen Erfindungen aus. Verwendet das Partizip I und schreibt die Überschriften auf.

b) Stellt die Überschriften in der Klasse vor. Überprüft gemeinsam, ob das Partizip I sinnvoll verwendet wurde.

Nachdenken über Sprache

Mit Verben Zeitformen bilden

Bionik*: Von der Natur lernen

Was die Menschen erfunden haben, gibt es in der Natur oft schon seit Jahrmillionen: Pinguine zum Beispiel besitzen eine besondere Körperform, mit der sie pfeilschnell durchs Wasser schwimmen. Nachdem die Wissenschaftler die Pinguine beobachtet hatten, stellten sie fest, dass diese echte Vorbilder sind: Sie haben einen niedrigen Energieverbrauch und bewegen sich äußerst schnell unter Wasser. Die Forscher schauen sich die Tricks der Antarktisbewohner ab und werden diese auf diese Technik übertragen.

die Bionik: Zusammensetzung aus *Bio*-logie und Tech-*nik*.

1 a) Lies den Text.

b) Fasse das Thema des Textes kurz zusammen.

2 Übertrage die Tabelle und ordne alle Verbformen aus dem Text richtig ein.

Plusquamperfekt	Präteritum	Perfekt	Präsens	Futur I
...	...	*erfunden haben*	...	...

einem Text Informationen entnehmen

Zeitformen bestimmen
→ S. 225

3 Auch für die Wärmedämmung gibt es ein „natürliches Vorbild".

a) Lies dazu den Informationstext.

Der Wärmespeicher

Das natürliche Vorbild für die Nutzung der Sonnenstrahlung ist das Fell des Eisbären. Durch einen besonderen Aufbau der Haare leitet das Eisbärfell Wärmestrahlen besonders gut [...]. Techniker haben dieses Prinzip für den Bau von Wänden genutzt, die Strahlungswärme aufnehmen. Dies wird auch in Zukunft hohe Heizkosten vermeiden.

b) Bestimme die Zeitform in jedem Satz.

4 a) Findet in Partnerarbeit heraus, was diese „natürlichen" Vorbilder und Dinge gemeinsam haben:

b) Sucht dazu Informationen in einem Lexikon oder im Internet.

c) Schreibt eine kurze Zusammenfassung und orientiert euch dabei an dem Beispieltext oben.

Informationen zusammenfassen, Zeitformen verwenden

Aktiv und Passiv verwenden

1 Rund und trotzdem schnell unter Wasser? Lies dazu den Text.

Vom Pinguin zum U-Boot

Lange Zeit haben die Bionik-Forscher Pinguine genauer erforscht. Hierfür durchschwammen die Tiere besondere Strömungskanäle. Dabei analysierten die Wissenschaftler jede einzelne Bewegung genau. Sie stellten den geringen Widerstand des Rumpfes fest. Diese Erkenntnis übertrugen die Forscher z. B. auf den Bau von U-Booten.

Aktiv- und Passivsätze unterscheiden

2 a) Bestimme den „Täter" (den Handelnden) in jedem Satz, z. B.:
Lange Zeit haben die Bionik-Forscher Pinguine genauer erforscht.
Wer?

b) Forme die Sätze nun ins Passiv um, z. B.:
Lange Zeit wurden Pinguine genauer erforscht. ...

c) Überlege, in welchen Fällen es sinnvoll ist, das Passiv zu verwenden. Wann bietet sich eher das Aktiv an?

Sätze im Aktiv und Passiv bilden

HILFE
Aktiv: *Er erklärt den Versuch.*
(Es gibt einen „Täter".)
Passiv: *Der Versuch wird erklärt.*
(Der „Täter" wird verschwiegen.)
werden + Partizip II

3 a) Überarbeite nun den gesamten Text, indem du sinnvoll Aktiv- und Passivsätze verwendest.

b) Vergleicht eure Ergebnisse miteinander.

4 a) Im Folgenden werden Informationen aus zwei Sätzen verknüpft. Untersuche, wie dabei vorgegangen wurde.
– Die Tests beeinflussten die Technik.
Die Tests wurden durchgeführt.
– Die durchgeführten Tests beeinflussten die Technik.

Sätze im Passiv in der Vergangenheit bilden

HILFE
Aktiv: *Die Forscher entwickelten eine neue Technik.*
Passiv: *Eine neue Technik wurde entwickelt.*
werden im Präteritum + Partizip II

b) Verknüpfe je zwei Sätze wie unter a) und schreibe sie auf.
– Das Buch liegt auf dem Tisch. Es wurde geliehen.
– Das Radio sendet Nachrichten.
Die Nachrichten wurden aufgezeichnet.
– Ein Schiff sticht in See. Das Schiff wurde frisch gestrichen.

❗ Das Partizip II verwenden

Das Partizip II kann vor einem Nomen mit passenden Endungen wie ein Adjektiv gebraucht werden, z. B.:
– *Ich habe das Fahrrad verkauft.*
– *Das verkaufte Fahrrad gehört mir nicht mehr.*

INFO
Wird das Partizip II wie ein Adjektiv verwendet, spricht man von einem Adjektivattribut.

Nachdenken über Sprache

140

Den Konjunktiv II verwenden

1 a) Lies die Aussagen in den Denkblasen.

b) Was könnte sich die dritte Person wünschen? Schreibe auf, z. B.:
„Wäre ich nur ..." „Könnte ich bloß ..." „Hätte ich einfach ..."

einen Wunsch formulieren

c) Untersuche die Verbformen in den Sätzen. Wie sind sie gebildet?

Verbformen untersuchen

> ## Den Konjunktiv II verwenden
> - Um einen Wunsch oder etwas nicht Reales (Wirkliches) zu beschreiben, verwendet man den Konjunktiv II. Diese Form wird vor allem bei Hilfs- und Modalverben verwendet, z. B.: *hätte, wäre, könnte, müsste, gäbe.*
> - So bildest du den Konjunktiv II:
>   Verbstamm im Präteritum + Endung im Konjunktiv: (ggf. mit Umlaut)
>   *ich verlor* + Umlaut (ö) + *e* (Endung im Konjunktiv)
>   *Wenn ich schneller wäre, verlöre ich nicht so viel Zeit.*
> - Bei anderen Verben verwendet man in der Umgangssprache meistens diese Form:
>   *würde* + Infinitiv, z. B.: *Ich würde gerne eine Reise unternehmen.*

INFO
Der Konjunktiv II ist **keine** Zeitform. Er bezeichnet den Modus (die Aussageweise) eines Verbs. Weitere **Modi** sind:
> **Indikativ** (Wirklichkeitsform): *er bleibt/blieb, du gehst/gingst ...*
> **Konjunktiv I** (Möglichkeitsform/ indirekte Rede): *er bleibe, du gehest*
> **Imperativ** (Befehlsform): *bleib! geh!*

Nachdenken über Sprache

2 Beantworte die Fragen mit Hilfe von Sätzen im Konjunktiv II.
Was wäre, wenn ...?
– alle Autos aus den Städten verschwinden würden?
– es keine Werbung mehr gäbe?
– bei uns immer Sommer wäre?
– du den Hauptgewinn im Lotto machen würdest?

Wenn alle Autos aus den Städten verschwinden würden, wäre die Luft sauberer ....

den Konjunktiv II verwenden

3 a) Denke dir selbst Fragen wie in Aufgabe 2 aus.

b) Stellt euch die Fragen gegenseitig und beantwortet mit Sätzen im Konjunktiv II.

Den Konjunktiv I verwenden

1 a) Lies die Zeitungsnachricht.

> **Schülerinnen erforschen die Arktis**
>
> **8. September 2007** Franziska David und Katharina Fey, Zehntklässlerinnen einer Hamburger Gesamtschule, brechen heute für zwölf Tage in die norwegische Arktis auf. Zusammen mit Wissenschaftlern und Künstlern werden die beiden Schülerinnen an eigenen Forschungsvorhaben arbeiten und sich mit dem Klimaschutz auseinandersetzen. Katharina Fey sagt, sie verspreche sich von der Reise viele Ideen für ein Kinderbuch, das sie im Anschluss schreiben wolle. Auch außerhalb der Schule solle man sich für die Ziele des Klimaschutzes einsetzen, so eine Lehrerin der Gesamtschule.

einem Text Informationen entnehmen

b) Gib kurz wieder, worüber die Zeitungsnachricht informiert.

c) Was wisst ihr über den Klimawandel und den Klimaschutz? Tauscht euch darüber aus.

Aussagen und Textstellen vergleichen

2 a) An zwei Stellen im Text wird etwas wiedergegeben, was jemand gesagt oder gedacht hat. Nenne die beiden Textstellen.

b) Vergleiche mit den folgenden Aussagen.

Ich verspreche mir von der Reise viele Ideen für ein Kinderbuch, das ich im Anschluss schreiben will.

Auch außerhalb der Schule soll man sich für die Ziele des Klimaschutzes einsetzen.

c) Beschreibe, wie die Aussagen im Text sprachlich wiedergegeben werden.

INFO

Etwas Gesagtes oder Gedachtes kann auch mit Hilfe eines ***dass*-Satzes** wiedergegeben werden. Dann kann das Verb z. B. im Indikativ Präsens verwendet werden:
Sie sagt, dass sie gerne Eisbären beobachtet.

❗ Den Konjunktiv I (die indirekte Rede) verwenden

Wenn etwas in der **direkten Rede** Gesagtes oder Gedachtes schriftlich wiedergegeben wird, verwendet man oft den Konjunktiv I, die **indirekte Rede.** Dieser wird so gebildet:
Verbstamm + Endung im Konjunktiv, z. B.:
ich reise, du reisest, er/sie/es reise, wir reisen, ihr reiset, sie reisen.
Stimmt die Form im Konjunktiv mit dem Indikativ Präsens überein, verwendet man den Konjunktiv II, z. B.:
wir reisen (= Indikativ Präsens) → *wir würden reisen* (Konjunktiv II)

Nachdenken über Sprache

142

3 a) Lies den Ausschnitt aus einem Interview.

GEOlino.de: Katharina, du hast vor, ein Kinderbuch über ein Tier der Arktis, dessen Lebensraum zerstört wird, zu schreiben. Ist schon klar,
5 welches Tier zur Hauptfigur wird?
Katharina: Die Hauptfigur wird ein Eisbär sein. Er wird sich in dem Buch auf Wanderschaft begeben und mit der Zerstörung seines Lebensraums konfrontiert. [...]
10 **GEOlino.de:** Konntet ihr auf eurer Reise denn einen Eisbären beobachten?
Katharina und Franziska: Wir waren einmal an Land, und als wir wieder an Bord waren, sahen wir einen Eisbären. Er hat unsere Fährte verfolgt. Es war wirklich spannend. [...]

b) Fasse zusammen, was du über die beiden Schülerinnen erfährst.

c) Gib das, was die beiden Schülerinnen sagen (direkte Rede), im Konjunktiv I (indirekte Rede) wieder. Forme, wo es nötig ist, den Konjunktiv I in den Konjunktiv II um (s. Merkkasten S. 142).
Katharina sagt, die Hauptfigur werde ein Eisbär sein. Er werde ...

d) Überprüft in Partnerarbeit eure Ergebnisse.

4 a) Sammelt eure Meinungen über das Forschungsprojekt an der Tafel, z. B.:
„Ich finde so eine Reise zu anstrengend!"
„Es muss aufregend sein, einen echten Eisbären zu sehen."

b) Gebt eure Aussagen im Konjunktiv I wieder und schreibt sie auf.
Franziska findet, so eine Reise sei ...
Tarek hat gesagt, es müsse aufregend ...

Das habe ich gelernt

- Nenne vier Arten von Pronomen. Erklärt euch gegenseitig, wofür man sie jeweils benötigt.
- Erkläre den Unterschied zwischen Partizip I und II. Gehe dabei auf Bildung und Verwendung ein und gib Beispiele.
- Schreibe einen Beispielsatz im Präsens auf. Setze ihn dann in alle weiteren Zeitformen, die du kennst.
- Den Konjunktiv II verwendet man, um ...
- Die indirekte Rede braucht man, wenn ...
- Das kann ich schon gut: ... Das muss ich noch üben: ...

Schreibe in dein Heft oder Portfolio.

Aussagen im Konjunktiv I formulieren

HILFE
Mit diesen Verben kannst du die indirekte Rede einleiten: *Er/Sie sagt/ behauptet/stellt dar/ beschreibt/erzählt/ gibt wieder ...*

Konjunktiv I in der Vergangenheit

HILFE
haben oder sein im Konjunktiv I (habe, sei) + Partizip II, z. B.:
„Gestern begann unsere Reise." (direkte Rede)
Sie sagt, die Reise habe gestern begonnen. (indirekte Rede)
„Ich war pünktlich an Bord." (direkte Rede)
Sie sagt, sie sei pünktlich an Bord gewesen. (indirekte Rede)

Nachdenken über Sprache

Anwenden und vertiefen

1 Was wäre, wenn du einen Tag lang jemand anderes sein könntest? Zum Beispiel:
- ein ganz junger / ein ganz alter Mensch
- ein Mensch in einem weit entfernten Land
- eine berühmte Person
- ein besonders reicher Mensch
- ...

Wünsche formulieren
> den Konjunktiv II verwenden

a) Sammle zunächst Ideen in einem Cluster.

b) Schreibe auf, wie dein Tag aussehen könnte, und verwende dafür den Konjunktiv II, z. B.:
Wenn ich einen Tag lang ein Mensch in Alaska sein könnte, würde ich am Morgen erst einmal ...

einen Text überarbeiten

c) Überarbeitet eure Texte zu zweit.
Überprüft den richtigen Gebrauch des Konjunktiv II.

2 Sollte es ein Fernsehverbot für Kinder geben?

a) Lies dazu die Meinungen.
- „Ich finde ein Verbot doof. Im Fernsehen laufen oft Sendungen, die bilden." (Tamara, 12)
- „Ein Fernsehverbot ist eine gute Idee. Es ist gut, wenn Kinder draußen mit Gleichaltrigen spielen." (Melanie, 14)
- „Man braucht auch mal eine Abwechslung zum ständigen Pauken. Wenn es Zoff mit Freunden gibt, kommt man beim Fernsehen auf andere Gedanken." (Annika, 10)
- „Ich spreche mich gegen ein Fernsehverbot aus. Man kann viel durch Medien lernen, wenn man sie richtig nutzt." (Fabian, 12)

Aussagen im Konjunktiv I wiedergeben

b) Gib die Aussagen in der indirekten Rede (im Konjunktiv I) wieder. Die Formulierungen im Kasten helfen dir dabei.

Sie/Er ist der Meinung, ...	Sie/Er vertritt die Meinung/Ansicht, ...
Sie/Er sagt/meint/denkt ...	Nach ihrer/seiner Ansicht ...

– *Tamara sagt, ein Fernsehverbot ... Im Fernsehen ...*
– *Melanie ...*

Informationen zusammenfassen
> den Konjunktiv I verwenden

c) Schreibe einen kurzen Informationstext zum Thema „Fernsehverbot für Kinder?". Gib dabei die oben genannten Meinungen in der indirekten Rede (im Konjunktiv I) wieder.
Fernsehverbot für Kinder?
Immer wieder wird darüber diskutiert, ob ...

Nachdenken über Sprache

Mit Sätzen umgehen
Sätze gliedern, Sätze verbinden und Texte umgestalten

Was weißt du schon?

- Auf welche der Fragen weißt du eine Antwort?
  Wie könntest du etwas über die anderen herausfinden?

- Formuliere zwei Sätze so um, dass Aussagesätze entstehen.
  Wo steht das Prädikat im Fragesatz, wo steht es im Aussagesatz?

- Bestimme in den beiden Aussagesätzen alle Satzglieder.
  Erkläre einer Lernpartnerin oder einem Lernpartner, was dir geholfen hat, die Satzglieder zu ermitteln.

- Vervollständige den Satz:
  Adverbiale Bestimmungen brauchen wir, um …

Nachdenken über Sprache

Satzglieder bestimmen und verwenden

1 a) Lies den Text, der eine Frage auf Seite 145 beantwortet.

In vielen Tests suchte man nach einer Antwort für das unterschiedliche Farbempfinden der Menschen. Die Testpersonen zeigten dabei häufig ganz unterschiedliche Vorlieben für Farben. Der Schweizer Psychologe Max Lüscher meinte daraus auf das
5 seelische und körperliche Befinden der jeweiligen Person schließen zu können. […] Entsprechend der antiken Lehre von den vier Elementen Luft, Feuer, Wasser und Erde hat Lüscher eine Vier-Farben-Lehre des Selbstwertgefühls entwickelt. Demnach besäße ein Gelb liebender Mensch die innere Freiheit zur Selbst-
10 entfaltung. Dem Gelb wird das Element Luft zugeordnet. Wer die Farbe Rot besonders liebt, hat ein hohes Maß an Selbstvertrauen. Zu ihm gehört das Element Feuer. Der Blau-Typ zeichnet sich durch Ruhe und Zufriedenheit aus. Sein Element ist das Wasser. Der Liebhaber von Grün besitzt Selbstachtung und Beharrungs-
15 vermögen. Er ist der Erde-Typ. Der Idealmensch müsste eine gleich starke Beziehung zu jeder der vier Hauptfarben zeigen. Er würde sein Leben in vollkommener Ausgeglichenheit führen.

b) Gib den Inhalt des Textes kurz wieder.

c) Bestimme alle unterstrichenen Satzglieder. Übertrage die Tabelle in dein Heft und sortiere die Satzglieder ein.

Subjekt	Prädikat	Dativ-Objekt	Akkusativ-Objekt	adverbiale Bestimmung
…	…	…	…	*in vielen Tests*

2 In den folgenden zwei Sätzen wurden die Objekte unterstrichen.

In vielen Tests suchte man nach einer Antwort.
Der Text informiert über die Vier-Farben-Lehre.

a) Welche Frage hilft dir jeweils, das Objekt zu bestimmen? Verwende ein passendes Fragewort und schreibe die Sätze auf.

b) Vergleiche die beiden Fragewörter. Beschreibe, was dir auffällt.

Nachdenken über Sprache

einem Text Informationen entnehmen

Satzglieder bestimmen

INFO
Adverbiale Bestimmungen sind Satzglieder, die nähere Angaben zu einem Geschehen machen. Man unterscheidet adverbiale Bestimmungen
› zum Ort (*Wo? Wohin? Woher?*)
› zur Zeit (*Wann? Wie lange? Wie oft?*)
› zur Art und Weise (*Wie? Womit?*)
› zum Grund (*Warum? Wozu?*)

Satzglieder erfragen

Präpositionalobjekte verwenden

Objekte, die nur mit Hilfe von Präpositionen erfragt werden können, nennt man Präpositionalobjekte. Hierbei fordert ein Verb eine bestimmte Präposition, die nicht ersetzbar ist, z. B.:
*Wir lachen **über** den gelungenen Witz.* (lachen über)
→ **Worüber** lachen wir?
Typische Fragewörter für Präpositionalobjekte sind z. B.:
Wonach? Wovon? Womit? Woran? Worüber? Wofür?

3 a) Schreibe zwei weitere Sätze aus dem Text von S. 146 heraus, in denen ein Präpositionalobjekt verwendet wird.

b) Schreibe jeweils die zum Präpositionalobjekt gehörende Frage auf.

4 a) Sammelt in Partnerarbeit zehn Verben, die mit einer bestimmten Präposition verwendet werden. Schreibt sie auf.
sich interessieren für, ...

b) Schreibt zu jedem Verb einen Beispielsatz auf.

c) Erfragt in jedem Satz das Präpositionalobjekt und schreibt die Frage auf.

5 a) Stelle die Satzglieder des folgenden Satzes so um, dass ein neuer Satz mit dem gleichen Sinn entsteht.

Das im Test ausgewählte Rot passt zum Element Feuer.

b) Was passiert mit der Position der markierten Wörter? Beschreibe.

Attribute verwenden

Ein Attribut ist immer Teil eines Satzgliedes und kann nicht alleine stehen. Es bestimmt ein Nomen näher und erweitert es, z. B.: *Rot ist eine warme Farbe.* (Adjektiv)
- So kannst du das Attribut erfragen:
  → Was für eine Farbe ist Rot? (eine warme Farbe)
Das sind durch Tests festgestellte Ergebnisse. (Partizip)
- So kannst du das Attribut erfragen:
  → Was für Ergebnisse sind das? (durch Tests festgestellte)

6 Erweitere den folgenden Satz um passende Attribute (Adjektive und Konstruktionen mit Partizipien) und schreibe ihn auf.

Ich mag Farben.
Ich mag helle, nicht zu auffällige, ... Farben.

INFO
Präpositionen geben das Verhältnis zwischen Lebewesen und Gegenständen oder Sachverhalten an, z. B.:
aus, bei, mit, durch, gegen, ohne, in, an, unter, hinter, neben.

INFO
Im Unterschied zum Präpositionalobjekt fordert das Verb bei einer **adverbialen Bestimmung** keine bestimmte Präposition. Diese kann ausgetauscht werden und verändert damit die Bedeutung des Satzes, z. B.:
Er stand in der Halle.
Er stand vor der Halle.
Er stand hinter der Halle.

Präpositionalobjekte erfragen

Sätze untersuchen
> die Satzglieder bestimmen

Attribute verwenden

→ Attributsatz/Relativsatz, S. 228
→ Partizipien, S. 226

Sätze trennen – Sätze verbinden

1 Ist Tratschen überlebenswichtig? Lies dazu den Text.

In der gefahrvollen Frühzeit der Menschheit war das Verbreiten von Informationen wichtig fürs Überleben, denn auch derjenige, der z. B. ein negatives Geheimnis über ein höheres Stammesmitglied wusste, konnte Vorteile aus diesem Wissen ziehen und
5 so seinen eigenen Rang in der Gemeinschaft verbessern.

einen Text überarbeiten

2 Der Text könnte lesbarer formuliert werden.

   a) Schreibe den Text so um, dass mehrere Sätze entstehen.

   In der gefahrvollen Frühzeit der Menschheit war das Verbreiten von Informationen wichtig fürs Überleben. Derjenige ...

Texte beurteilen

   b) Vergleiche mit dem Original. Beschreibe Vor- und Nachteile.

3 a) Lies nun die Fortsetzung des Textes.

In einem Test konnte die Bedeutung des Tratsches bestätigt werden. An dem Test nahmen über hundert Personen teil. Die Testpersonen sollten eine Reihe von Klatschblättern lesen. Man wollte die Vorlieben überprüfen. Männer bevorzugten in der
10 Regel bestimmte Meldungen. In diesen Meldungen ging es um Verfehlungen* männlicher Berühmtheiten aus Politik, Kultur und Sport. Frauen hingegen freuten sich über andere Artikel*. Sie erfuhren Negatives über berühmte Geschlechtsgenossinnen. Es hat sich also nicht viel geändert. Die Steinzeit liegt schon sehr
15 lange zurück. Am interessantesten sind bestimmte Informationen. Diese Informationen lassen meist ranghöhere Personen in einem schlechten Licht erscheinen. Solche Informationen gibt man gerne weiter. Man möchte den Schaden für den Verunglimpften* größer machen und den eigenen Rang verbessern.

die Verfehlung: falsche oder unangemessene Verhaltensweise
der Artikel: Beitrag in einer Zeitung oder einer Zeitschrift

verunglimpfen: beleidigen, schmähen

Nachdenken über Sprache

b) Verbessere den Zusammenhang zwischen den Sätzen, indem du Sätze sinnvoll verbindest (Satzreihen und Satzgefüge).

c) Überarbeite den Text und schreibe ihn neu auf.

In einem Test, an dem über hundert Personen teilnahmen, konnte die Bedeutung des Tratsches bestätigt werden. Die Testpersonen sollten eine Reihe von Klatschblättern lesen, weil man ...

4 Was hast du bisher über das Tratschen erfahren?

a) Ergänze in den folgenden Sätzen passende Adverbialsätze und schreibe sie auf. Nutze die Informationen in der Randspalte.
Viele Menschen tratschen, ...
... _____. (Kausalsatz)
... _____. (Modalsatz)

b) Bestimme alle Adverbialsätze in der Textüberarbeitung aus Aufgabe 3.

5 Es kommt vor, dass ein Nebensatz die Rolle des Subjekts oder des Objekts übernimmt.

a) Vergleiche die beiden folgenden Sätze und lies die Fragen. Welche Satzgliedrolle übernimmt hier der *dass*-Satz?

Viele Dinge haben keinen Namen.
→ Wer/Was hat keinen Namen?

Es ist erstaunlich, dass viele Dinge keinen Namen haben.
→ Wer/Was ist erstaunlich?

b) Was fällt dir auf? Beschreibe.

6 Erfrage auch bei den folgenden Sätzen die unterstrichenen Satzglieder bzw. Sätze.

Man hat den Grund für die Namenlosigkeit festgestellt.
→ Wen/Was ...?
Man hat festgestellt, dass viele namenlose Dinge unbedeutend und billig sind.
→ Wen/Was ...?

⚠ Subjektsätze und Objektsätze

Nebensätze können die Rolle eines Subjekts oder eines Objekts übernehmen, z.B.:
Es ist unklar, ob man alle Fragen beantworten kann.
→ **Wer/Was** ist unklar? (ob man alle Fragen beantworten kann)
Ich finde, dass man eine Antwort finden sollte.
→ **Wen/Was** finde ich? (dass man eine Antwort finden sollte)

Sätze verbinden

INFO
- Typische Konjunktionen für **Satzreihen** (Hauptsatz + Hauptsatz) sind: *doch, aber, denn, und, oder.*
- Typische Konjunktionen für **Satzgefüge** (Hauptsatz + Nebensatz) sind: *weil, da, während, wenn, als, obwohl, damit, sobald, dass.*
- siehe auch **Relativsätze** → S. 228

Adverbialsätze verwenden

INFO
Adverbialsätze ersetzen adverbiale Bestimmungen. Man unterscheidet:
- Kausalsätze (Warum?), z.B.: ..., *weil/da/denn* ...
- Konzessivsätze (Trotz welcher Gegengründe?), z.B.: ..., *obwohl* ...
- Modalsätze (Wie?), z.B.: ..., *indem* ...
- Temporalsätze (Wann? Wie lange?), z.B.: ..., *als* ...

Subjektsätze und Objektsätze unterscheiden

Sätze sinnvoll verwenden – Texte umgestalten

> **Warum "knurrt" ein Magen?**
>
> Magenknurren, das wir als "Grummeln" eines Magens hören und als Zeichen von Hunger betrachten, entsteht dadurch, dass Magensäure und Luft im Magen hin und her bewegt werden und kleine Bläschen bilden.

Sätze beurteilen

1 Lies den Satz. Beschreibe die Schwierigkeiten, die durch die Länge des Satzes entstehen.

2 Du kannst den Satz so kürzen, dass der Sinn erhalten bleibt.

Sätze sinnvoll kürzen

a) Schreibe den Satz ab und streiche die Wörter und Satzglieder, auf die man deiner Meinung nach verzichten könnte.

Magenknurren, ~~das wir als "Grummeln" eines Magens hören und als Zeichen von Hunger betrachten~~, entsteht ...

b) Schreibe den Satz neu auf. Überprüfe, ob immer noch verständlich erklärt wird, wie Magenknurren entsteht.

3 Warum schäumen Duschgel und Shampoo immer weiß, ganz egal, welche Farbe die Flüssigkeit hat?
Kürze den folgenden Antwortsatz sinnvoll.

> Eine hauchdünne Schicht, die die unzähligen Luftbläschen des Schaums umschließt, spiegelt das weiße Tageslicht wider und lässt es nicht in die Bläschen eindringen, sodass der Schaum immer weiß aussieht.

einen Text sinnvoll kürzen

4 Auch in der folgenden Erklärung könnte gekürzt werden.

a) Lies den Text.

Warum verbraucht ein voller Kühlschrank weniger Energie als ein leerer?

Kühlschränke und Kühltruhen sind dazu da, dass man ihnen bei Bedarf etwas zum Verzehr entnehmen kann. Bleibt ein Kühlschrank fortwährend geschlossen, so ist es unerheblich, ob er leer oder voll ist. Der Stromverbrauch ist dann in beiden Fällen
5 etwa der gleiche.
Ein wenig anders verhält es sich, wenn der Kühlschrank mehrmals am Tag geöffnet wird, was gewöhnlich ja auch der Fall ist, gerade an heißen Tagen, wenn es einen nach kühlen Getränken verlangt. In diesem Fall kann in einen weitgehend
10 leeren Kühlschrank viel mehr warme Umgebungsluft einströmen

Nachdenken über Sprache

als in einen vollen. Diese einströmende
Warmluft muss dann von der Kältemaschine
wieder hinaustransportiert werden, was
Energie kostet. Der nur leidlich gefüllte
15 Kühlschrank verbraucht also ein wenig mehr
Energie als der volle.
Im alltäglichen Leben ist der Unterschied aber
schon deshalb unerheblich, weil man einen
leeren Kühlschrank ohnehin nicht öffnet –
20 oder aber: Man öffnet ihn und macht ihn, der
schrecklichen Leere wegen, gleich wieder zu.
Die Warmluft hat kaum Zeit, einzuströmen. Am meisten Strom
verbraucht ein leerer Kühlschrank, der soeben mit Lebensmitteln
bis zum Rand gefüllt wurde. Und das ist uns von allen Varianten
25 denn doch die liebste – Stromverbrauch hin oder her.

b) Überlege, wie man den Text so kürzen kann, dass tatsächlich nur die in der Überschrift genannte Frage beantwortet wird. Verwende dafür eine Kopie des Textes und streiche entsprechende Sätze.

einen Text überarbeiten und neu schreiben

c) Schreibe mit den übrig gebliebenen Sätzen eine kurze, knappe Erklärung.

5 a) Vergleiche mit dem Original: Welche Vor- und Nachteile hat deine Überarbeitung?

Texte beurteilen

b) Nenne zwei Sätze aus dem Original-Text, die zur Beantwortung der Fragen nichts beitragen. Erkläre, welche Funktion sie in diesem Text erfüllen und warum es dennoch sinnvoll ist, sie hier zu verwenden.

Sätze in ihrer unterschiedlichen Funktion beurteilen

Das habe ich gelernt

- Schreibe einen Beispielsatz auf, der ein Dativ-Objekt, ein Akkusativ-Objekt und zwei adverbiale Bestimmungen enthält.

- Erkläre einer Lernpartnerin / einem Lernpartner, wie man die einzelnen Satzglieder bestimmen kann.

- Präpositionalobjekte sind ...

- Unter Attributen versteht man ...

- Sätze können sinnvoll miteinander verknüpft werden. Nenne zwei Beispiele.

- „Weniger ist mehr!" Erkläre, warum Kürzungen manchmal sinnvoll sind und wie man dabei am besten vorgeht.

- In diesem Kapitel hat mir diese Aufgabe geholfen / weniger geholfen, weil ...

- Das kann ich schon gut: ... / Das möchte ich noch üben: ...

Schreibe in dein Heft oder Portfolio.

Nachdenken über Sprache

Anwenden und vertiefen

1 a) Bilde mit den Verben im Kasten, die immer mit einer bestimmten Präposition verwendet werden, passende Beispielsätze.

> hoffen auf   zweifeln an   achten auf   sich fürchten vor
> nachdenken über   fahnden nach   informieren über
> austauschen durch   glauben an   sich aufregen über

Präpositionalobjekte verwenden

b) Erfrage in jedem Satz das Präpositionalobjekt und unterstreiche es.

Wir hoffen auf einen guten Ausgang des Spiels.
(Worauf hoffen wir?)

2 Wenn du den folgenden Text sinnvoll überarbeitest, kann eine kurze, informative Zeitungsmeldung entstehen.

a) Lies den Text.

Kinder kamen und fragten

1300 Kinder kamen gestern zur Kinder-Uni ins Audimax* in Hamburg. Auch 400 Erwachsene kamen gestern zur immer
5 wieder gut besuchten Kinder-Uni ins Audimax. Viele der Kinder waren bereits gut informiert. Diese Kinder hatten schon die erste Veranstaltung
10 besucht. Unter der Frage „Warum wollen wir in die Zukunft sehen?" hielt Zukunftsforscher Prof. Horst Opaschowski einen unterhalt-
15 samen Vortrag. Im Anschluss stellten die Kinder viele Fragen. Sie wollten unbedingt noch mehr über die Zukunft erfahren: „Gibt es bald Raketen, mit denen wir in andere Sonnensysteme fliegen können?", „Wird es Maschinen geben, die denken können?" Am kommenden Montag geht im Audimax die Chemikerin Prof.
20 Barbara Albert der Frage nach: „Warum ist die Welt bunt?" Für die Sicherheit sorgt bei dieser Veranstaltung, bei der auch experimentiert wird, die Freiwillige Feuerwehr Pöseldorf.

das Audimax: Kurzform für Auditorium maximum (großer Vortragssaal in einer Universität)

b) Sammelt in Partnerarbeit Ideen zur Überarbeitung des Textes:
– An welchen Stellen könntet ihr Sätze sinnvoll verbinden?
– Auf welche Informationen könnte man auch verzichten? Wo könnt ihr sinnvoll kürzen?

einen Text überarbeiten
> Sätze verbinden
> Textstellen kürzen

c) Schreibe den Text in eine kurze Zeitungsmeldung um.

Teste dich selbst!
Sprache und Sprachgebrauch untersuchen

Wolfgang Seidel
Was hinter den Wörtern steckt: z. B. Geschenk

„Schenken" kommt – was einige überraschen wird – von „einschenken". Hättest du das gedacht? Das Wort „einschenken" wiederum ist von
5 der Wortwurzel her verwandt mit „schräg". Ziemlich schräg, oder? „Einschenken" bedeutet „das Gefäß schräg halten", und was da als Erstes eingeschenkt und
10 verschenkt wurde, waren Trankopfer für die Götter. Geschenke und Opfergaben gehören zu den frühesten Zeichen menschlicher Kultur. Dies belegen
15 anschaulich die Grabbeigaben, die man

ab dem Zeitpunkt findet, als die Menschen ihre Toten rituell bestatteten. Geschenke gehören somit von Anfang an in einen religiös-rituellen Zusammenhang und so verhält es sich letztlich auch noch heute: Zu Weihnachten und Ostern, bei Taufen, Hochzeiten, Geburtstagen, selbst bei
20 Staatsbesuchen oder Einladungen – immer werden Geschenke überreicht. Der ursprüngliche Gedanke war dabei, dass man auf etwas Eigenes verzichtet, das einem anderen „geopfert" wird, um ihm eine Freude zu machen. Manche behaupten, der Sinn des Schenkens habe sich heute etwas verändert. Wie siehst du es?

1 In den Zeilen 6–8 kommt das Wort „schräg" dreimal vor.

    a) Umschreibe die jeweilige Bedeutung mit eigenen Worten. Notiere sie.

    b) Zu welchen Sprachvarianten gehört das Wort jeweils?

2 a) Schreibe die Sätze aus den Z. 14–16 (*Dies …*) und 23–24 (*Manche …*) in dein Heft. Unterstreiche die Nebensätze.

    b) Ist der Nebensatz aus den Z. 23–24 ein Subjekt- oder ein Objektsatz? Begründe.

3 Im drittletzten Satz (Zeile 21) steht ein Präpositionalobjekt.

„Der ursprüngliche Gedanke war dabei, dass man auf etwas Eigenes verzichtet …"

Schreibe den Satz auf. Unterstreiche das Präpositionalobjekt und kreise das Verb und die von ihm geforderte Präposition ein.

4 Übernimm den Satz in dein Heft und bestimme die markierten Satzglieder.

| Geschenke und Opfergaben | gehören |

| zu den frühesten Zeichen menschlicher Kultur |

5 In dem Text kommen verschiedene Arten von Pronomen vor. Ordne sie den richtigen Spalten der Tabelle zu.

Personalpronomen	Relativpronomen	Indefinitpronomen	Demonstrativpronomen	Possessivpronomen
…	…	…	…	…

6 Richtig oder falsch? Schreibe die richtigen Antworten in dein Heft.

kommt vor	Präteritum
ist verwandt	Plusquamperfekt
waren	Präteritum
bestatteten	Präsens
findet	Präsens

7 Aktiv oder Passiv? Schreibe die richtigen Antworten in dein Heft.
   A was einige überraschen wird
   B was eingeschenkt wurde
   C waren Trinkopfer
   D immer werden Geschenke überreicht
   E einem anderen geopfert wird
   F gehören zu den frühesten Zeichen

8 Im Text stehen zwei Prädikate im Konjunktiv. Schreibe sie heraus.

9 Schlage die Bedeutung von „rituell" (Z.16) nach und umschreibe die passende Bedeutung mit eigenen Worten. Notiere in dein Heft.

10 Zusatzaufgabe: Wähle zwei Redewendungen aus und erkläre die Bedeutung. Schreibe in dein Heft.

> jemandem den Marsch blasen
> die Hosen anhaben
> den Gürtel enger schnallen
> sich wie in der eigenen Westentasche auskennen
> die Flinte ins Korn werfen

Wörter befragen
Schwierige Wörter richtig schreiben

Was versteht man unter dem Begriff Brainstorming?
- A eine Gehirnoperation
- B einen Wutanfall
- C eine Methode zur Ideenfindung

Wie wird das beliebte Kaffeegetränk denn nun geschrieben?
- A Chappucino
- B Cappuccino
- C Capuccino

Man spricht es „fähr" aus. Wie wird es geschrieben?
- A fär
- B fair
- C feer

Nur eine Schreibung ist korrekt!
- A Interview
- B Interwiev
- C Interfiew

Wie könnte man es „übersetzen"?
- A sehr gut
- B gerecht
- C wichtig

Ist jemand inkompetent, ist er oder sie
- A unbrauchbar
- B unmöglich
- C unfähig

Welche Schreibung ist die richtige?
- A agressiv
- B aggresiv
- C aggressiv

Wie schreibt man?
- A Interese
- B Interresse
- C Interesse

Was weißt du schon?

- Teilt euch in Gruppen auf und beantwortet die Fragen. Wer hat die meisten richtigen Antworten?
- Woran erkennt ihr, dass es sich hier um Fremdwörter handelt?
- Es ist nicht nur wichtig, die richtige Bedeutung eines Fremdwortes zu kennen, sondern auch, es richtig zu schreiben. Wie merkt ihr euch die Schreibung von Fremdwörtern oder anderen kniffligen Wörtern?
- Welche typischen Fremdwortbausteine fallen euch ein? Tragt sie zusammen.

Richtig schreiben

155

Fremdwörter verstehen und richtig schreiben

Fremdwörter erkennen und ihre Bedeutung verstehen

1 a) Lies die folgende Reportage. Würdest du gerne bei einer so großen Sportveranstaltung wie den Olympischen Spielen dabei sein?

Als die Hymne gespielt wurde, gab es kein Halten mehr: Dicke Tränen rollten dem Sieger im Hammerwurf, Ben Hammerston
5 aus Schweden, über das Gesicht. Nur ein Jahr nach seiner Disqualifikation bei der Weltmeisterschaft steigt Hammerston ganz oben auf
10 das Treppchen. Einen Dopingvorwurf hatte der Hammerwerfer damals entkräften und als Sabotage eines Kontrahenten entlarven können.
15 Dies hatte dem Schweden eine ungeahnte Publicity beschert.

TIPP
Es sind 6 Fremdwörter im Text zu finden.

b) Der Verfasser des Textes hat einige Fremdwörter verwendet. Suche sie heraus und schreibe sie auf.

c) Ordne jedem Fremdwort eine der folgenden Erklärungen zu.
– unerlaubte Anwendung von Stoffen zur Leistungssteigerung
– Ausschluss von einem sportlichen Wettkampf
– feierlicher Gesang
– absichtliche Behinderung eines Vorgangs
– Gegner
– Bekanntsein in der Öffentlichkeit

d) Markiere in deiner Liste Buchstabenverbindungen, die im Deutschen untypisch sind, z. B.: *Hymne, ...*

Fremdwörter im Wörterbuch nachschlagen
➔ S. 132 ff.

2 a) Lies den Text weiter, in dem alle Fremdwörter fett gedruckt sind. Schlage unbekannte Fremdwörter im Wörterbuch nach.

Nach der Siegerehrung dankt Hammerston seinem **Team**: „Wir haben **intensiv** zusammen **trainiert**. Meine **Medaille** habe ich
20 auch meinen Helfern zu verdanken, sie haben es geschafft, mich auf dieses hohe **Niveau** zu bringen", erklärt der **Athlet**. Als die **Mikrofone** ausgeschaltet sind, strahlt der neue **Champion** und streckt den **Fotografen** seine Medaille entgegen.

Richtig schreiben

156

b) Schreibe alle Fremdwörter aus dem Text heraus. Präge dir ihre Schreibung ein. Eine Hilfe ist, schwierig zu schreibende Stellen im Wort farbig zu markieren, z. B.:
Team, intensiv, ...

Lernhilfen nutzen

c) Arbeitet zu zweit und diktiert euch eure Fremdwortliste gegenseitig. Erfindet dabei neue Sätze, in denen die Wörter vorkommen, z. B.:
Unser Fußballteam spielt jeden Freitag von sechs bis acht.

3 a) Lies die folgenden Wörter laut vor. Es sind Fremdwörter, die etwa so geschrieben sind, wie sie ausgesprochen werden. Was bedeuten sie?

Fremdwörter richtig aussprechen

die Tschiens   das Tiem   der Turist   riläxen   die Tokschau
das Disein   das Mauntenbeik   die Meindmäp   das Kämping
die Kautsch   der Ährbäg   die Masasche   die Garasche
der Domptör

b) Notiere die Wörter in richtiger Schreibung und kontrolliere anschließend mit dem Wörterbuch.

TIPP
Auch diese Fremdwortliste könnt ihr euch gegenseitig diktieren!

> ⚠ **Fremdwörter an den Bausteinen erkennen**
>
> **Fremdwörter** sind Wörter, die aus **anderen Sprachen** ins Deutsche übernommen wurden. Dabei behalten sie oft die **Schreibung und Aussprache aus dem Herkunftsland** bei, z. B.:
> Gar**age** (sprich: Garasche, franz.), Sham**poo** (sprich: Schampu, engl.), Rea**ktion** (lat.), **Th**ema (griech.).
> Du erkennst Fremdwörter oft an ihren **typischen Wortbausteinen.**

4 a) Arbeitet zu zweit. Bildet von den folgenden Fremdwörtern Verben und kontrolliert sie mit dem Wörterbuch, z. B.:
Analyse – analysieren

Fremdwörter auf -ieren bilden

TIPP
Teilt euch die Listen auf, sodass jeder nur die Hälfte der Wörter nachschlagen muss.

Analyse   Blamage   Charakter   Diskussion   Emigration
Funktion   Gratulation   Hypnose   Interesse   Jongleur
Kollision   Legalisation   Manipulation   Nummer   Operation
Fantasie   Qualifikation   Realität   Stornierung   Termin
Uniform   Variation   Zensur

b) Markiert schwierig zu schreibende Stellen in eurer Liste farbig.

c) Schreibt bei euch unbekannten Wörtern die Bedeutung mit auf.

Richtig schreiben

157

**typische Fremd-
wortsuffixe
verwenden**

5 a) Arbeitet wie in Aufgabe 4 und leitet von den folgenden Fremdwörtern Adjektive ab. Kontrolliert mit dem Wörterbuch.

> Prominenz   Effizienz   Aggression   Konstruktion   Depression
> Alternative   Fundament   Vitalität   Praxis   Magie   Finanzen
> Maschine   Innovation   Aktualität   Interesse   Explosion

b) Kennzeichne die Suffixe der Adjektive, z. B.:
Prominenz – promin__ent__, ...

c) Suche fünf Fremdwörter aus und verwende sie jeweils in einem
Satz. Es soll deutlich werden, was das Fremdwort jeweils bedeutet,
z. B.:
Alle Augen richteten sich auf die __prominente__ Schauspielerin.

TIPP
In Klammern steht der
jeweilige Anfangs-
buchstabe.

6 Nun anders herum: Suche die Fremdwörter für die folgenden
deutschen Ausdrücke. Schreibe sie auf.

> üben (t...)   Verständigung (K...)   Auskunft geben (i...)
> verbessern (k...)   überdenken (r...)   überheblich (a...)
> Wirklichkeit (R...)   Schwierigkeit (K...)   teilnahmslos (p...)
> anziehend (a...)

7 Fremdwörter kannst du wie Vokabeln lernen. Hier sind Ideen zum
Üben. Stelle immer sicher, dass du auch die Bedeutung des
Fremdworts kennst:
– Stelle Wortlisten zusammen, z. B. zu typischen Fremdwortsuffixen
(*-iv, -ient*), zu speziellen Themen (*Essen, Mode, Computer* usw.)
oder je nach Herkunftssprache. Unterstreiche schwierig zu
schreibende Stellen.
– Schreibe ein eigenes „Fremdsprachenalphabet" zu einem Thema
deiner Wahl auf, z. B. *Mode, Sport, Arbeit, Politik ...*
– Sammle Fremdwörter, die du oft falsch schreibst, und stelle deine
eigene Fremdwortliste zusammen.
– Sammle regelmäßig Fremdwörter aus Zeitungs- und
Zeitschriftenartikeln und notiere, wie häufig du jedes Fremdwort
liest. Erstelle eine kleine Statistik darüber, welche Fremdwörter
am häufigsten vorkommen.
– Diktiert euch immer mal wieder Teile eurer Listen gegenseitig.

Richtig schreiben

Noch mehr knifflige Wörter richtig schreiben

Die Olympischen Spiele in der Antike

Die Vorgaben für die Spiele in der Antike waren völlig anders als heute.
1. Die furchtbarsten Kriege wurden wegen der Spiele vertagt, nicht die Spiele fielen wegen der Kriege aus (wie 1916, 1940, 1944).
2. Es wurden nur erste Preise vergeben.
3. Alle sportlichen Vertreter traten fast unbekleidet an.
4. Heute gibt es verschiedene Austragungsorte, in der Antike fanden die Spiele alle vier Jahre am gleichen Ort statt.
5. Die Teilnahme von Frauen war verboten.
6. Der Besuch war frei.
7. Nach Vollendung der Spiele gab es ein Fest für die Sieger.

1 a) Lies laut vor und achte dabei auf die Schreibung von *f*-Lauten am Wortanfang. Was fällt dir auf?

b) Schreibe alle Wörter heraus, die mit einem *f*-Laut beginnen. Sortiere sie dabei nach *V/v* und *F/f*.

> **Wörter mit einem f-Laut**
>
> Der *f*-Laut bei Wörtern mit **f, v** und **ph** wird gleich ausgesprochen, z. B.: bra**v**; Ru**f**; **F**ahrrad; **V**orrat; **Ph**ase.
> - Achte auf Wörter mit dem Präfix (Vorsilbe) *ver-, vor-* oder *voll-*: Sie beginnen immer mit **v**.
> - Sonst gibt es nur **wenige Wörter,** die mit *V/v* beginnen. Lege für sie eine Lernwortliste an: *viel, vier, völlig, …*
> - Die meisten Fremdwörter mit **ph** kannst du auch mit **f** schreiben, z. B. *Fotografie*. Lege für die wenigen, die nur mit **ph** geschrieben werden dürfen, eine Liste an.

Schreibungen für den f-Laut kennen

Wörter mit dem f-Laut richtig schreiben

TIPP
Wie du mit Lernwörtern üben kannst:
> Rechtschreibklippen kennzeichnen
> Partnerdiktate schreiben

auf die Präfixe *ver-*, *vor-* und *voll-* achten

2 In diesem Wortgitter verbergen sich (senkrecht und waagerecht) 15 Wörter mit den Vorsilben *vor-*, *ver-* oder *voll-*.
Suche sie heraus und bilde Sätze mit ihnen.

a	v	e	r	s	c	h	w	i	n	d	e	n	b	t	v	e	v	r
v	e	w	u	v	o	l	l	z	i	e	h	e	n	v	e	r	o	v
m	r	v	o	l	l	b	r	i	n	g	e	n	e	o	r	t	r	o
r	l	w	m	i	o	v	o	r	h	e	r	v	v	l	s	m	s	l
u	e	l	l	e	v	e	r	l	a	s	s	e	n	l	c	x	i	l
z	t	o	d	n	e	t	j	l	k	e	d	r	m	l	h	f	c	k
s	z	t	v	o	l	l	e	n	d	e	n	r	u	a	i	j	h	o
m	e	v	o	r	l	e	s	e	n	u	t	a	l	u	e	d	t	m
u	n	a	v	o	r	b	e	i	o	r	v	t	i	f	d	k	i	m
e	r	t	q	e	z	o	n	d	k	l	b	e	t	e	e	l	g	e
v	o	r	k	o	m	m	e	n	t	b	n	n	u	n	n	x	c	n

Lernwortliste für Wörter mit V/v anlegen

3 Welche Lernwörter mit **V/v** verstecken sich hier?
Liste sie auf und unterstreiche die jeweilige schwierige Stelle.

der gelVo   leicievlht   das Vlcehien   der eVtar   das Vehi
der Vesr   vilgöl   ervi   levi

Lernwortliste für Wörter mit *ph* anlegen

4 Hier verbergen sich acht Fremdwörter, die du mit *ph* schreiben musst.
Finde sie heraus und lege sie als Lernwortliste an.

Phase die   Philosophie die   Triumph der   Alphabet das
Katastrophe die   Asphalt der   Physik die

Wörter mit s-Lauten richtig schreiben

5 a) Überprüfe die folgende Liste mit weiteren kniffligen Wörtern.
Eines passt nicht dazu. Suche es heraus und begründe deine Wahl.

fassen   küssen   messen   das Kissen   schließen   massieren
die Rassel   das Wasser

TIPP
Die Umlaute *au, ei, eu* gelten als lange Vokale.

b) Ergänze die dazugehörige Rechtschreibregel und notiere Beispiele:
Ein Doppel-s steht nur nach einem ..., z. B.:
Ein ß steht nur nach einem ..., z. B.:

6 a) Die folgenden Wörter mit *s*-Lauten werden oft falsch geschrieben.
Schreibe die Wörter ab und ergänze *s, ss* oder *ß*.
Kontrolliere mit dem Wörterbuch.

das Ma__   die Pre__e   nie__en   der Schu__   au__en
das Geheimni__   gego__en   bi__ig   ka__ieren   zerrei__en
sprie__en   bewei__en   to__en   drau__en

Richtig schreiben

160

b) Markiere jeweils den langen Vokal mit einem Strich und den kurzen mit einem Punkt, z. B.:
das Maß, die Presse, ...

c) Schreibe eine zusammenhängende Geschichte und verwende möglichst viele der Wörter.

7 a) Welches Wort passt nicht zu den anderen? Suche es heraus.

> fähig gewaltig einzig zärtlich einmalig fertig würdig abhängig süchtig

Wörter mit ähnlich klingenden Buchstaben richtig schreiben

b) Schreibe jedes Adjektiv zusammen mit einem Nomen auf, z. B.:
die fähige Chefin, ...

c) Wende die Verlängerungsprobe an und schreibe die Wörter richtig auf.

> gefähr.. end.. wahnsinn.. häuf.. geiz.. traur.. lust..
> fröh.. art.. wen.. läst.. ziem.. sücht.. fahrläss..
> häss.. schließ..

TIPP
Wie schreibe ich die Endung richtig? Wende die **Verlängerungsprobe** an.
→ S. 230

8 Das klingt alles sehr ähnlich!? Suche verwandte Wörter, um die richtige Schreibung zu ermitteln. Schreibe auf, z. B.:
das Rätsel – raten, quellen – kein verwandtes Wort mit a

ä oder e?	das R..tsel qu..len die K..lte das Z..lt anr..gen l..ngst b..ndigen die Hutkr..mpe
äu oder eu?	schl..nigst die Fr..nde h..te das S..getier br..nen die L..te die B..me die Hosens..me

TIPP
Verwende ich die richtigen Vokale oder Konsonanten? Wende die **Ableitungsprobe** an.
→ S. 230

Das habe ich gelernt

- Fremdwörter erkenne ich an ...

- Typische Fremdwortsuffixe sind:

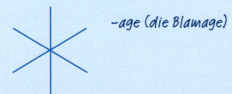

–age (die Blamage)

- Wörter mit dem Präfix ___ oder ___ oder ___ beginnen immer mit einem **V/v**.

- Die Verlängerungs- und Ableitungsprobe helfen, wenn ...

Ergänze den Cluster und den Lückensatz in deinem Heft oder Portfolio.

INFO
das Präfix: die Vorsilbe
das Suffix: die Nachsilbe

Anwenden und vertiefen

die Konkurrenz die Kontrolle die Kopie das Konzept die Grammatik die Disziplin das Dokument	der Alarm die Definition die Allee die Identifikation die Konstruktion die Explosion die Sympathie

die Schreibung von Fremdwörtern üben

 1 a) Die beiden Kästchen enthalten häufig gebrauchte Fremdwörter. Kläre ihre Bedeutung und präge dir ihre Schreibung ein.

b) Arbeitet zu zweit. Wählt je einen Kasten aus und schreibt zu jedem Wort einem Satz auf.

c) Diktiert einander abwechselnd die Sätze.

d) Tauscht die Hefte aus und streicht fehlerhafte Stellen an.

e) Schreibt jedes fehlerhafte Wort einmal verbessert auf.

Fremdwörter erklären

 2 a) Lege eine Tabelle an und notiere je fünf dir geläufige Fremdwörter zu den folgenden Themen:

Computer	Wissenschaft	Essen	Mode
…	…	…	…

b) Erkläre, was die Wörter bedeuten, ohne ein weiteres Fremdwort zu verwenden.

Fremdwörter richtig verwenden

 3 a) Welche Wörter werden hier falsch verwendet?
– Morgen ist wieder ein Fußballspiel. Kommst du ins Stadium?
– Wir sind umgezogen und wohnen nun in der dritten Blamage.
– Die Band macht in diesem Jahr schon ihre dritte Armee.

b) Welches Fremdwort hat der Sprecher eigentlich gemeint? Schreibe die Sätze richtig auf.

Wörter mit f-Laut bilden

HILFEN
Achte auf die richtige Groß- und Kleinschreibung.

 4 a) Bilde aus diesen Bausteinen Wörter und schreibe sie auf.

 b) Von welchen der Wörter lassen sich weitere Wörter bilden? Suche fünf heraus und leite möglichst viele verwandte Wörter ab, z. B.:
die Vernunft: vernünftig, vernünftigerweise, unvernünftig.

 c) Suche fünf Wörter heraus und schreibe eine kleine Geschichte.

Getrennt oder zusammen?
Wortgrenzen erkennen

Dabeisein ist alles

Pferde- und Hundeschlittenrennen sind ja recht bekannte Tiersportarten. Aber was halten Sie davon, wenn Elefanten Polo spielen oder wenn kleine Krabbeltiere an Stelle von gestählten Athleten rennen üben? Vielleicht gehören Sie zu denen, die Mut haben und dabei sind, wenn Kakerlaken gegeneinander antreten?

Nehmen wir zum Beispiel das Polospielen der Elefanten. Sechs Elefanten, sechs Spieler und sechs einheimische Elefantenführer sollten für ein richtiges Spiel schon dabei sein. Die Elefantenführer sollten die Dickhäuter geschickt lenken, während die Spieler mit langen Bambusschlägern die Kugel ins Tor schieben müssen. Anfangs wurde das Elefantenpolo mit einem gewöhnlichen Fußball gespielt. Da die Tiere aber die Bälle am liebsten mit großem Knall zerplatzen ließen, wird nun mit normalen Polobällen aus Kunststoff gespielt, die der Belastung eines Elefantenkörpers standhalten können. Übrigens: Das Schieben der Polokugel mit dem Rüssel ist selbstverständlich verboten. Ach, was wäre das Dasein langweilig ohne ein paar skurrile Sportarten …

Was weißt du schon?

- Tragt zusammen, welche merkwürdigen Tiersportarten ihr kennt. Was haltet ihr davon?

- Normalerweise werden Wörter getrennt geschrieben. Es gibt aber Gelegenheiten, bei denen zwei oder mehrere Wörter so eng zusammengehören, dass sie zusammengeschrieben werden. Nennt Beispiele.

- Ordne die markierten Wörter im Text den folgenden Wortmustern zu: *Nomen + Nomen, Nomen + Verb, Verb + Verb, Adjektiv + Verb, Verbindung mit sein*. Welche werden immer zusammengeschrieben?

Verbindungen mit einem Verb richtig schreiben

Verbindungen aus Nomen + Verb getrennt schreiben

1 a) Lies den Text. Was stellst du dir unter einem Grillenkampf vor?

Ein Spiel, das Gewinn bringt

(1) In Thailand mögen die Menschen mit Elefanten Polo spielen und dabei eine Menge Spaß haben. Woanders sollen
5 Schneckenrennen Aufsehen erregen. In China ist eine andere Tiersportart sehr beliebt: der Grillenkampf! Für einen guten Kampf soll man sogar viele Stunden Schlange stehen und hohe
10 Eintrittspreise zahlen müssen. Es soll sogar schon zu Raufereien während des Kartenverkaufens gekommen sein.

b) Schreibe die markierten Wörter untereinander auf. Eines gehört nicht so richtig dazu. Welches? Erkläre, warum.

Nominalisierungen zusammen- und großschreiben
→ Nominalisierung S. 224

c) Schreibe hinter jede Verbindung aus Nomen und Verb die entsprechende Nominalisierung. Achte darauf, sie zusammen- und großzuschreiben, z. B. *Gewinn bringen → das Gewinnbringen*

d) Suche nach ähnlichen Beispielen und schreibe sie dazu.

2 a) Füge die folgenden Wörter an die passenden Stellen im Text ein: *teilnehmen, standhalten, stattgefunden.*

(2) Bereits vor 2000 Jahren sollen Grillenkämpfe in China ...... haben. Am Ablauf hat sich bis heute nichts geändert: Zwei Tiere müssen beim Kampf ...... und sich gegenüberstehen. Sie boxen
15 mit den Vorderbeinen aufeinander los, bis einer nicht mehr ...... kann und auf dem Rücken liegt. Dann stimmt die Siegergrille einen Gesang an.

INFO
Merke dir die **Ausnahmen**, in denen du **Nomen und Verb zusammenschreiben** musst, z. B.:
- *teilnehmen*
- *stattfinden*
- *irreführen*
- *standhalten*
- *schlussfolgern*
- *sonnenbaden*
- *heimfahren*

b) Sprecht darüber, ob ihr einem solchen Kampf zuschauen würdet.

c) Die eingefügten Wörter gehören zu einer Liste von Verben, deren Schreibung du dir einprägen musst (siehe Randspalte). Verwende jedes Verb in einem Satz und schreibe ihn auf, z. B.: *Möchtest du an dem Wettbewerb teilnehmen?*

> **❗ Verbindungen aus Nomen und Verb**
>
> Verbindungen aus **Nomen und Verb** schreibt man meist **getrennt,** z. B.: *Ball spielen, Spaß machen, Mut haben, Vertrauen erwecken.*
> Aber: Werden sie **nominalisiert,** musst du sie **zusammen- und großschreiben,** z. B.: *das Ballspielen, beim Balletttanzen.*

3 a) Schreibe Beispiele für Verbindungen aus Verb und Verb aus dem Text auf.

Verbindungen aus Verb + Verb getrennt schreiben

(3) Es ranken sich viele Geschichten um diese Leidenschaft der Chinesen. Eine erzählt von einem reichen Mann, der die
20 Kampfeskraft einer bestimmten Grille so sehr schätzen lernte, dass er sie gegen sein bestes Pferd eintauschte. Täglich ließ er das Tier kämpfen üben, weil er es bei einem berühmten Rennen starten lassen wollte. Als seine Frau diese Wundergrille kennen lernen wollte und sie aus Versehen laufen ließ, wurde das Tier
25 von einem Hahn gefressen. Die Frau war so verzweifelt, dass sie Selbstmord beging.

b) Bilde für jedes der Verbindungen eine Nominalisierung und schreibe sie mit Artikel auf. Schreibe sie zusammen und groß.

Nominalisierungen zusammen- und groß-schreiben

4 a) Bilde aus den folgenden Verben weitere Verbindungen, z. B.:
schreiben lernen

> schreiben baden lassen sitzen gehen lernen bleiben
> üben stehen lassen bleiben hängen

b) Schreibe Sätze auf. In jedem soll eine der Verbindungen vorkommen.

> ❗ **Verbindungen aus Verb und Verb**
>
> Verbindungen aus **Verb und Verb** werden **getrennt** geschrieben, z. B.: *schreiben lernen, spazieren gehen, arbeiten kommen.*
> Aber: Werden sie **nominalisiert,** musst du sie **zusammen- und großschreiben,** z. B.: *Das Schreibenlernen fiel ihr leicht.*

5 a) Lege eine Tabelle an und sortiere die folgenden Verbindungen mit *sein* in die entsprechenden Spalten ein.

Verbindungen mit sein getrennt schreiben

Verbindungen mit *sein*	
Schreibe **getrennt** und **klein**	Schreibe **zusammen** und **groß**
hier sein	…

hier sein   das Frohsein   dagegen sein   vorbei sein   ihr Zurücksein
los sein   das Normalsein   einsam sein   das Wegsein   leid sein

b) Überlegt zu zweit, wie die Verbindungen mit *sein* im folgenden Dialog geschrieben werden müssen, z. B.:
ZUFRIEDEN*SEIN → *zufrieden sein*

„Sie sollten ZUFRIEDEN SEIN. Es könnte viel SCHLIMMER SEIN." –
„Ein einfaches ZUFRIEDEN SEIN reicht nicht. Ich will
GLÜCKLICH SEIN! – „Es gibt nur Momente des GLÜCKLICH SEINS."

TIPP
Achte auf **Nomenbegleiter**, z. B. Artikel und Adjektive. Wende die **Artikelprobe** an.
→ S. 230

Richtig schreiben

165

Verbindungen mit einem Adjektiv richtig schreiben

Adjektiv-Verb-Verbindungen

1 a) Lies die folgenden beiden Satzpaare. Was fällt dir auf, wenn du die markierten Wörter vergleichst?
1. Ich habe Kopfschmerzen und werde am Test nicht teilnehmen. Ich kann die Arbeit nicht krank schreiben.
2. Ein Arzt muss dich krankschreiben, wenn du nicht mitschreibst.
1. Kannst du bitte das Essen fertig machen?
2. Ich habe Angst vor ihm. Er will mich nur fertigmachen.

b) Wann schreibst du zusammen, wann getrennt? Überlegt zu zweit, welche Regel ihr ableiten könnt.

> **❗ Verbindungen aus Adjektiv und Verb zusammenschreiben**
>
> Verbindungen aus **Adjektiv und Verb** schreibt man meist **getrennt**, z.B.: *schnell laufen, lästig fallen, ernst nehmen*. Aber **zusammen** schreibst du Adjektiv und Verb (Infinitiv), wenn dadurch ein Wort mit neuer Bedeutung entsteht, z.B.: *dicht halten* (Damm), aber: *dichthalten* (ein Geheimnis nicht verraten).

2 a) Lies die folgenden Satzpaare vor und suche für jedes Satzpaar die richtige Adjektiv-Verb-Verbindung.

warm halten   richtig stellen   frei sprechen   leicht fallen

Der Richter wird den Angeklagten morgen …
Ein Referat solltest du …

Dieser Mann da ist sehr einflussreich. Den musst du dir unbedingt …
Kannst du mir bitte heute Abend das Essen …

Es wird dir …, diese Aufgabe zu lösen.
Pass auf, wohin du trittst, du kannst …

Dieses Missverständnis musst du unbedingt …
Der Tisch wackelt seit Tagen. Kannst du ihn nicht mal …

b) Schreibe die Satzpaare ab und ergänze die fehlende Verbindung. Entscheide, ob du getrennt oder zusammenschreiben musst.

c) Bilde ähnliche Satzpaare und schreibe sie auf.

3 Bilde fünf Sätze mit Adjektiv + Verb, z.B.:
Kakerlaken können lästig fallen.
Leider können sie schnell rennen.

Häufige Wortverbindungen

1 a) Lies den Text.

Der Abgabetermin

Nächste Woche muss Till sein Referat abgeben. Er hat sich mehrmals fest vorgenommen, diesmal alles rechtzeitig zu erarbeiten. Aber das Referat ist nur halbwegs fertig, weil Till unterdessen schon wieder so viel anderes um die Ohren hatte.
5 Es kommt ihm einfach immer irgendetwas dazwischen. Notfalls muss er seine Lehrerin fragen, ob er das Referat ein paar Tage später abgeben kann, aber das wäre ihm schon irgendwie unangenehm. Till will einerseits noch Zeit haben, andererseits auch endlich fertig werden. Wenn er weiß, dass er sich gut
10 vorbereitet und geübt hat, macht ihm das Vortragen des Referats vor der Klasse keineswegs zu schaffen. Stattdessen genießt er es, dass ihm einmal alle zuhören.

häufige Zusammenschreibungen kennen

b) Unterstreiche im Text alle Wörter, die auf *-dessen, -falls, -mals, -seits, -wegs* enden oder mit *irgend-* beginnen.

> **❗ Häufige Wortverbindungen richtig schreiben**
>
> Schreibe immer **zusammen**:
> - Wörter, die mit *irgend-* beginnen, z. B.: *irgendwas, irgendwer.*
> - Wörter, die auf *-dessen, -falls, -mals, -seits, -wegs* enden, z. B.: *unterdessen, jedenfalls, mehrmals, diesseits, unterwegs.*

2 a) Lege in deinem Heft eine Tabelle zu diesen Wortverbindungen an.

b) Trage die Wörter aus dem Text oben sowie aus dem Merkkasten ein.

c) Sammle weitere Wörter und ordne sie in die Tabelle ein.

-irgend	-dessen	-falls	-mals	-seits	-wegs
…	…	…	…	…	…

> **Das habe ich gelernt**
>
> - Ordne zu und schreibe jeweils ein Beispiel dazu:
>   - Getrennt schreibe ich: …
>   - Zusammen schreibe ich: …
>
>   *Verbindungen mit sein*   *Verb+Verb*
>   *Nomen+Verb*   *Nominalisierungen*
>
> - Ergänze und notiere Beispiele:
>   Eine Adjektiv-Verb-Verbindung wird zusammengeschrieben, wenn …
>
> Schreibe in dein Heft oder Portfolio.

HILFEN
weitere Verben mit neuer Bedeutung
› weichklopfen
› hellsehen
› kaltlassen
› gutschreiben
› schwerfallen

Richtig schreiben

167

Anwenden und vertiefen

Verbindungen aus Verb + Verb getrennt schreiben

 1 a) Verbinde Verben mit Verben, z. B.: *baden gehen*.

> ~~baden~~ schlafen einkaufen kommen ~~gehen~~ üben
> arbeiten lesen warten gehen lassen lernen
> schätzen bestehen lassen bleiben

b) Verwende die Verbindungen in Sätzen und schreibe sie auf, z. B.:
In den Ferien werde ich immer im Meer baden gehen.

Nominalisierungen zusammen- und großschreiben

2 a) Bilde mit den folgenden Verbindungen Nominalisierungen. Achte darauf, die Nominalisierungen zusammen- und großzuschreiben, z. B.: *das Grünfärben*.

> grün färben spazieren fahren sitzen bleiben klein hacken
> weich kochen nass machen kennen lernen schön schreiben
> warten lassen

b) Setze fünf der Nominalisierungen richtig ein und schreibe die Sätze ab.
– Das ▒ wird ihr wohl immer schwerfallen.
– Ihr erstes ▒ verlief sehr positiv.
– Das ▒ der Kartoffeln dauert am längsten.
– Das ▒ während des Konzerts war anstrengend.
– Am schwierigsten war das ▒ des Eichenholzes.

Adjektiv-Verb-Verbindungen zusammenschreiben

TIPP
Prüfe, ob bei der Adjektiv-Verb-Verbindung ein Wort mit neuer Bedeutung entstanden ist.

3 a) Untersuche im folgenden Text die markierten Wörter. Eine der Adjektiv-Verb-Verbindungen wurde fälschlich zusammengeschrieben. Findet zu zweit heraus, welche es ist.

Ich sollte die nächste Arbeit ==ernstnehmen==! Wenn mir das Üben nur nicht so ==schwerfallen== würde … Vielleicht sollte ich einfach ==blaumachen==? Aber wann wird das Diktat ==stattfinden==? Ich kann ja schließlich nicht ==hellsehen==! Und unser Lehrer wird ==dichthalten== und nichts verraten. Und ich werde mich ==schwarzärgern==, wenn ich am falschen Tag fehle. Ich muss wohl beim Training ==kürzertreten== und mehr schreiben üben.

b) *schwerfallen, blaumachen, dichthalten, hellsehen*
Schreibe Sätze auf, in denen diese Verbindungen auseinandergeschrieben werden müssen und eine andere Bedeutung haben, z. B.: *Ich bin schwer gefallen, als ich die Treppe benutzte.*

c) Diktiert euch den Text abwechselnd im Partnerdiktat. Kontrolliert euch anschließend gegenseitig.

Richtig schreiben

168

Groß oder klein?
Wortarten zum richtigen Schreiben nutzen

trendsportart pferderennen

in vielen köpfen ist auch heute noch das bild von reichen familien und damen mit großen hüten, die auf die galopprennbahn kommen, um zu sehen und gesehen zu werden. doch pferderennen sind nicht nur für die oberen zehntausend* attraktiv: immer mehr menschen lassen sich von der faszination* des pferdesports anstecken und kommen regelmäßig auf die pferderennbahn.

Verbot für australische Hindernisrennen?

Nach dem Tod von sieben Pferden innerhalb von nur zwei Wochen droht Hindernisrennen in Australien nach 150 Jahren das Aus. Am Donnerstagmorgen wurde bis auf Weiteres das Austragen der populären Rennen verboten.

die oberen Zehntausend: die Reichsten einer Gesellschaft
die Faszination: Bezauberung
kollidieren: zusammenstoßen

PFERDESPORT-TRAGÖDIE AUF DER RENNBAHN

ES WAR EIN SCHOCKMOMENT BEIM MELBOURNE CUP, EINEM DER BEKANNTESTEN PFERDERENNEN DER WELT: BEIM RENNEN GESTERN KOLLIDIERTEN* ZWEI RENNPFERDE BEI HÖCHSTER GESCHWINDIGKEIT. TIERSCHÜTZER SIND ÜBER DAS GRAUSAME EREIGNIS ENTSETZT.

Was weißt du schon?

- Hobby oder Tierquälerei? Was denkst du über Pferderennen?
- Welche der Zeitungsausschnitte ist für euch am leichtesten vorzulesen? Überlegt gemeinsam, warum.
- Tragt Regeln zusammen, wann ihr groß- und wann ihr kleinschreiben müsst.
- In den Texten kommen so genannte Nominalisierungen vor. Erkäre, was eine Nominalisierung ist, und suche das Beispiel heraus.
- Suche Zeitangaben heraus. Welche schreibt man groß?
- Schreibe den Text links sowie den Text unten in der richtigen Groß- und Kleinschreibung auf.

Nomen und Nominalisierungen großschreiben

Nomen an Suffixen und typischen Begleitern erkennen

1 a) Lies den Zeitungsartikel. Warum interessieren sich deiner Meinung nach so viele Menschen für solch ein Rennen? Tauscht euch aus.

> ### Grand National – das Rennen der Rennen
>
> Das berühmte englische Hindernisrennen Grand National lockt auch Menschen ins Wettbüro, die nicht viel von Pferden verstehen. Das muss man auch nicht. Viermal in seiner Geschichte gewann sogar der krasseste Außenseiter*, weil viele Favoriten* auf der Strecke geblieben waren
> 5 – im wahrsten Sinn des Wortes: Allein in der jüngsten Vergangenheit sind 30 Pferde gestorben. Deshalb ruft die Veranstaltung jedes Jahr Tierschützer auf den Plan. Der Beliebtheit des berühmtesten Hindernisrennens der Welt können diese Proteste nichts Bedeutendes anhaben.

der Außenseiter: hier: ein am Rennen teilnehmendes Pferd, das noch niemand kennt
der Favorit: voraussichtlicher Sieger

b) Nomen werden im Deutschen stets großgeschrieben. Wiederhole, woran du ein Nomen erkennen kannst. Nenne Beispiele.

c) Suche für die Nomenbegleiter jeweils zwei Beispiele aus dem Text heraus. Schreibe sie auf und unterstreiche die Begleiter, z. B.:
Artikel: das Rennen der Rennen, …

➔ Artikel- oder Pluralprobe, S. 230

2 a) Lies den Text und suche alle Nomen heraus.

HILFE
Es sind 21 Nomen im Text zu finden.

So manches pferd wirft seinen reiter bei einem der 30 hindernisse aus dem sattel. 26 der 40 reiter sahen im vergangenen jahr das ziel nicht. Hindernis Nr. 14 ist so eine hürde: Nach dem sprung über das 1,2 meter hohe hindernis wartet ein hüfttiefes wasserbecken. Auch heute brechen noch viele pferde durch die stangen und setzen ihren reiter in den graben. Nicht selten stürzen die folgenden pferde dann über das gefallene pferd. Das sieht spektakulär aus und ruft bei den zuschauern ein „ohhh" hervor. Tierschützer aber protestieren stets erbost.

HILFE
Pronomen
➔ S. 136 f.

INFO
Ein Nomen kann auch allein stehen, also ohne Begleiter, z. B.: *Ich liebe Pferderennen.* Wende die **Artikelprobe** an.
➔ S. 230

b) Schreibe den Text in der richtigen Groß- und Kleinschreibung auf. Tauscht die Hefte aus und kontrolliert euch gegenseitig.

INFO
„Versteckte" Artikel sind Artikel, die mit einer Präposition verschmolzen und nicht gleich zu erkennen sind, z. B.: *beim (= bei dem) Lesen, ins (= in das) Ungewisse.*

> ❗ **Nomen erkennen und großschreiben**
> - **Nomensuffixe:** -heit, -keit, -nis, -ung, -tum, -schaft
> - **Nomenbegleiter:**
>   – **Artikel/„versteckte Artikel":** *die Uhr, zum Wettbüro*
>   – **gedachte Artikel:** *(Das) Hindernis Nr. 14 ist so eines.*
>   – **Adjektive:** *berühmte Rennpferde, beliebter Sport*
>   – **Pronomen:** *dieses Rennen, meine Favoritin*
>   – **unbestimmte Mengenangaben:** *viel Gutes, wenig Nützliches, nichts Teures, etwas Neues, manche Zeitung*

Richtig schreiben

3 a) Wie würde dir ein solches Pferderennen gefallen? Tauscht euch aus.

> ### Royal Ascot – ein etwas anderes Pferderennen
>
> Royal Ascot ist ETWAS BESONDERES. Hier geht es nicht in erster Linie um die Frage: Wer ist DER SCHNELLSTE? Hier geht es um die Fragen: Wer ist DER SCHÖNSTE, DER TEUERSTE, DER BUNTESTE? Nein, nicht Pferde sind gemeint, sondern Hüte! DAS WICHTIGSTE für alle Besucher
> 5 ist DAS WETTEIFERN um den ausgefallensten Hut. Natürlich schauen alle auch gebannt auf die Rennbahn, wenn die Pferde in die Zielgerade galoppieren. Aber häufig schiebt sich ETWAS STÖRENDES in das Blickfeld der Zuschauer: Hutfedern, Blumen, Girlanden … Oder ETWAS GROSSES, SCHWARZES, denn auch für die Männer besteht Hutpflicht:
> 10 Ein Zylinder* muss es sein.

Nominalisierungen erkennen

der Zylinder: schwarzer, hoher Hut

b) Untersuche, wie die markierten Wörter geschrieben werden müssen – groß oder klein? Begründe deine Entscheidung.

c) Bilde mit allen markierten Wörtern neue Sätze und achte auf die Groß- und Kleinschreibung. Unterstreiche die Begleiter, z.B.:
Es war etwas Besonderes für mich, Royal Ascot zu besuchen.

INFO
Wenn Verben und Adjektive als Nomen auftreten, spricht man von Nominalisierung. Du musst sie dann großschreiben.

4 a) Untersuche mit deinem Lernpartner die folgenden Sätze Wort für Wort. Welche müssen großgeschrieben werden? Erklärt, warum.
- schallendes lachen ertönte von den ersten rängen.
- beim drängeln vor dem eingang verlor sie mehrere hutfedern.
- „mein bester, ich wette, pferd nummer 10 gewinnt."

b) Schreibe alle Nominalisierungen heraus und ergänze in Klammern, welche Wortart nominalisiert wird.

TIPP
Prüfe die **Begleitwörter!** Verweisen sie auf ein **Nomen?**

5 a) Stellt zu zweit Vermutungen an, warum das markierte Wort im folgenden Satz trotz Begleiter kleingeschrieben werden muss.
Die berühmtesten Pferde sind selten die besten.

b) Ergänze in den folgenden Sätzen das „fehlende Nomen", z.B.:
Kleine Pferde gefallen mir besser als die großen (Pferde).
- kleine pferde gefallen mir besser als die großen.
- die ruhigsten tiere am start sind oft auch die erfolgreichsten.
- die alten boxen* standen leer, die neuen waren schon vermietet.
- die ersten pferde, die er uns vorführte, waren auch seine teuersten.

c) Schreibe die Sätze in der richtigen Groß- und Kleinschreibung ab.

INFO
Ergänzungsprobe
Prüfe, ob du ein Nomen ergänzen kannst, auf das sich das Adjektiv bezieht.

die Boxen: Ställe für Pferde

> ❗ **Adjektive trotz Begleiter kleinschreiben**
>
> Adjektive werden **trotz eines Nomenbegleiters** kleingeschrieben, wenn sie sich auf ein vorhergehendes oder folgendes Nomen beziehen, z.B.:
> *Blacky ist das schönste Pferd, aber wahrlich nicht das schnellste.*

Richtig schreiben

171

Feste Wendungen richtig schreiben

feste Wendungen richtig verwenden

TIPP
Nimm die Wendungen in deine Lernwörterkartei auf.

1 Lies den Text zum Thema Pferderennen. Überlege, zu welcher der Lücken im Text die folgenden festen Wendungen gehören.

> in Kauf nehmen   zu Hause bleiben   im Folgenden   außer Acht lassen   im Übrigen   im Grunde   in Betracht kommen

Pferderennen sind von allen Pferdesportarten am beliebtesten. Allerdings sterben dabei jedes Jahr mehrere Pferde. ...... erkläre ich, warum ich gegen solche Rennen bin. Der Tod der Tiere wird ......, um den Zuschauern Sensationen zu bieten. Die Menschen,
5 die ......, um das Rennen am Fernseher zu verfolgen, sind ...... genauso sensationsgierig wie die Zuschauer auf den Rängen: Sie wollen spektakuläre Stürze und Verletzungen sehen. Völlig ...... aber werden die Rechte und Bedürfnisse der Tiere. Die armen Kreaturen* dienen ...... nur dazu, die Buchmacher*
10 reich zu machen. Für mich würde es nie ......, dafür mein Geld auszugeben. Am besten wäre es, diese Rennen völlig zu verbieten. Dafür kämpfe ich schon seit Jahren.

die Kreatur: Lebewesen
der Buchmacher: jemand, der Wetten anbietet

2 Bilde mit den folgenden Wendungen Sätze und schreibe sie auf. Achte auf die richtige Schreibung.

> IN BETRACHT (KOMMEN)   IN BEZUG AUF   IM ALLGEMEINEN
> IM BESONDEREN   IM ÜBRIGEN

INFO
gut, schön = Grundform (Positiv)
besser, schöner = Vergleichsform (Komparativ)
am besten, am schönsten = Höchststufe (Superlativ)

3 a) Informiere dich im Merkkasten unten, wie du Superlative in Verbindung mit dem Wörtchen *am* schreiben musst.

b) Suche die entsprechenden Beispiele aus dem Text heraus.

c) Schreibe diese Sätze in der richtigen Groß- und Kleinschreibung auf.
– ein verbot von pferderennen brauchen wir am nötigsten.
– am wichtigsten ist doch, auf die gesundheit der pferde zu achten.
– tiersport ist für mich dann am interessantesten, wenn die tiere schwierige aufgaben bewältigen müssen.

❗ Häufig verwendete Ausdrücke richtig schreiben

- Die Schreibweise von **festen Wendungen** musst du dir merken. Meist werden sie **großgeschrieben**, z.B.:
  im Allgemeinen, im Grunde, im Übrigen, in Bezug auf.
- Verbindest du *am* mit einem Superlativ, musst du den **Superlativ kleinschreiben**, z.B.:
  Es ist am besten, diese Regeln auswendig zu lernen.

Richtig schreiben

Zeitangaben groß- oder kleinschreiben

1 a) Schreibe aus dem folgenden Text alle Zeitangaben heraus. Sortiere sie in einer Tabelle nach Groß- und Kleinschreibung, z.B.:

Großschreibung	Kleinschreibung
Donnerstag	…

Zeitangaben als Nomen großschreiben

Aus dem Blog* eines Jockeys*

Donnerstag, 1. Trainingstag von Beckham
Wir starten heute, am Donnerstag, um 4 Uhr in München und erreichen morgens um Viertel vor acht unser Ziel: die Rennbahn in Iffezheim/Baden-Baden. Unser Pferd Beckham kam schon gestern Abend um zehn Uhr in seiner neuen Heimat an. Am ersten Tag soll Beckham nicht überanstrengt werden, und so geht es heute nur auf den Trabring. Am frühen Abend, gegen halb sieben, bringen wir ihn in seine Box. Striegeln, Füttern … und um neun ist Ruhe.

der Blog: Internettagebuch
der Jockey: Reiter eines Rennpferdes

b) Formuliere mit deinen eigenen Worten, wann du eine Zeitangabe groß- und wann du sie kleinschreiben musst.

2 Trage die folgenden Zeitangaben in der richtigen Groß- und Kleinschreibung in deine Tabelle von Aufgabe 1 ein.

> MORGEN MITTAG   HEUTE NACHMITTAG   VORMITTAGS
> DEN GANZEN VORMITTAG   VORGESTERN MORGEN
> VORGESTERN MITTAG   VIERTEL VOR NEUN
> VORGESTERN VORMITTAG   ÜBERMORGEN VORMITTAG
> JEDEN ZWEITEN FREITAG   VORGESTERN ABEND   SONNTAGS
> VORGESTERN   UM ACHT UHR   ÜBERMORGEN
> GESTERN VORMITTAG   SPÄTABENDS   NACHMITTAGS   MITTAGS

HILFEN:
Achte auf **Nomenbegleiter**, z.B. auf Artikel *(Der Freitag passt mir besser)* oder „versteckte" Artikel *(Am Freitag gehe ich aus)*.
Beachte: Einen Wochentag schreibt man oft auch ohne Artikel, z.B.: *Mein Lieblingstag ist Montag. Wir treffen uns Dienstag.*
→ Artikelprobe, S. 230

Achtung, Ausnahme!
Die Wendung „eines Tages" oder „eines Morgens" schreibt man groß, obwohl sie auf -s endet.

3 Was hast du gestern und vorgestern gemacht? Beschreibe deine letzten beiden Tage und gib dabei genau die Zeiten an (Wochentage, Tageszeiten, Uhrzeiten), z.B.:
Vorgestern war Dienstag, und dienstags habe ich immer …

> ### ❗ Zeitangaben richtig schreiben
> - **Groß** schreibt man alle Zeitangaben, die als Nomen auftreten:
>   - **Wochentage:** *der Montag, am Mittwoch*
>   - **zusammengesetzte Zeitangaben:** *am Samstagmorgen*
>   - **Zeitadverbien + Tageszeiten:** *gestern Mittag, heute Abend*
> - **Klein** schreibt man:
>   - **Zeitadverbien mit -s:** *morgens, mittags, montags*
>   - alle weiteren **Zeitadverbien:** *morgen, vorgestern, heute, gestern*
>   - **Uhrzeitangaben:** *Es ist halb zehn. Es ist gleich acht.*

Richtig schreiben

Die Welt der Zahlen – groß oder klein?

Zahlwörter richtig schreiben

INFO
Zahlwörter:
- Grundzahlen: *eins, zwei, drei, ...*
- Ordnungszahlen: *erstens, zweitens, drittens, ...*
- Unbestimmte Zahlwörter: *viel, wenig, alle, manches*

Sie werden grundsätzlich kleingeschrieben.

1 a) Schreibe aus dem Text alle markierten Zahlwörter heraus und sortiere sie in einer Tabelle nach Groß- und Kleinschreibung, z. B.:

Zahlwörter (kleingeschrieben)	Zahlwörter (großgeschrieben)
viele ...	...

Favorisiertes Rennpferd erreicht Ziel als Vorletzter

Es waren sehr viele zum fünften Rennen der Saison gekommen, um gerade dieses Pärchen zu sehen: Jockey Jana Jaschke mit ihrem sechsjährigen Hengst Pascal. Beim letzten Rennen der strahlende Erste im Ziel, enttäuschte das Tier dieses Mal
5 mindestens jeden Zweiten auf der Zuschauerbank: Denn dieses Mal reichte es nur für den vorletzten Platz. Wie kein Zweiter stürmte das Tier gleich zu Beginn an die erste Position, doch nach und nach zogen fast alle anderen Pferde an Pascal vorbei. Die ersten drei überquerten die Ziellinie, als der 460 kg schwere
10 Vollblüter gerade erst in die Zielgerade einkehrte. „Platz acht ist enttäuschend", so Jana Jaschke nach dem Rennen, „doch Pascal bleibt meine Nummer eins."

b) Überlegt zu zweit, wann ihr Zahlwörter großschreiben müsst.

c) Unterstreiche die Begleiter der nominalisierten Zahlwörter.

2 Welche drei Zahlwörter musst du großschreiben?
Trage sie mitsamt Begleiter in deine Tabelle ein.

> WIR FÜNF SIND EIN GUTES TEAM.   WAS ZWEI HABEN, WILL BALD JEDER HABEN.   JEDER VIERTE WOLLTE DAGEGEN STIMMEN.
> ALS LETZTES BESUCHTEN SIE ROM.   DER NÄCHSTE, BITTE!

TIPP
Eine **nominalisierte Ordnungszahl** steht auch ohne Begleiter, z. B.: Sie wurde Erste, er wurde leider Letzter.

3 Übertrage die Sätze in der richtigen Schreibung in dein Heft.
- das dritte rennen sahen tausende zuschauer.
- er feierte einen furiosen sieg. es war sein neunter.
- zum zweiten mal kam er unter die ersten drei.
- der erste kassierte tausend euro siegprämie.
- sie alle waren gekommen, um die nummer eins zu sehen.
- sie feierte ihren fünfzigsten.

❗ Zahlen als Nomen großschreiben

Ordnungszahlen können als Nomen auftreten und müssen dann **großgeschrieben** werden. Achte auf Begleiter:
- **versteckter Artikel:** *Er lud zum Siebzigsten ein.*
- **Pronomen:** *mein Vierzigster; Jeder Dritte ist zu schwer.*
- **Präpositionen:** *Am Vierundzwanzigsten ist Weihnachten.*

Eigennamen und Straßennamen

1 a) Bilde aus den folgenden Wörtern bekannte Eigennamen. Setze dazu jeweils ein Adjektiv und ein Nomen zusammen. Ergänze den Artikel und schreibe die Eigennamen in der richtigen Groß- und Kleinschreibung auf, z. B.:
das Schwarze Meer, die Vereinigten Staaten von Amerika, …

Adjektive in Eigennamen großschreiben

Schwarze	Staaten von Amerika
Vereinigten	Alb*
Bayrische	Wald
Europäische	Gemeinschaft
Indische	Ozean
Blaue	Zeitung
Berliner	Haus
Weiße	Planet
Schwäbische	Meer

die Alb: hier: Gebirge

b) Schreibe zu fünf der Eigennamen eine Kurzbeschreibung auf, z. B.:
Das Schwarze Meer ist ein Binnenmeer des östlichen Mittelmeers. Es liegt an der Schnittstelle zwischen Osteuropa und Vorderasien.

> **❗ Adjektive in Eigennamen großschreiben**
>
> Adjektive werden großgeschrieben, wenn sie Teil eines Eigennamens sind, z. B.:
> *das Rote Kreuz, die Lange Straße.*

2 Erfinde eine Wegbeschreibung und verwende die folgenden Straßennamen. Achte auf die richtige Groß- und Kleinschreibung.
Start: tiefer graben – düsseldorfer strasse – an der goldenen brücke – hamburger gasse – grüner weg – krummes gässchen. Ziel: alter platz

Adjektive in Straßennamen großschreiben

> **Das habe ich gelernt**
>
> - Die wichtigste Regel: Nomen schreibt man groß. Liste auf, woran du ein Nomen erkennst.
>
> - Ergänze den folgenden Satz:
>   *Die Ergänzungsprobe kann ich anwenden, wenn …*
>
> - Schreibe drei Beispiele von Zeitangaben auf, die du großschreiben musst, und drei, die du kleinschreiben musst.
>
> Schreibe in dein Heft oder Portfolio.

Richtig schreiben

Anwenden und vertiefen

Nomen an Suffixen erkennen

1 a) Bilde aus Adjektiven, Verben und den Suffixen *-heit, -keit, -nis, -ung* Nomen. Schreibe sie untereinander in der Mitte eines Blattes auf, z. B.: *die Finsternis, die Wahrheit ...*

> ~~finster~~ ~~wahr~~ hindern gewiss begrüßen natürlich ereignen erleben genehmigen ehrlich erklären dunkel langsam abstimmen fröhlich stur

Nomenbegleiter erkennen

b) Welche Nomenbegleiter passen zu den gebildeten Nomen? Wähle aus den folgenden aus und ergänze deine Liste, z. B.: *die dunkle Finsternis, jene Wahrheit ...*

> ihre nette zähe ein jene zum keine tiefe letzte manche wenig gerechte auffallende dieses ansteckende dunkle hohes genaue

Nominalisierungen erkennen

TIPP
Es sind insgesamt fünf Nominalisierungen.

INFO
Ein kommentiertes Partnerdiktat besteht aus zwei Schritten:
1. Erst wird diktiert und korrigiert.
2. Alle Fehler werden einzeln angesprochen und die richtige Schreibung erklärt, z. B.:
Jedes Viertel ...

INFO
Viertel wird großgeschrieben, weil es ein **Nomen** ist. Man erkennt es am **Begleiter**, einem Pronomen.
 Fehleranalyse, S. 229

2 Schreibe die folgenden Sprichwörter in der richtigen Groß- und Kleinschreibung auf und achte auf Nominalisierungen:
ALLES GUTE KOMMT VON OBEN.
DAS BESTE KOMMT ZULETZT.
DER KLÜGERE GIBT NACH.
DIE KATZE LÄSST DAS MAUSEN NICHT.
DEM GLÜCKLICHEN SCHLÄGT KEINE STUNDE.

3 a) Übt die Groß- und Kleinschreibung im kommentierten Partnerdiktat und diktiert euch den folgenden Text gegenseitig.

In Siena findet seit dem Mittelalter ein historisches Pferderennen statt, der „Palio". Jedes Viertel schickt am Morgen des besonderen Tages nicht nur sein bestes Pferd ins Rennen, sondern auch ein prächtig geschmücktes. Nahezu zehntausend Menschen
5 verfolgen das Spektakel auf dem Platz. Obwohl das eigentliche Rennen nur zwei Minuten dauert, ist die ganze Stadt schon Wochen vorher im Vorbereitungsfieber, was für Außenstehende ungewohnt, aber faszinierend ist. Das anschließende Feiern im siegreichen Stadtviertel dauert nicht etwa nur bis spät nachts,
10 sondern zieht sich oft über viele Tage und Nächte hin. Der Zweitplatzierte übrigens gilt traditionell als wirklicher Verlierer und ist noch schlechter angesehen als der Letzte.

b) Vergleicht mit der Vorlage und korrigiert euch gegenseitig.

c) Nummeriert alle Fehler und sprecht mit eurem Lernpartner oder eurer Lernpartnerin über jeden einzelnen Fehler:
– Was ist falsch? Wie wird es richtig geschrieben?
– Wie kann man den Fehler in Zukunft vermeiden?

Richtig schreiben

176

Mit Komma oder ohne?
Zeichen richtig setzen

Gefährlicher Frauensport

Frauensport galt einst als Gefahr für die Moral*, die Schönheit und die Gesundheit. „Haltung bewahren", rief man im 19. Jahrhundert jeder Dame zu, die ihren Ruf nicht ruinieren wollte. Frauen mussten aufrecht gehen, gerade sitzen, würdevoll stehen und durften nie
5 ihre Balance verlieren oder ihre Würde durch „unweibliches" Verhalten aufs Spiel setzen.
Besonders Frauen im viktorianischen England* mussten sich strengen Regeln unterwerfen, aber sie waren die ersten, die sich sportlich betätigten. Als sie dies taten, ahnte noch keiner, dass sie
10 stark zur Emanzipation beitragen würden. Bis dahin sollten Frauen hauptsächlich schön sein, dem Mann dienen und Kinder gebären. Weil Frauen ansonsten als körperlich schwach galten, waren Freizeitbeschäftigungen, bei denen mehr Geschicklichkeit gefragt war, angemessener, so z. B. das Musizieren und die Handarbeit.

die Moral: die Handlungsmuster, -konventionen, -regeln oder -prinzipien bestimmter Gruppen

das viktorianische England: Zeitabschnitt der Regierung Königin Victorias von 1837 bis 1901

Was weißt du schon?

- Gibt es typische Frauensportarten? Wie denkt ihr über Frauenfußball oder Frauen, die Rugby spielen?

- Erklärt den Begriff Emanzipation.
  Schlagt eventuell im Wörterbuch nach.

- Erklärt den Satz: „Als sie dies taten, ahnte noch keiner, dass sie stark zur Emanzipation beitragen würden." (Z. 9 f.)

- Wann muss man ein Komma setzen? Erklärt die Kommasetzung im Text oben. Versucht zu jedem Fall die entsprechende Regel zu formulieren.

- Kennt ihr weitere Kommaregeln? Notiert Beispiele dafür.

177

Satzreihen und Satzgefüge unterscheiden

Satzreihen und Satzgefüge erkennen

INFO
> **Satzreihe:** Zwei oder mehr Hauptsätze werden verknüpft.
> **Satzgefüge:** Hauptsatz und Nebensatz werden verknüpft.

1 a) Lies die folgende Aussage über Frauensport im 19. Jahrhundert. Überlege, warum man Sport für gesundheitsschädlich hielt.
Frauensport wurde verboten, denn er galt vielen als gesundheitsschädlich.

b) Lies die drei Varianten dieses Satzes und vergleiche sie mit dem ersten Satz. Unterscheide die Hauptsätze von den Nebensätzen.
– Frauensport wurde verboten, weil er vielen als gesundheitsschädlich galt.
– Frauensport, der bei vielen als gesundheitsschädlich galt, wurde verboten.
– Weil er vielen als gesundheitsschädlich galt, wurde Frauensport verboten.

c) Ordne alle vier Sätze den folgenden Satzmustern zu. Überprüfe dazu, welche Sätze allein stehen können und Sinn ergeben.

HS, NS   NS, HS   HS, NS, HS   HS, HS

Sätze mit Konjunktionen verbinden

HILFE
Um Sätze zu verbinden, verwendet man oft Konjunktionen.
> Zwischen **Hauptsätzen** stehen z.B. Konjunktionen wie *und, oder, denn, aber* oder *sondern*.
> Zwischen **Hauptsätzen und Nebensätzen** stehen z.B. *weil, damit, sodass*.

2 a) Aus Hauptsätzen kann man sowohl Satzreihen als auch Satzgefüge bilden. Verbinde die folgenden Hauptsätze zu Satzreihen oder zu Satzgefügen und schreibe sie in dein Heft. Unterstreiche jeweils den Hauptsatz (oder die Hauptsätze), z.B.:
Sarah ging nicht zum Training, weil sie müde war.
– Sarah ging nicht zum Training. Sie war müde.
– Opa mag Fußball. Er mag Tennis nicht.
– Nick wollte nicht schlafen. Er wollte spielen.
– Tom hatte zu viel trainiert. Er wurde krank.
– Die Handball-AG trainiert fleißig. Nächste Woche ist das Turnier. Viele Zuschauer werden kommen.
– Die AG organisiert einen Kuchenverkauf. Sie will Geld für die Teamkasse sammeln. Im Sommer können alle ein tolles Turnier auswärts besuchen.

b) Vergleicht eure Ergebnisse und überprüft, welche Satzverbindungen sinnvoll sind.

ein Komma in Satzreihen setzen

3 Nur bei zwei der folgenden Sätze musst du ein Komma setzen. Finde heraus, bei welchen, und begründe deine Entscheidung.
– Die Frauen mussten strengen Regeln folgen und sie hatten Strafen zu befürchten.
– Die Frauen folgten meist den Regeln denn sie hatten Strafen zu befürchten.
– Die Frauen folgten meist den strengen Regeln sie hatten Strafen zu befürchten.
– Die Frauen mussten strengen Regeln folgen oder sie hatten Strafen zu befürchten.

Richtig schreiben

Das Komma in Satzreihen setzen

- Werden zwei Hauptsätze durch *und* oder *oder* verbunden, muss **kein Komma** stehen, z. B.:
  Frauensport galt als gefährlich und er wurde oft verboten.
- Werden die Hauptsätze durch eine andere nebenordnende Konjunktion verknüpft, musst du **ein Komma** setzen, z. B.:
  Frauensport wurde oft verboten, denn er galt als gefährlich.

4 a) Lies mehr zum Frauensport.
Setze in die Lücken eine der folgenden Konjunktionen ein.

| denn | und | oder | aber | und | denn |

Medizinische Ratgeber warnten vor zu viel Bewegung ...... Sport könne bei Frauen zu Kurzatmigkeit und Ohnmacht führen. Das zu eng geschnürte Korsett war Ursache für die Ohnmachtsanfälle ...... nur wenige Menschen der damaligen Zeit erkannten dies.
5 Leichte Gymnastik wurde nicht verteufelt ...... Fechten oder Bogenschießen schadeten angeblich der Würde der Dame auch nicht. Beim Reiten sah man es anders ...... die Frauen saßen im „Damensattel" mit überlangem Rock ...... sie trugen Hüte mit langen Nadeln. Das konnte tatsächlich gefährlich werden. Die
10 Kleider verfingen sich leicht ...... die Nadeln konnten bei Stürzen die Reiterin verletzen.

HILFE
die wichtigsten nebenordnenden Konjunktionen sind:
> *denn*
> *aber*
> *doch*
> *sondern*
Setze vor ihnen **ein Komma!**

b) Schreibe den Text ab und setze die notwendigen Kommas.

Das Komma in Satzgefügen setzen

Nebensätze erkennen

HILFEN
- Der Nebensatz wird oft durch eine unterordnende **Konjunktion** eingeleitet.
- Das Verb steht **am Ende** des Satzes.
- Nebensätze ergeben keinen Sinn, wenn sie **allein** stehen.

HILFEN
Die wichtigsten **unterordnenden Konjunktionen** sind:
- weil
- da
- damit
- um … zu
- wenn, falls
- dass, sodass
- als
- obwohl

Setze ein Komma.

1 a) Lies, welche Sportarten Frauen erlaubt oder nicht erlaubt waren.

Eislaufen wurde als weniger gefährlich eingestuft, weil es sogar Nervosität heilen sollte. Obwohl man die Blamage eines Sturzes fürchtete, entdeckten reiche Engländerinnen gegen Ende des 19. Jahrhunderts auch die Freuden des Skifahrens. Da sie nicht gegen den „guten Ton" verstoßen wollten, bewahrten sie Anstand und trugen lange Röcke bis zu den Knöcheln.

b) Gibt es heute Sportarten, die ihr als zu gefährlich für Frauen anseht? Tauscht euch aus.

c) Bestimme im Text oben die Nebensätze und schreibe diese untereinander auf. Unterstreiche die Konjunktion und das Verb, z. B.:
…, weil es sogar Nervosität heilen sollte.

2 a) Lies die Benimmregeln aus dem 19. Jahrhundert. Schreibe die Satzreihen in Satzgefüge um. Wähle dazu eine passende Konjunktion und setze die fehlenden Satzzeichen, z. B.:
Mädchen sollen sich nicht wie Jungen aufführen, damit sie hübsch sauber bleiben.

- Mädchen sollen sich nicht wie Jungen aufführen. Sie sollten hübsch sauber bleiben.
- Frauen dürfen nicht reiten. Sie könnten beim Sturz durch ihre Haarnadeln lebensgefährlich verletzt werden.
- Das Korsett muss die Dame auch bei der Gymnastik anbehalten. Dabei kriegen die Frauen oft Atemnot.
- Bogenschießen und Fechten sind erlaubt. Ruhige und würdevolle Betätigungen passen zu Frauen.
- Frauen sollen lange Röcke tragen. Sie haben sittsam auszusehen.
- Frauen sollen nicht schwitzen. Das sieht unanständig aus.

b) Prüfe, wie du die Sätze umformulieren musst, damit du den Nebensatz voranstellen kannst. Schreibe drei der Sätze um, z. B.:
Damit sie hübsch sauber bleiben, sollen Mädchen sich nicht wie Jungen aufführen.

Das Komma in Satzgefügen

Nebensätze werden **durch Kommas** vom Hauptsatz **abgetrennt**, z. B.:
- Hauptsatz + Nebensatz:
  Eislaufen wurde erlaubt, weil es nervöse Menschen heilen sollte.
- Nebensatz + Hauptsatz:
  Obwohl man die Blamage fürchtete, wagte man das Skifahren.
- Hauptsatz (Anfang) + Nebensatz + Hauptsatz (Forts.):
  Frauen, die keine langen Röcke trugen, galten als unanständig.

Das Komma bei *dass*-Sätzen

3 a) Lies den folgenden Text über das Schwimmen von Frauen.

Schwimmen mit Strümpfen und Sandalen

Gegen Widerstände mussten die Frauen des 19. Jahrhunderts auch beim Schwimmsport ankämpfen. Es wurde davor gewarnt, dass die Frau beim Eintauchen ins kühle Wasser einen Schock erleiden könnte. Man befürchtete, dass die Nerven der Frauen
5 geschädigt werden könnten. Niemand dachte, dass die Badekostüme mit Rüschen, die Seidenstrümpfe und die Sandaletten dafür verantwortlich waren, dass die Frauen Schwierigkeiten hatten, an der Wasseroberfläche zu bleiben.

b) Suche im Text Nebensätze, die mit der Konjunktion *dass* eingeleitet werden. Nenne das Verb.

c) Führe die Frageprobe durch. Nenne die Frage, auf die der *dass*-Satz eine Antwort gibt. Schreibe beides auf und setze das Komma, z.B.:
*Wovor wurde gewarnt? –
…, dass die Frau einen Schock erleiden könnte*

4 a) Bilde aus den Textbausteinen sinnvolle *dass*-Sätze. Markiere das Komma und unterstreiche Verben des Sagens, Denkens oder Fühlens, z.B.:
Er hasste es, dass die Schule um 8 Uhr mit einer Arbeit begann.
– hassen, Schule beginnt um 8 Uhr mit einer Arbeit
– sich darüber freuen, Mathelehrer ist krank
– hoffen, Klassenarbeit wird verschoben
– enttäuscht sein, sie findet statt
– Zweifel haben, sie fällt gut aus
– festgestellt werden, alle Schüler haben gleiche Lösung
– erklären, Lehrer hat Schüler perfekt vorbereitet

b) Bilde weitere *dass*-Sätze und nutze die Verben aus der Liste in der Randspalte. Markiere auch hier das Komma.

❗ Das Komma bei *dass*-Sätzen

***Dass*-Sätze** treten sehr häufig auf. Vor dem *dass*-Satz steht ein Komma. Sie stehen
- nach bestimmten Verben, die Gedanken oder Gefühle beinhalten, wie z.B.: *meinen, glauben, denken, hoffen*:

  Niemand **dachte, dass** die Badekostüme verantwortlich waren.

- nach Verben des Sagens, wie z.B.:
  behaupten, bestreiten, erklären, feststellen, sagen.

- nach Hauptsätzen, die einen Inhalt ankündigen:

  Es **ist verboten, dass** Frauen ohne Sandaletten schwimmen.

---

dass-Sätze erkennen

TIPP
Wie erkenne ich einen *dass*-Satz?
> Geht es um **Gedanken oder Gefühle**?
> **Frage:** Kündigt der Hauptsatz einen Inhalt an?
Man befürchtete, dass … → Was befürchtete man? *dass die Frauen …*

HILFEN
Verben des Sagens, Denkens oder Fühlens
> behaupten
> feststellen
> bedauern
> bestreiten
> damit rechnen
> erwarten
> hoffen
> sich wundern
> sich wünschen

TIPP
Achtung, Komma!
Manchmal erkennst du an einem **hinweisenden Wort**, dass ein *dass*-Satz folgt, wie z.B.:
Es wurde davor gewarnt, dass …

TIPP
Wörter, die oft einen *dass*-Satz ankündigen:
> dadurch
> dafür
> damit
> daran
> davor
> dazu

Das Komma bei Relativsätzen

Relativsätze erkennen

5 a) Lies den Text über Tennis spielende Frauen im 19. Jahrhundert und setze die passenden Nomen in die Lücken.

Die aufwendige viktorianische ......, die der Trägerin wenig Bewegungsfreiheit ließ, verhinderte nicht, dass die Frauen von der Leidenschaft fürs Tennisspielen erfasst wurden.
Das eng geschnürte ......, das einen steifen Stehkragen hatte, scheuerte am ......, der bei jeder Bewegung wund wurde.
Die langen ......, die die Beine bis zu den Füßen bedeckten, behinderten die Frauen beim Laufen. Hinderlich war auch der ......, der den Frauen die Sicht versperrte, aber getragen werden musste.

b) Suche die Relativsätze, die sich auf diese Nomen beziehen. Schreibe Nomen und Relativsatz ab und unterstreiche die Pronomen, z.B.:
die Kleidermode, die der Trägerin wenig Bewegungsfreiheit ließ ...

INFO
Ein **Relativsatz** ist ein Nebensatz, der ein Nomen näher bestimmt.
→ S. 228
Achtung: Manchmal steht vor dem Relativpronomen noch eine **Präposition**, z.B.:
Der Hut, mit dem die Frauen ...

INFO
Relativpronomen können in verschiedenen Fällen erscheinen, z.B.:
- der, die, das
- den
- dem
- denen
- dessen

> **Das Komma bei Relativsätzen**
>
> Ein Relativsatz wird durch ein **Komma** vom übrigen Satz abgetrennt, z.B.:
> *Die Kleider waren es, die so wenig Bewegungsfreiheit ließen.*
> Oft ist ein Relativsatz in einen Satz **eingeschoben.** Dann musst du **zwei Kommas** setzen, eines vor und eines hinter den Relativsatz, z.B.:
> *Der Hut, den sie auf dem Kopf trug, behinderte sie beim Spielen.*

6 a) In den folgenden Sätzen fehlen die Relativpronomen und z.T. die dazugehörigen Präpositionen. Entscheidet zu zweit, was in die Lücken eingesetzt werden muss.

b) Schreibe die Sätze ab, fülle die Lücken und setze die Kommas.

Relativsätze mit Präpositionen bilden

- Tennis ...... viele als elitäre Sportart bezeichnet wurde jahrzehntelang der „weiße Sport" genannt.
- Die Vorliebe für Weiß hatte früher einen handfesten Grund: Im Mittelalter existierte der Vorläufer des heutigen Tennis als Ballspiel ...... man mit der flachen Hand und ohne Schläger spielte.
- Damals spielte man in dunklen Hallen ...... die Farbe Weiß als Kontrastfarbe von Bällen und Kleidung wichtig war.
- Heute sind die Zeiten längst vorbei ...... Tennisspieler, die sich farbenfroh geben, des Platzes verwiesen werden.
- Schon Ende der 80er-Jahre präsentierten Topspieler wie André Agassi farbenfrohe und gewagte Outfits ...... die Tenniswelt zunächst in Aufruhr geriet.

7 a) Arbeitet zu zweit und diktiert euch den Text gegenseitig.

In einem Schönheitsbuch dieser Zeit heißt es: „Spielerinnen die keine Handschuhe tragen machen einen Fehler. Denn
5 Frauen die ihre Hände der Sonne aussetzen haben schnell derbe Hände."
Die amerikanische Tennisspielerin May Sutton die sich ihre
10 Ärmel bei einem Spiel hochkrempelte sorgte für einen Skandal beim berühmtesten Turnier der Welt das auch heute noch in Wimbledon ausgetragen wird.

b) Überlegt jeder für sich, wo Kommas gesetzt werden müssen. Tauscht euch anschließend aus.

8 Schreibe die folgenden Sätze ab und erweitere die unterstrichenen Nomen durch Relativsätze. Nutze dazu die Wörter in Klammern und setze die entsprechenden Kommas, z. B.:
Die Eintrittskarten (schnell ausverkauft), die schnell ausverkauft waren, kosteten ein kleines Vermögen.
– Die Zuschauer (zahlreich erschienen) folgten gebannt dem Spiel.
– Keine der Spielerinnen (sichtlich abgekämpft) wollte aufgeben.
– Die Verliererin (enttäuscht, aber tapfer) gratulierte der strahlenden Gewinnerin.

9 *dass* oder *das*? Wenn du unsicher bist, hilft die Ersatzprobe:
Nur das Relativpronomen *das* kannst du im Satz durch *welches* ersetzen, z. B.:
– *Das enge Korsett, das einen steifen Stehkragen hatte, scheuerte.*
– *Das enge Korsett, welches einen steifen Stehkragen hatte, scheuerte.*

a) Ersetze das Relativpronomen *das* in den folgenden Sätzen durch *welches*.
– Gesundheitsschädlich war auch das ständige Tragen eines Korsetts, das die Bewegungsfreiheit einschränkte.
– Ein Mädchen, das sich wie ein Junge benehmen wollte, hatte es schwer.
– Immer mehr Frauen wandten sich gegen ein Leben, das sie so stark einengte.

b) Schreibe die Sätze in dein Heft. Unterstreiche das Relativpronomen sowie das Nomen im Hauptsatz, auf das sich das Pronomen bezieht.

c) Bilde selbst zwei Relativsätze mit dem Pronomen *das*. Schreibe sie in dein Heft.

Richtig schreiben

Das Komma bei Infinitivsätzen

Formen von Infinitivsätzen erkennen

10 Lies die folgenden Sätze und vergleiche sie. Achte auf die Verben.
– Die Frau hoffte, Fahrrad fahren zu dürfen.
– Die Frau hoffte, dass sie Fahrrad fahren durfte.

> **Das Komma bei Infinitivsätzen**
>
> Eine weitere Form des Nebensatzes ist der **Infinitivsatz.** Er besteht aus einem Infinitiv mit *zu* und mindestens einem weiteren Wort. Ein Infinitivsatz **muss** (nur) durch ein **Komma** abgetrennt werden, wenn er …
> - durch *um, ohne, statt, anstatt, außer, als* eingeleitet wird, z. B.:
>   *Sie üben viel, um immer besser zu werden.*
> - von einem hinweisenden Wort abhängt, z. B.:
>   *Das Mädchen freute sich darauf, endlich Sport treiben zu können.*
> - von einem Nomen abhängt, z. B.:
>   *Sie hatten den Plan, bis zum nächsten Sommer schwimmen zu lernen.*
>
> In anderen Fällen gilt: Ein **Komma kann,** muss aber nicht gesetzt werden, z. B.:
> *Ich hoffe(,) ein Tor zu schießen.*

TIPP
Achtung, Komma: Bei diesen **Wörtern**, die einen **Infinitivsatz ankündigen,** musst du ein Komma setzen:
> daran
> darauf
> damit
> davon
> dazu
> es

11 Bilde mit den folgenden Wortbausteinen Infinitvsätze.
Nenne die Kommas und die hinweisenden Wörter.

Die Frauen achteten darauf	keinen Sonnenbrand bekommen.
Sie glaubte fest daran	ihren Traum verwirklichen können.
Beide rechneten fest damit	in Zukunft jeden Sport treiben dürfen.
Er träumte davon	bald bei Olympia starten.

TIPP
Achtung, Komma: Bei diesen **Wörtern**, die einen **Infinitivsatz einleiten,** musst du ein Komma setzen:
> um
> ohne
> statt
> anstatt
> außer

12 Bilde sinnvolle Sätze aus den Satzteilen.
Schreibe sie, wenn nötig mit Komma, auf.

Man warnte Frauen davor	um jetzt aufgeben zu können.
Manche glaubten	für das Fahrradfahren zu vornehm zu sein.
Manche wollten lieber pausieren	als Außenseiter angesehen zu werden.
Es war ihnen egal	statt zu trainieren.
Sie kam im Moment nicht dazu	längere Zeit auf einem Fahrradsattel zu sitzen.
Sie hatten zu lange trainiert	ihre Leidenschaft auszuleben.

Das Komma bei nachgestellten Erläuterungen und Einschüben

1 a) Lies den folgenden Text über den Siegeszug des Frauensports.

nachgestellte Erläuterungen erkennen

Frauen als Leistungssportlerinnen

Das Fahrrad setzte bei den Frauen zu einem Siegeszug an**,** und zwar unaufhaltsam. Zunächst setzten sie sich noch mit ihrer Kleidung**,** vor allem den neumodischen Pluderhosen**,** dem Gespött der Leute aus. Doch dann schenkte Queen Victoria**,** also das sittliche Vorbild für alle**,** ihren Enkelinnen Fahrräder. Daraufhin stieg die Zahl der Radler sprunghaft an**,** insbesondere bei den Frauen.

b) Begründe, warum die markierten Kommas gesetzt wurden.

> ### Das Komma bei nachgestellten Erläuterungen und Einschüben
> - Oft erkennst du **nachgestellte Erläuterungen** an **einleitenden Wörtern** wie *und zwar, und das, das heißt, zum Beispiel, also, besonders, insbesondere, nämlich, vor allem, zumindest,* z. B.:
>   *Er spielte gerne Fußball, besonders am Sonntag.*
>   *Wir gehen oft, vor allem im Sommer, in den Wald.*
> - Auch **eingeschobene vollständige Sätze** werden durch **Kommas** abgetrennt, z. B.: *Er kommt, nehme ich an, bald heim.*

HILFE
Du kannst prüfen, ob es sich um eine nachgestellte Erläuterung handelt, wenn du die **Satzprobe** machst, z. B.: *Radfahren war früher verpönt, insbesondere für Frauen.* Welcher Teil des Satzes kann für sich alleine stehen?

2 a) Prüfe im Text von Aufgabe 1, welche Satzteile allein stehen können.

b) Überlege bei den folgenden Sätzen, warum Kommas gesetzt wurden:
– Nach 1900 konnten viele Arbeiterinnen bereits zu ihrer Arbeit fahren, besonders dank extrem niedriger Preise für Fahrräder.
– Allerdings begleiteten Anstandsdamen, und das war neu, die Fahrradfahrerinnen.
– Trotzdem hatten die Frauen mit dem Fahrradfahren, diesem neumodischen Sport, ihre Unabhängigkeit entdeckt.

c) Schreibe die Hauptsätze, die allein stehen können, in dein Heft.

> ### Das habe ich gelernt
> - Nenne alle Kommaregeln, die du dir aus dem Kapitel gemerkt hast. Notiere jeweils ein Beispiel dazu.
> - Es gibt eine Reihe von hinweisenden Wörtern, nach denen du ein Komma setzen musst. Nenne mindestens fünf dieser Signalwörter.
> - Das muss ich bei der Zeichensetzung noch besonders üben: …

Richtig schreiben

Anwenden und vertiefen

fehlende Kommas setzen

1 a) Wo fehlen Kommas in den Sätzen?

– Ich kann heute nicht ausgehen doch wir können zu Hause essen.
– Als wir ankamen war der Bus schon weg.
– Die Täter waren schon verschwunden als die Polizei ankam.
– Sie war der Meinung dass Sport schlecht für die Gesundheit ist.
– Sie saßen noch lange zusammen anstatt ins Bett zu gehen.
– Ich bestehe darauf meine Mittagspause zu haben.
– Du kannst glaube ich sehr zufrieden sein.
– Er hat Selbstvertrauen in Deutsch zumindest.

b) Schreibe die Sätze ab und setze die fehlenden Kommas. Unterstreiche Nebensätze und nachgestellte Erläuterungen.

dass-Sätze erkennen

2 a) Entscheide in den folgenden Sätzen, ob *dass* oder *das* gesetzt werden muss.
– Ich hoffe ___ ___ Wetter am Turniertag gut ist.
– Er will das Auto sehen ___ sie gewonnen hat.
– Die Mutter freute sich ___ ___ Baby nicht mehr schrie.
– ___ ___ Turniertanzen auch Jungen Spaß macht ist nicht sicher.
– Mit dem Fahrrad ___ er fuhr war er nicht sicher.

b) Setze die notwendigen Kommas und nenne die dazu passende Regel.

die Kommasetzung im Partnerdiktat üben

3 a) Arbeitet zu zweit. Teilt den Text auf und schreibt jeder einen Teil ab. Setzt die notwendigen Kommas.

Obwohl schon einiges erreicht worden war war es noch ein weiter Weg bis der Frauensport auch als Leistungssport anerkannt wurde. An den ersten neuzeitlichen Olympischen Spielen 1896 nahmen keine Frauen teil sie wurden erst 1928 zugelassen. Hier
5   durften sie in ausgewählten Disziplinen z. B. dem Eislaufen teilnehmen. Es ist erstaunlich dass das im gleichen Jahr dazu führte dass 10 % der Olympioniken Frauen waren. Auch wenn sich die Frauen die Teilnahme an vielen Disziplinen hart erkämpfen mussten war 1996 ein Drittel der Sportler Frauen.
10 Zu den rein weiblichen Sportarten wie der rhythmischen Sportgymnastik haben sich andere dazugesellt die sonst nur von Männern ausgeübt wurden besonders der Fußball. Die Chance dazu als Frau bei den Olympischen Spielen teilzunehmen kann heutzutage aber das ist vielleicht überraschend von der Natio-
15 nalität abhängen. Denn manche Staaten haben es ihren weiblichen Bürgern verboten bei Olympia zu starten weil sie nicht unverhüllt sein dürfen.

b) Gib bei drei von dir gesetzten Kommas die dazu passende Regel an.

c) Kontrolliert eure Zeichensetzung gegenseitig.

Wiederholen und üben
Die Rechtschreibung überprüfen und verbessern

Lernen, aber wie? – ein gezieltes Training!

Es ist nicht nur wichtig zu wissen, *was* man lernen muss, sondern auch, *wie* man etwas lernt. Das ist wie bei einem Profisportler, der seine Trainingsmethoden genau kennt. Er weis, wo er Schwächen hat und wie er trainierenmuss, um sich zu verbessern. Das ist mit der Recht-
5 schreibung nicht Viel anders.
Aus erfahrung wissen wir, dass es verschiedene Arten des Lernens gibt. Man unterscheidet grob vier Lerntypen:
- Der „Augenmensch" lernt, wenn er Dinge sieht.
- Der „Ohrenmensch" Mus, was er lernen soll, hören können.
10 • Dem „Sprecher" hilft es, wenn er den Stoff mit anderen Leuten bespricht.
- Der „Tatmensch" lernt durch handeln und ausprobieren.

Die meisten Menschen sind „Misch-Typen", keiner lernt nur mit einem oder zwei Sinnen. Es ist wichtig, mehrere Lernwege zu Nutzen. Auch die
15 moderne Gehirn- und Lernforschung zeigt, das eine Kombination am besten ist. Trotzdem ist es von vorteil, den eigenen besten Lernweg zu kennen.
Was kann nun jemand mit einem gewissen Lerntyp tun, um sich Dinge Gut merken zu können? Die meisten der Tipps auf den Seiten 188–190
20 könnt ihr im normalen Schulalltag um setzen.

Was weißt du schon?

- Was meinst du: Welcher Lerntyp bist du am ehesten? Wie prägst du dir z. B. die Schreibung von Wörtern ein? Tauscht euch aus.

- Beschreibe, wie du vorgehst, wenn du einen von dir verfassten Text auf Rechtschreibfehler überprüfen willst.

- Bei diesem Text hat der Computer einige Fehler gefunden (s. Wellenlinien). Berichtige jeden einzelnen.

- Was hat dir geholfen, die richtige Schreibung anzugeben? Regelkenntnis – Anwendung von Proben – „Bauchgefühl" – ...

- Das Computerrechtschreibprogramm hat 6 Fehler übersehen. Suche sie und erkläre, warum das Programm sie übersehen hat.

- Wie solltet ihr mit Rechtschreibprogrammen umgehen? Diskutiert Vor- und Nachteile von solchen Korrekturhilfen.

Fehlerschwerpunkte erkennen

eine Fehleranalyse durchführen

TIPP
Sprecht langsam und deutlich. Lasst die Kommas aus und diktiert nur die Satzschlusszeichen mit.

1 a) Findet eure Stärken und Schwächen im Bereich Rechtschreibung. Diktiert euch den folgenden Text gegenseitig.

Augen- oder Ohrenmensch?

Als Augenmensch musst du Wichtiges unterstreichen oder farbig markieren. Du solltest deine Hefteinträge übersichtlich gestalten und sauber schreiben. Ein Augenmensch merkt sich zum Beispiel das Wortbild. Weißt du nicht, wie ein kniffliges Wort geschrieben
5 wird, reicht es manchmal völlig aus, mehrere Schreibweisen auszuprobieren. Als Ohrenmensch solltest du dem Lehrer besonders aufmerksam zuhören. Du kannst so nachmittags oder abends viel Zeit sparen. Lies den Lernstoff zu Hause laut vor oder sprich ihn auf einen Tonträger. Du kannst ihn dir dann immer
10 wieder anhören, auch während anderer Tätigkeiten, vielleicht beim Basteln oder Aufräumen.

INFO
Mit der Fehleranalyse
› erklärst du, warum ein Wort falsch geschrieben wurde,
› schreibst du Tipps auf, wie man diesen Fehler vermeiden kann,
› stellst du deine Fehlerschwerpunkte fest.

TIPP
Schlage im Kapitel Wissen und Können (S. 229) nach.

b) Korrigiert anschließend eure Texte gegenseitig, indem ihr mit der Vorlage vergleicht und alle Fehlerwörter unterstreicht, z.B.:
Als Augenmensch mußt du wichtiges unterstreichen oder …

2 a) Schreibe die Tabelle ab und sortiere deine Fehlerwörter in der richtigen Schreibung ein. Unterstreiche die korrigierte Stelle und ergänze die zweite Spalte.

Korrektur	Erklärung/Regel	Wie könnte man den Fehler vermeiden?
mu<u>ss</u>t …	Doppel-s statt ß	Regel für Schreibung von s-Lauten anwenden; durch Verwandtschaftsprobe
<u>W</u>ichtiges …	Nomen, daher Großschreibung	durch Artikelprobe: *das Wichtige*
farbig markieren …	Getrenntschreibung	durch Steigerungsprobe

b) Trage in der dritten Spalte ein, mit welcher Regel oder Probe du diesen Fehler vermeiden kannst. Prüfe:
– Hilft es, eine **Rechtschreibregel** anzuwenden?
  Beispiel: ß nur nach langem Vokal oder Umlaut
– Hilft eine **Rechtschreibprobe** weiter? Beispiel:
  die Artikelprobe, die Steigerungsprobe, die Verlängerungsprobe
– Hilft es, auf typische **Suffixe** und **Präfixe** zu achten? Beispiel:
  -ieren (typisches Fremdwortsuffix), *-keit* (typisches Nomensuffix)

TIPP
Arbeite das entsprechende Rechtschreibkapitel noch einmal durch.

3 Überprüfe, wo du die meisten Fehler machst, und übe gezielt.

Groß oder klein?	Zusammen oder getrennt?	Komma oder nicht?	Schreibung von kniffligen Wörtern

Eine Rechtschreibkonferenz durchführen

1 a) Eine unterhaltsame Art, sich mit Rechtschreibung zu beschäftigen, ist die Durchführung einer Rechtschreibkonferenz. Informiert euch im Merkkasten, wie sie durchgeführt werden kann.

> **Eine Rechtschreibkonferenz durchführen**
>
> Setzt euch zu viert an einem Tisch zusammen. Ihr benötigt Wörterbücher und vier verschiedenfarbige Stifte.
> 1. Verteilt die „Rechtschreib-Spezialfelder". Wer ist Expertin/Experte wofür?
> 2. Jeder hat einen zu korrigierenden Text vor sich (nicht seinen eigenen). Wenn jede/r den Text in seinem/ihren Spezialfeld auf Fehler **untersucht** und sie in der entsprechenden Farbe **markiert** hat, werden die Texte im Uhrzeigersinn weitergereicht.
> 3. Nach vier Durchgängen muss jede/r wieder den ersten Text vor sich haben, versehen mit **Korrekturen** in vier verschiedenen Farben.
> 4. Jede/r bekommt den eigenen Text zurück und kann Fragen stellen.
> 5. Abschließend **berichtigt** jede/r seine Fehlerwörter.

HILFE
„Spezialfelder" der Rechtschreibung:
- Wörter als Ganzes
- Groß- und Kleinschreibung
- Getrennt- und Zusammenschreibung
- Zeichensetzung

b) Hier ist das Beispiel eines Diktats, das in einer Rechtschreibkonferenz korrigiert wurde. Lest das Diktat durch und besprecht, wie man die Fehler in Zukunft vermeiden kann.

über Fehler nachdenken

Bist du ein „Sprecher" oder ein „Tatmensch"?

Als „Sprecher" hilft es dir, mit anderen den Lernstoff immer wieder durchzusprechen. Das Allein sein beim Lernen fällt dir schwer. Daher lernst du am Besten, wenn du dich mit anderen trifst. Laß dir eine Regel oder eine Begründun von einem
5 Mitschüler erklären. Frage dabei immer nach und stelle am schluss das Tema selbst jemandem vor. Lasse dir dabei möglichst vile verschiedene fragen stellen die du beantworten mußt. Wenn du ein Tatmensch bist hast du es in der Schule oft schwer. Braf am Tisch zu sitzen, findest du oft zu lang weilig. Denn du
10 gehst gern beim lernen umher oder ligst mal auf dem Boden mal auf dem Bett. Erwachsene empfinden das oft als „lümmeln". Aber es kann sogar gut sein, beim vokabellernen zu joggen. Du kannst als Tatmensch eben besonders gutlernen, wenn du dich bewegst, wenn du selbst etwas ausfürst, etwa durch Ausprobieren, Rollen-
15 spiele und Gruppenarbeiten. Wenn du zum Beispiel etwas Auswendig lernen solst, unterstreiche es mit Gesten* und Mimik*. Bei der Rechtschreibung hilft besonders: schreiben, schreiben, schreiben.

die Geste: Handbewegung
die Mimik: Gesichtsausdruck

eine Rechtschreib-konferenz durchführen

2 a) Findet euch in Gruppen zusammen und führt eine Rechtschreibkonferenz durch. Lasst euch dazu den folgenden Text diktieren.

Am besten alle vier!

Niemand lernt mit nur „einem Sinn". Menschen sind sinnliche Wesen und erleben die Welt immer über alle Sinne. Jeder lernt individuell. Es gibt Menschen, die unter Zeitdruck gut lernen, und Menschen, die aus eigenem Antrieb besser lernen. Manche mögen
5 eine leichte Geräuschkulisse und hören zum Beispiel gerne leise Musik. Andere brauchen absolute Bibliotheksstille.
Zu wissen, wie man selbst am leichtesten lernt oder zu welcher Art Lerntyp man gehört, ist ein wichtiger Teil der Selbsterkenntnis. Am zuverlässigsten findest du deine individuelle
10 Lernmethode heraus, indem du dich selbst beobachtest und dir klarmachst, auf welche Art und Weise du bisher die größten Lernerfolge erzielt hast. Kannst du dir all das leicht merken, was du im Unterricht hörst? Oder musst du alles übersichtlich aufschreiben? Sprichst du am liebsten über den
15 Lernstoff? Oder lernst du am leichtesten, wenn du Dinge nachspielst?
Versuche immer, möglichst viele Sinne in deinen Lernprozess mit einzubeziehen.
20 Denn: Je unterschiedlicher wir uns unseren Lernstoff aneignen, desto vielfältiger sind die Möglichkeiten des Erinnerns und Behaltens.

sinnvoll berichtigen

TIPP
Schreibe nie ein Fehlerwort noch einmal falsch ab. Dein Gehirn merkt sich das Schriftbild.

b) Lies, wie du Fehler sinnvoll korrigieren kannst. Suche zwei Methoden aus, die dir gut gefallen, und fertige eine Berichtigung deines Diktats an.

Fehler sinnvoll berichtigen

Nummeriere deine Fehler.
Probiere, welche Methode dir am besten hilft.
- Schreibe dein Fehlerwort **korrigiert** dreimal auf. Nutze Schön-, Druck- und Schreibschrift. Unterstreiche die schwierige Stelle im Wort oder schreibe diese Stelle in einer anderen Farbe.
- Nutze den Computer und tippe dein Fehlerwort **korrigiert** ein. Nutze verschiedene Schriften und Größen.
- Bestimme die Wortart deines Fehlerworts.
Schreibe es mit Begleiter (Artikel, Adjektiv) auf.
- Schreibe dein Fehlerwort **korrigiert** auf und suche verwandte Wortformen. Schreibe sie dazu.
- Sprich das Wort in Silben und schreibe es auf. Zeichne Silbenbögen unter das Wort oder kreise die Silben ein.
- Verwende das Wort in einem neuen Satz.

Teste dich selbst!
Richtig schreiben

Schon von Flashmob-Aktionen gehört?

In letzter Zeit wird in den Medien wiederholt von scheinbar spontanen Flashmob-Aktionen weltweit berichtet. Nicht selten werden solche Meldungen mit einem verständnislosen Kopfschütteln oder auch nur mit einem nachsichtigen lächeln komentiert. Wie auf ein geheimes   RR
5 Kommando treffen sich alt und jung auf zentralen Plätzen in Kaufhäusern   RRZ
oder öffentlichen Gebäuden. Das auffallende dabei ist dass alle gleich-   RZ
zeitig unsinniges zu tun scheinen: telefonieren, applaudieren, diskutieren,   RR
tanzen, hüpfen, ... So versammelten sich beispielsweise einmal
Spätnachmittags in einem New Yorker Kaufhaus mehr als Hundert   RR
10 Menschen um einen Teppich. Den verdutzten Mitarbeitern erklärten sie   Z
dass sie einen Teppich kaufen wollten, aber die Kaufentscheidung
gemeinsam treffen wollten. Nach wenigen Minuten war der Spuk vorbei.
Ein anderes mal trafen sich Flashmobber in einem Hotel und applau-   R
dierten exakt 20 Sekunden in der Halle.
15 Auch aus Deutschland sind Flashmobs bekannt. Unlängst haben rund 150 Flashmobber in einem Supermarkt ein Caos hinterlassen. Sie kauften wahllos Waren stapelten sie in den Einkaufswagen,   R / Z
20 die sie dann voll beladen in den Gengen und   R
an den Kassen stehenließen. Das Personal   R
reagierte ziemlich gestreßt, schließlich   R
mussten Berge von Waren wieder in die Regale einsortiert werden.
Über Mail-Kettenbriefe oder über das Handy werden solche Flashmobs
25 organisiert und Ort Zeitpunkt Dauer sowie das tun vereinbart. Typisch für   ZZR
Flashmobs sind die blitzartige Bildung von Menschenaufläufen (wie aus
dem nichts) das gleichzeitige, iedentische Handeln und die plötzliche   RZR
Auflösung.

1 In dem Text über Flashmob-Aktionen sind 17 Rechtschreibfehler und 7 Zeichensetzungsfehler.

a) Übernimm die Tabelle in dein Heft. Trage in die erste Spalte die verbesserten Fehlerwörter ein und ordne sie dann den einzelnen Bereichen der Rechtschreibung zu.

b) Wähle drei Fehlerwörter aus und ergänze dazu die Rechtschreibregel.

Fehlerwort	Bereich der Rechtschreibung	Regel
Lächeln (Z. 4)	Nominalisierung eines Verbs bzw. Nomen;	erkennbar am unbestimmten Artikel „einem" und am Adjektiv „nachsichtigen"
...	...	...

2 So könnte es in einem Lexikon heißen:

> **Flashmob,** der; -s ; *engl.* (flash: Blitz);
> *lat.* (mobilis: beweglich) (...)

a) Erkläre mit eigenen Worten, was unter *Flashmob* zu verstehen ist.
Schreibe in dein Heft.

b) Erkläre, was die einzelnen Angaben im Lexikon bedeuten.

3 Hier hat das Rechtschreibprogramm versagt.

> Liebe Flashmobber, wir treffen uns Morgen nachmittag (21.10.11) am Anna-Meier-Platz. Auf ein Zeichen hin teilen wir uns in 5 Gruppen und laufen 100 Meter in die düsseldorfer Straße, durch das krumme Gässchen, in die lange Straße und wieder zurück. Schickt den Aufruf bis heute abend an fünf Bekannte weiter.

a) Schreibe alle Straßennamen in der richtigen Schreibweise in dein Heft.

b) Verbessere die falsche Schreibung der Zeitangaben ebenfalls in deinem Heft.

4 Meldung aus dem Nachrichtenticker:

> eine flashmob-aktion hat heute morgen zu einer deutlichen verspätung im zugverkehr zwischen frankfurt und berlin geführt. etwa 150 fahrgäste des ice 650 haben kurz vor abpfiff versucht durch dieselbe tür in den zug zu gelangen, was zu 20 minuten verspätung führte. alles zureden und appellieren der schaffner half nicht. nach 20 minuten verließen die flashmobber den zug und räumten blitzschnell die bahnsteige.

Schreibe den Text in der richtigen Rechtschreibung in dein Heft.

5 *v* oder *f*? Übernimm die Wörter in dein Heft und ergänze die Lücken: in jeder Spalte einmal *v*, einmal *f*.

das _oto	_orschlagen	der _ater	_erbinden	_ollenden
_ielfach	der _all	die _antasie	_ast	das _ahrrad

6 a) Schreibe in dein Heft.
Markiere wörtliche Rede und Begleitsatz in unterschiedlichen Farben.

b) Ergänze die fehlenden Satz- und Redezeichen.

Damit haben wir bestimmt bis heute Abend zu tun meinte eine Verkäuferin des Supermarktes denn schließlich muss jede Ware wieder an den richtigen Platz

Leidenschaft

In diesem Kapitel wiederholst du:
- ein eigenes Gedicht schreiben
- Erzähltexte lesen und verstehen
- eine Folienpräsentation erstellen und vorstellen
- motivähnliche Gedichte untersuchen und vergleichen
- Sachtexten, Schaubildern und Tabellen Informationen entnehmen und vergleichen

Rio Reiser
Für immer und dich

Ich sing für dich, ich schrei für dich,
ich brenne und ich schnei für dich.
Vergesse mich, erinner mich,
für dich und immer für dich.
5 Für immer und dich.

Ich lach für dich, wein für dich,
ich regne und ich schein für dich.
Versetz die ganze Welt für dich,
für dich und immer für dich.
10 Für immer und dich.

Für dich und immer für dich.
Egal, wie du mich nennst, egal, wo du heut pennst.
Ich hab so oft für dich gelogen und ich bieg den Regenbogen.
Für dich und immer für dich.
15 Für immer und dich.

1 Was verbindest du mit Leidenschaft?
Notiere Stichworte in einem Cluster.

Ideen in einem Cluster sammeln

2 Inwieweit haben Text und Bild mit dem Kapitelthema zu tun? Nenne
Gemeinsamkeiten und Unterschiede und begründe deine Meinung.

Text und Bild vergleichen

3 Wähle zwischen den Aufgaben A und B:
  A Schreibe zu einer Strophe des Liedtextes einen Paralleltext.
  B Schreibe ein eigenes Gedicht zum Thema „Leidenschaft".

ein Gedicht schreiben
➔ S. 112 ff., ein Parallelgedicht schreiben

Wissen sichern und vernetzen

193

Einer für alle, alle für einen

Vermutungen zu einem Textauszug anstellen und überprüfen

1 a) Lies die Überschrift und die Einleitung des Jugendbuchauszugs. Betrachte die Illustration.
Stelle Vermutungen zum Inhalt des Textes an.

b) Lies den Text und überprüfe deine Vermutungen.

Mal Peet
Keeper

Er kam aus dem Nichts, aus der Tiefe des Dschungels – jetzt ist er der berühmteste Torwart der Welt: El Gato, die Katze. In einer einzigen Nacht erzählt El Gato dem Journalisten Paul seine Geschichte.

5 […] Von irgendwoher kam eine staubige, rote Straße und führte durch unsere Stadt. Dann weiter zum Waldrand, wo die Männer die Bäume fällten. Jenseits des Waldrands gab es nichts mehr, so hat's mir mein Vater gesagt. Damit meinte er, dass der Wald von da aus endlos weiterging. Jeden Tag kamen im Morgengrauen
10 Pick-ups* zum Stadtrand, wo die Männer warteten. Darunter auch mein Vater; er stieg auf einen und fuhr zur Arbeit, Bäume fällen. Manchmal kam er nach Hause und erzählte uns Geschichten: wie seine Kolonne* einen richtig großen Baum gefällt hatte und wie die Affen, die darauf gelebt hatten, sich an den obersten Zweigen
15 festhielten, bis sie fast auf dem Boden aufschlugen, und wie sie dann kreischend tiefer in den Wald rannten und ihnen dabei die Babys am Bauch hingen. Ich wusste nicht, ob das oder die anderen Sachen, die er uns erzählte, auch stimmten. Aber mit diesen Geschichten wuchs ich auf und ich habe sie gemocht.
20 Vielleicht war es also mein Vater, der mich – trotz allem, was er unternahm, um mich davon abzuhalten – auf den Weg brachte. Der mich dahin geführt hat, wo ich heute bin.
Tagsüber röhrten* die großen, gelben Traktoren, die die Stämme die Straße entlangschleppten, in roten Staubwolken an der Stadt

der Pick-up: kleiner Lieferwagen mit offener Ladefläche

die Kolonne:
hier: der Arbeitstrupp

röhren:
hier: Lärm machen

25 vorbei. Die Staubwolken wehten auf den Platz, die Plaza, wo wir
Fußball spielten. Es war bloß eine große, freie Fläche zwischen
der Blechkirche und dem Café. Kein Rasen. Sobald die Schule aus
war, spielten wir und hörten erst auf, wenn unsere Väter auf den
Pick-ups zurückkamen und es dunkel wurde.
30 Klar, wir waren alle fußballverrückt. Dabei waren nicht nur wir
Kinder besessen vom Fußball. Die ganze Stadt war es. In dem
Café gab es einen Fernseher und davor versammelten sich alle,
um die großen Spiele zu sehen. Die Wände hingen voll mit
Postern und Fotos – mit unseren Spielern, mit deutschen,
35 spanischen und englischen Spielern, mit berühmten Spielern und
mit Mannschaften aus der Vergangenheit. Und nach einem
großen Spiel gingen wir raus auf die Plaza, auch wenn es dunkel
war, auch wenn es regnete, und spielten die Szenen nach, gaben
uns die Namen und Spitznamen der Stars […].
40 Ich träumte davon, Stürmer zu sein, perfekte Schüsse reinzu-
hämmern, bei denen das Fantasiepublikum tobend von den
Sitzen sprang. Das träumten wir alle.

2 Schreibe deinen Leseeindruck auf.

den Leseeindruck formulieren

3 Fasse die wichtigsten Informationen des Textes zusammen.
Wähle zwischen den Aufgaben A oder B:

den Inhalt eines Textes zusammenfassen

A Gliedere den Text in Abschnitte und suche für jeden Abschnitt eine passende Überschrift.
B Fasse den Inhalt des Textes in acht bis zehn Sätzen zusammen.

4 a) Bestimme die Erzählsituation.

die Erzählsituation bestimmen → S.101

b) Schreibe den letzten Abschnitt des Textes um, indem du eine andere Erzählsituation verwendest.
Inwieweit verändert sich die Wirkung des Textes? Beschreibe.

die Erzählsituation verändern

5 Untersuche die Beziehung zwischen dem Ich-Erzähler und seinem Vater. Fertige hierfür eine Figurenskizze an.

eine Figurenskizze erstellen → S.233

6 „Vielleicht war es auch mein Vater, der mich (…) auf den Weg brachte" (Z. 20–21), sagt der Ich-Erzähler. Stell dir vor, er könnte seinem Vater einen Brief schreiben, in dem er die Aussage näher begründet. Schreibe diesen Brief.

produktiv zu einem Text schreiben

7 „El Gato" ist eine literarische Figur, die in ihrer Kindheit leidenschaftlich gerne Fußball gespielt hat.

a) Informiere dich im Internet oder in Fachbüchern über eine andere Sportlerin oder einen anderen Sportler mit einer ähnlichen Leidenschaft für eine bestimmte Sportart.

b) Erstelle eine Folienpräsentation zu der ausgewählten Person und stelle diese in deiner Klasse vor.

eine Folienpräsentation erstellen und vorstellen → S.7–14

Ich werde riesengroß für dich

den Inhalt eines Gedichts untersuchen

 1 In den folgenden Gedichten wird auf verschiedene Art und Weise vom Verliebtsein erzählt.

a) Was kennzeichnet deiner Meinung nach dieses Gefühl? Schreibe passende Wörter auf, z. B. Adjektive.

b) Lies die Gedichte und vergleiche mit den notierten Wörtern.

Hilde Domin
Im Tor schon

im Tor:
hier: in der Tür

Im Tor* schon
hobst du den Blick.
Wir sahen uns an.

Eine große Blüte stieg
leuchtend blass
aus meinem Herzen.

Bertolt Brecht
Als ich nachher von dir ging

Als ich nachher von dir ging
An dem großen Heute
Sah ich, als ich sehn anfing
Lauter lustige Leute.

5 Und seit jener Abendstund
Weißt schon, die ich meine
Hab ich einen schönern Mund
Und geschicktere Beine.

Grüner ist, seit ich so fühl
10 Baum und Strauch und Wiese
Und das Wasser schöner kühl
Wenn ich's auf mich gieße. R

 2 Wie zeigt sich das Verliebtsein in den Gedichten? Führe passende Textstellen an.

die Form eines Gedichts untersuchen

 3 a) Das Gedicht von Hilde Domin reimt sich nicht und ist dennoch eines. Erkläre, warum.

sprachliche Bilder erklären
 S. 113

 b) Erläutere das sprachliche Bild in der zweiten Strophe des Gedichts.

4 a) Beschreibe den Aufbau des Gedichts von Bertolt Brecht. Gehe hierbei auch auf Reimschema und Versmaß ein.

b) Gib dem Gedicht eine andere Überschrift und begründe deine Wahl.

Gedichte vergleichen
„think-pair-share"-Verfahren
› zuerst Einzelarbeit an der Aufgabe
› danach Austausch in Paaren
› im letzten Schritt der Bericht vor der ganzen Lerngruppe

 5 Vergleicht die beiden Gedichte nach dem „think-pair-share"-Verfahren. Beschreibt hierbei Gemeinsamkeiten und Unterschiede.

6 a) Lies den Liedtext der Band „Wir sind Helden".

Wir sind Helden
Ein Elefant für dich

Ich seh uns beide, du bist längst zu schwer
für meine Arme, aber ich geb dich nicht her.
Ich weiß, deine Monster sind genau wie meine,
und mit denen bleibt man besser nicht alleine.
5 Ich weiß, ich weiß, ich weiß und frage nicht.
Halt dich bei mir fest, steig auf, ich trage dich.

Ich werde riesengroß für dich,
ein Elefant für dich.
Ich trag dich meilenweiter
10 übers Land
und ich

trag dich so weit, wie ich kann.
Ich trag dich so weit, wie ich kann.
Und am Ende des Wegs, wenn ich muss,
15 trage ich dich,
trag ich dich über den Fluss.

Einer, der nicht sollte, weint am Telefon,
und eine, die nicht wollte,
weint und weiß es schon.
20 Deine Beine tragen dich nicht, wie sie sollten.
So oft gehen die,
die noch nicht weggehen wollten.
Ich weiß, ich weiß und ich ertrag es nicht.
Halt dich bei mir fest, steig auf, ich trage dich.

25 Ich werde riesengroß für dich,
ein Elefant für dich. […]

b) Notiere deinen Leseeindruck.

7 Erkläre das sprachliche Bild im Titel des Liedes.

8 Sowohl in dem Gedicht von Bertolt Brecht (S.196) als auch im Liedtext der Band „Wir sind Helden" spielt jemand eine besondere Rolle für das lyrische Ich*.
Untersucht beide Gedichte nach dem „think-pair-share"-Verfahren.

a) Nennt Textstellen im Liedtext, in denen deutlich wird, was das lyrische Ich für die andere Person empfindet.

b) Vergleicht mit dem Gedicht von Bertolt Brecht. Welche Gemeinsamkeiten und Unterschiede stellt ihr fest?

---

den Leseeindruck formulieren

sprachliche Bilder erklären
→ S. 113

das lyrische Ich: das im Gedicht sprechende Ich (nicht mit Autorin/Autor zu verwechseln)

Gedichte vergleichen

Wissen sichern und vernetzen

Sehnsucht

 1 a) Lies den ersten Teil des Erzähltextes.

Peter Bichsel
San Salvador*

San Salvador: Hauptstadt des mittelamerikanischen Staates El Salvador

Er hatte sich eine Füllfeder gekauft.
Nachdem er mehrmals seine Unterschrift, dann seine Initialen*, seine Adresse, einige Wellenlinien, dann die Adresse seiner Eltern auf ein Blatt gezeichnet hatte, nahm er einen neuen Bogen,
5 faltete ihn sorgfältig und schrieb: „Mir ist es hier zu kalt", dann: „ich gehe nach Südamerika", dann hielt er inne, schraubte die Kappe auf die Feder, betrachtete den Bogen und sah, wie die Tinte eintrocknete und dunkel wurde (in der Papeterie* garantierte man, dass sie schwarz werde), dann nahm er seine Feder erneut
10 zur Hand und setzte noch seinen Namen Paul darunter.
Dann saß er da.

die Initialen: die Anfangsbuchstaben eines Namens

die Papeterie: die Schreibwarenhandlung

b) Welchen Eindruck hast du von Paul gewonnen? Wähle aus der folgenden Gruppe passende Wörter aus und begründe deine Wahl.

> mutig   aufgeregt   nachdenklich   verärgert   enttäuscht
> unternehmungslustig   ängstlich   zögerlich   energisch

eine literarische Figur beurteilen

c) Stelle Vermutungen zum Fortgang der Handlung an.

d) Lies nun den zweiten Teil des Erzähltextes.

Später räumte er die Zeitungen vom Tisch, überflog dabei die Kinoinserate*, dachte an irgendetwas, schob den Aschenbecher beiseite, zerriss den Zettel mit den Wellenlinien, entleerte seine
15 Feder und füllte sie wieder. Für die Kinovorstellung war es jetzt zu spät.
Die Probe des Kirchenchors dauert bis neun Uhr, um halb zehn würde Hildegard zurück sein. Er wartete auf Hildegard.
Zu all dem Musik aus dem Radio. Jetzt drehte er das Radio ab.

die Kinoinserate: Programminformation der Kinos

20 Auf dem Tisch, mitten auf dem Tisch, lag nun der gefaltete Bogen, darauf stand in blauschwarzer Schrift sein Name Paul.
„Mir ist es hier zu kalt", stand auch darauf.
Nun würde also Hildegard heimkommen, um halb zehn. Es war jetzt neun Uhr. Sie läse seine Mitteilung, erschräke dabei, glaubte
25 wohl das mit Südamerika nicht, würde dennoch die Hemden im Kasten zählen, etwas müsste ja geschehen sein. Sie würde in den „Löwen"* telefonieren.
Der „Löwen" ist mittwochs geschlossen.
Sie würde lächeln und verzweifeln und sich abfinden, vielleicht.
30 Sie würde sich mehrmals die Haare aus dem Gesicht streichen, mit dem Ringfinger der linken Hand beidseitig die Schläfe entlangfahren, dann langsam den Mantel aufknöpfen.
Dann saß er da, überlegte, wem er einen Brief schreiben könnte, las die Gebrauchsanweisung für den Füller noch einmal – leicht
35 nach rechts drehen –, las auch den französischen Text, verglich den englischen mit dem deutschen, sah wieder seinen Zettel, dachte an Palmen, dachte an Hildegard.
Saß da.
Und um halb zehn kam Hildegard und fragte:
40 „Schlafen die Kinder?"
Sie strich sich die Haare aus dem Gesicht.

„Zum Löwen": Name eines Lokals oder Restaurants

2 Besprecht in einer Lesekonferenz die folgenden Fragen:
 – Inwieweit sind eure Vermutungen bestätigt worden? Was war neu oder überraschend?
 – Was erfahrt ihr über den Handlungsverlauf?
 – Was erfahrt ihr über die Motive, Eigenschaften, Gedanken und Gefühle der Hauptfigur Paul?
 – Welchen Eindruck bekommt ihr von Pauls Frau Hildegard?
 – Warum bleibt Paul?

Inhalt und Figuren in einer Lesekonferenz erarbeiten

3 Bestimme die Erzählsituation des Textes.

die Erzählsituation bestimmen S. 101

4 a) Wie könnte die Handlung weitergehen? Schreibe eine passende Fortsetzung.

 b) Überarbeitet eure Texte in Partnerarbeit.

einen Text fortschreiben

Wofür das Herz schlägt

einen Text überfliegen und die Hauptaussage benennen

 1 a) Überfliege den folgenden Text.

b) Benenne die Hauptaussage des Textes.

> Eine Straßenbahn über die Schienen zu steuern, das ist der Traumjob eines jungen Australiers. Aber warten, bis er dafür alt genug ist, wollte der 15-jährige Straßenbahnfan nicht. Also entführte er kurzerhand eine Bahn aus dem Bahnhof der Stadt Melbourne. Mit dem Wagen fuhr er
> 5 dann ganze 30 Kilometer durch die Stadt und nahm unterwegs sogar Passagiere mit. Beendet wurde die abenteuerliche Fahrt durch die Polizei, die nicht so viel Verständnis für die Leidenschaft des jungen Straßenbahnfahrers aufbrachte. Der junge Mann hat aber großes Glück. Die Verkehrsbetriebe von Melbourne wollen ihm den unerlaubten
> 10 Ausflug nicht übel nehmen. Er darf später immer noch ein richtiger Straßenbahnführer werden.

W-Fragen an einen Text stellen und beantworten

 2 a) Erschließt in Partnerarbeit den Text mit Hilfe von W-Fragen.

b) Beantwortet die W-Fragen stichwortartig.

Textsorten-Merkmale erkennen

3 a) Nenne Merkmale folgender Textsorten im Text oben: Meldung, Bericht (S. 87), Kommentar (S. 91).

b) Formuliere eine passende Überschrift und begründe deine Wahl.

einen Text umschreiben

 4 a) Wie könnte der 15-Jährige die Straßenbahnfahrt erlebt haben? Schreibe aus seiner Sicht.

b) Überarbeitet eure Texte in Partnerarbeit.

Textfunktionen vergleichen

 5 Vergleiche die Schilderung aus der Sicht des jugendlichen Straßenbahnfahrers (Aufgabe 4) mit dem obigen Text. Welche Unterschiede in Bezug auf die Textfunktion stellst du fest? Begründe.

Gewinnen um jeden Preis

1 Wertet in Partnerarbeit die folgende Tabelle und Landkarte aus.

einer Tabelle und einer Karte Informationen entnehmen

Steckbrief	
Lauf	Antarctica Marathon
Ort	King George Island, Antarktis
Distanz	42,2 km, eine Etappe
Zeit	Februar
Höhenmeter ↗	680
Höhenmeter ↘	680
Besonderheiten	Anreise per Schiff über den südlichen Ozean; Straßenstrecke mit Gletscheraufstieg
Bestzeiten	Männer 3:50, Frauen 4:20 (inoffiziell – kleine Streckenveränderungen von Jahr zu Jahr)
Teilnehmer	maximal 180
Klima	–10° bis 0°C, weniger bei kalten Winden; große Wahrscheinlichkeit von Regen, Schneeregen oder Schnee
Läufer im Ziel	90–95 % der Starter
Rennleitung	Thom Gilligan
E-Mail	info@marathontours.com
Web	www.marathontours.com

2 Die Abbildungen gehören zu dem folgenden Sachtext.

a) Stelle vor dem Hintergrund der Ergebnisse aus Aufgabe 1 Vermutungen an, welche zusätzlichen Informationen der Text enthalten könnte.

b) Lies den Text und überprüfe deine Vermutungen.

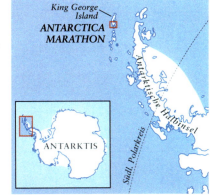

Vermutungen zu dem Inhalt eines Sachtextes anstellen und überprüfen

Zu Fuß durchs ewige Eis

Der antarktische Kontinent repräsentiert unseren Planeten in seiner reinsten Form. Der Kontinent ist in seiner Stille der am wenigsten erforschte und am wenigsten besuchte Ort der Erde. Er befindet sich am äußersten Punkt der südlichen Hemisphäre
5 und wird auf allen Seiten von den gefährlichen südlichen Ozeanen bewacht. Dort gibt es weder Hafen noch Flughafen. Es gibt nur das natürliche Eisschelf und Buchten, die bereits seit Millionen Jahren existieren.
Der Antarctica-Marathon gibt den Läufern die Gelegenheit, auf
10 dem durchschnittlich kältesten, trockensten und windigsten

Kontinent zum Wettkampf anzutreten. Der Kontinent weist zudem im Durchschnitt die höchsten Erhebungen auf – ein außergewöhnlich unwirtliches Umfeld für einen solchen Wettbewerb. Außer an der Küste gibt es kaum Niederschlag und
15 der Kontinent ist rein geografisch die größte Wüste der Welt. Im Sommer bleiben 98 Prozent der Fläche von Eis bedeckt. Über diesen durchschnittlich 2,5 Kilometer dicken Eisuntergrund laufen die Läufer mehrere Kilometer, wenn sie den Collins-Gletscher hinauflaufen.
20 Die umgebenden Ozeane sind riesig, tief und kalt. Wenn das antarktische Eis schmelzen würde, würden diese Ozeane (und mit ihnen die Meeresspiegel der Welt) um 60 Meter steigen. Wie zur Erinnerung an diese Tatsache erheben sich Tausende blauweiß glänzende Eismassive aus dem Meer und stehen an allen
25 Zugängen zum Kontinent Wache. Diese beeindruckenden Süßwassertürme aus Eis drängen sich in den Buchten dicht an dicht, in allen nur denkbaren Größen und Formen. In all den Jahrhunderten, in denen die Menschheit große Monumente für ihre Götter baute, wurde nie ein solches Meisterwerk geschaffen,
30 wie es die Natur geduldig in der Antarktis formt. Es sind dieses unbezwingbare Meer und seine schützenden Eisberge, die zwischen den Läufern und der Startlinie zu diesem Marathon stehen.

 c) Welche Information war neu oder überraschend? Begründe.

einen Text in Partnerarbeit erschließen

 3 Erschließt den Text in Partnerarbeit genauer.
– Klärt schwierige und unbekannte Wörter.
– Gliedert den Text in Abschnitte.
– Formuliert zu jedem Abschnitt W-Fragen und beantwortet diese.
– Formuliert eine passende Überschrift für jeden Abschnitt.

ein Schaubild erschließen
 S. 222, 249

die Meereshöhe: Höhe über dem mittleren Meeresspiegel (ü. d. M)

 4 Beschreibe das folgende Schaubild.

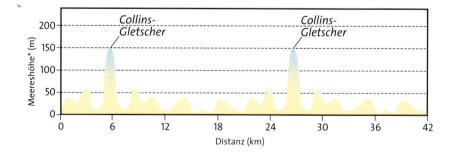

Informationen eines Schaubildes mit denen eines Textes vergleichen

 5 Welche Stelle im Sachtext enthält ähnliche Informationen wie das Schaubild? Schreibe sie mit Zeilenangaben heraus.

202

Rätselhaftes

Hans Arp (1886–1966)
Sekundenzeiger

dass ich als ich
ein und zwei ist
dass ich als ich
drei und vier ist
5 dass ich als ich
wie viel zeigt sie
dass ich als ich
tickt und tackt sie
dass ich als ich
10 fünf und sechs ist
dass ich als ich
sieben acht ist
dass ich als ich
wenn sie steht sie
15 dass ich als ich
wenn sie geht sie
dass ich als ich
neun und zehn ist
dass ich als ich
20 elf und zwölf ist.

Gerhard Rühm (geb. 1930)
stille

stille
        irgendwer sucht mich
stille
            wer sucht mich
stille
                sucht mich
stille
                    ich
stille

Eugen Gomringer (geb. 1953)
das schwarze geheimnis

das schwarze geheimnis
ist   hier
hier   ist
das schwarze geheimnis

In diesem Kapitel wiederholst du:
- Gedichte untersuchen und selbst schreiben
- Erzähltexte lesen und verstehen
- Sachtexte lesen und verstehen
- eine Folienpräsentation erstellen und vorstellen
- einen Zeitungsbericht schreiben
- wertende Sachtexte lesen
- zu einem Bild eine Kriminalgeschichte schreiben
- themengleiche Sachtexte lesen und vergleichen

1 a) Lies die Gedichte.
 b) Nenne das Gedicht, das dich am meisten anspricht. Begründe deine Wahl.

2 a) Beschreibe den Zusammenhang zwischen Form und Inhalt der drei Gedichte.
 b) Worin unterscheiden sich die Gedichte von anderen, die du kennst? Begründe.

den Zusammenhang zwischen Form und Inhalt beschreiben

3 a) Bereite das Gedicht „Sekundenzeiger" für einen Vortrag vor.
 b) Trage es in der Klasse vor. Besprecht gemeinsam, welche Bedeutung der Vortrag für das Verstehen des Gedichts hat.

einen Gedichtvortrag vorbereiten

Seltsam ...

Vermutungen zu einem Erzähltext anstellen und überprüfen

1 In dem folgenden Erzähltext spielt sich die Handlung auf der Schönhauser Allee in Berlin ab.

a) Was könnte auf dieser Straße passieren? Stelle Vermutungen an.

b) Lies den Erzähltext und überprüfe deine Vermutungen.

Wladimir Kaminer
Schönhauser Allee im Regen

Ab und zu regnet es auf der Schönhauser Allee. Ein Unwetter bringt das Geschäftsleben in Schwung. Die Fußgänger verlassen die Straßen und flüchten in alle möglichen Läden rein. Dort entdecken sie Dinge, die sie sich bei Sonnenschein nie angucken
5 würden, und kaufen Sachen, die sie eigentlich überhaupt nicht brauchen, zum Beispiel Regenschirme.
Wenn der Regen aufhört, ist die Luft wunderbar frisch, es riecht nach Benzin und den wasserfesten Farben der Fassaden. In jedem Mülleimer steckt dann ein Regenschirm, und überall sind große
10 Pfützen zu sehen. Meine Tochter Nicole und ich gehen oft nach dem Regen spazieren. Wir gehen am Optikladen* vorbei. Dort kauft sich ein Araber eine Brille.
„Guck mal!", zeigt Nicole mit dem Finger auf ihn. „Eine Frau mit Bart!"
15 „Nimm deinen Finger runter!", zische ich. „Das ist keine Frau mit Bart, das ist ein Araber, der sich eine Brille kauft."
„Wozu sind Brillen eigentlich gut? Für blinde Menschen?", fragt mich meine Tochter.
„Nein", sage ich, „blinde Menschen brauchen keine Brille. Man
20 kauft sie, wenn man das Gefühl hat, etwas übersehen zu haben."
Nicole zeigt auf die bunten Benzinstreifen, die in der Sonne blitzen. „Wäre es möglich, dass der Regenbogen vom Himmel runtergefallen ist?"
„Korrekt", antworte ich.
25 Wir gehen weiter. Ein vietnamesisches Mädchen steht mit beiden Füßen in einer besonders tiefen Pfütze. Das Wasser reicht ihr fast bis zu den Knien. Sie bewegt sich nicht und guckt traurig vor sich hin. Eine alte Frau bleibt vor ihr stehen. „Armes Mädchen! Du hast ja ganz nasse Füße", sagt sie. „Warum gehst du nicht nach
30 Hause und ziehst dir neue, warme Socken an?"
Die kleine Vietnamesin schweigt.
„Hast du überhaupt andere Socken?", fährt die alte Dame fort. „Wo wohnst du? Hast du ein Zuhause?"
Ein Ehepaar bleibt ebenfalls bei dem Mädchen stehen, die Frau
35 erwartet ein Baby, so sind sie auch interessiert.
„Verstehst du eigentlich unsere Sprache?", fragt der Mann besorgt. Das Mädchen schweigt.

der Optikladen: das Fachgeschäft für die Herstellung und den Verkauf von Brillen und anderen optischen Geräten

Wissen sichern und vernetzen

„Sie hat sich bestimmt verlaufen und kann ihre Eltern nicht finden, armes Kind", vermutet die alte Frau.

40 Eine Touristengruppe frisch aus einem Bus nähert sich dem Mädchen vorsichtig. Überwiegend ältere Menschen, die miteinander Plattdeutsch* reden.

„Aber warum steht sie in einer so tiefen Pfütze?", fragt ein Mann.

„Das ist doch ganz klar: Sie kann unsere Sprache nicht und will
45 auf diese Weise unsere Aufmerksamkeit erregen. Sie signalisiert uns, dass sie Hilfe braucht", erklärt die schwangere Frau.

„Was machen wir jetzt?", fragt die alte Dame, die als Erste das Mädchen entdeckt hat.

„Wir können das Kind unmöglich allein hier stehen lassen.
50 Am besten, wir rufen die Polizei."

„Genau", meint die Touristengruppe, „rufen Sie die Polizei, und wir passen inzwischen auf das Kind auf."

Plötzlich springt das vietnamesische Mädchen aus der Pfütze nach vorn, das schmutzige Wasser bespritzt die Passanten.
55 Alle sind nun nass: die alte Frau, das Ehepaar, die Plattdeutschtouristen. „Reingelegt!", ruft das Mädchen, lacht dabei diabolisch* und verschwindet blitzschnell um die Ecke. Alle Betroffenen bleiben fassungslos auf der Straße stehen.

Nicole und ich kennen das Mädchen, weil sie in unserem Haus
60 wohnt. Ihre Eltern haben einen Lebensmittelladen im Erdgeschoss und geben uns manchmal Erdbeeren und Bananen umsonst.

Und diesen Witz kennen wir auch schon. Das Mädchen macht ihn jedes Mal, wenn die großen Pfützen auf der Schönhauser Allee
65 auftauchen und die Menschenmengen kurzzeitig verschwinden. Auf wunderbare Weise wird die Allee aber schnell wieder trocken und belebt, sodass dann keiner mehr auf die Idee kommt, dass es hier vor Kurzem noch geregnet hat.

das Plattdeutsch: norddeutscher Dialekt

diabolisch: teuflisch

2 a) Stellt in Partnerarbeit Fragen an den Text und notiert Stichworte.

b) Gebt den Inhalt mündlich mit eigenen Worten wieder.

c) Erklärt, worin der Witz (Z. 53–57) besteht, den das Mädchen macht.

3 a) Bestimme die Erzählsituation.

b) Nenne die Erzählzeit. Beschreibe, welche Wirkung sie hat.

4 Stell dir vor, du könntest das vietnamesische Mädchen zu ihrem Erlebnis auf der Schönhauser Allee befragen.

a) Denkt euch in Partnerarbeit ein Interview aus und schreibt es auf.

b) Überarbeitet eure Texte in Partnerarbeit.

c) Lest das Interview gemeinsam in der Klasse vor. Inwieweit hat es euch beim Verständnis des Erzähltextes geholfen?

den Inhalt eines Erzähltextes verstehen

die Erzählsituation und die Erzählzeit bestimmen

ein Interview schreiben und vortragen

Auf den Spuren von Nessie

1 a) Was weißt du über Nessie? Notiere Stichworte in einem Cluster.

b) Lies den Text und hake Informationen ab, die in deinem Cluster auftauchen.

Das Wesen aus der Tiefe

Schon 1933 wurde das Wesen aus dem Loch Ness von Spaziergängern gesehen. Die Anwohner Mr. und Mrs. John Mackay berichteten damals von einem Tier mit zwei Buckeln, jeder davon drei Meter lang. Nachdem eine Lokalzeitung über die unheimliche
5 Begegnung geschrieben hatte, wurde das Lebewesen aus dem See nur noch „Monster" genannt. Eine wahre Hysterie* brach los. In der darauffolgenden Zeit gab es zahlreiche Sichtungen. Noch im selben Jahr wurde das erste Foto von Nessie, wie das Ungeheuer bald genannt wurde, gemacht. Weitere folgten. Jedoch wurden sie
10 alle früher oder später als Fälschungen enttarnt. Dennoch blieb die Nessie-Manie* bestehen. Zu interessant schien Forschern die Existenz eines noch nicht kategorisierten* Wesens.
Einer der überzeugendsten Beweise für die Existenz von Nessie wurde im August 1972 erbracht. Damals scannten* Sonar-Experten
15 unter der Leitung des Wissenschaftlers Robert Rines mit einem Unterwasserortungsgerät* den Grund des Sees. Am 8. August erkannte das Sonar im Loch Ness tatsächlich ein sieben bis zehn Meter langes Objekt. Auf Fotos ist eine Kreatur mit den aus vorigen Sichtungen beschriebenen Merkmalen – langer Hals und Buckel –
20 zu sehen. 1975 brachte eine weitere Expedition ähnliche Bilder hervor. Dr. Georg H. Zug, Zoologe* und Kurator* für Reptilien und Amphibien* am Smithsonian Institut in Washington, reihte Nessie, das bisher nicht bekannte Lebewesen, schließlich in die biologische Kategorie „Nessiteras rhombopteryx" ein.
25 Beschreibungen und Fotos des „Nessiteras rhombopteryx" von Schottland ähneln den so genannten Elasmosauriern.
Sie bevölkerten vor ca. 60 Millionen Jahren die Erde. Möglicherweise hat eines oder haben mehrere der Tiere im Loch Ness überlebt und sich über Jahrmillionen heimlich fortgepflanzt.
30 Manche Augenzeugen wollen Nessie sogar mit einem Nessie-Baby gesehen haben.

Vermutungen zu den Inhalten eines Sachtextes anstellen und überprüfen

Stichworte in einem Cluster sammeln

die Hysterie:
hier: übertriebene Aufregung

die Manie:
Abhängigkeit, Sucht; Wahnsinn
kategorisiert:
einer Gruppe (z. B. von Lebewesen) zugeordnet
scannen: mit einem Lesegerät abtasten
das Unterwasserortungsgerät: Gerät zum Auffinden von Dingen unter Wasser
der Zoologe: Wissenschaftler für Tierkunde
der Kurator: Verwalter einer Stiftung
die Amphibie: Tier, das im Wasser und auf dem Land leben kann

Prominente Wissenschaftler setzen sich seit einigen Jahren für intensivere Untersuchungen des schottischen Sees ein. Da Loch Ness sehr stark mit Schwebepartikeln* durchsetzt ist, wird die
35 Arbeit von Unterwasserfotografen und Tauchern erschwert. Außerdem kann man auf dem Grund des Loch Ness so gut wie nichts sehen, weil er mit einer dicken, undurchdringlichen Schlickschicht* bedeckt ist, die alles, was sich darin versteckt hält, perfekt verbirgt. Dennoch erhoffen sich die Forscher für die
40 Zukunft nicht nur Fotos, bei denen die Echtheit nicht mehr angezweifelt werden muss. Nein, sie wollen endlich den einzig wahren Beweis an die Oberfläche holen: Nessie selbst.

die Schwebepartikel: kleinste Teilchen im Wasser

der Schlick: *hier:* abgelagerter Seeschlamm

2 Welche für dich wichtigen neuen Informationen über Nessie enthält der Text? Notiere Stichworte.

3 Stelle die einzelnen Schritte der Entdeckung Nessies auf einem Zeitstrahl dar. Notiere zu den Jahreszahlen jeweils wichtige Stichworte aus dem Text.

Textinformationen mit Hilfe eines Zeitstrahls darstellen

4 a) Lies die folgende Überschrift.
Um wessen Fußstapfen könnte es sich handeln?

b) Lies den Text und überprüfe deine Vermutungen.

Vermutungen zu dem Inhalt eines Sachtextes anstellen und überprüfen

Fußstapfen im Schnee

Ein seltsames Geschöpf soll auch in den schneebedeckten, menschenleeren und zum großen Teil
5 unerforschten Höhen des Himalaya-Gebirges zwischen Indien und Tibet leben. Die

Tibeter nennen das geheimnisvolle Wesen Kangui, die Nepalesen Yeti. Sie beschreiben es als ein menschen- oder affenähnliches
10 Tier, etwa zwei Meter groß, schwanzlos, aufrecht gehend und mit rötlich braunem Fell bedeckt.
Das Wesen wurde seit 1832 gelegentlich auch von europäischen und amerikanischen Forschern beobachtet, doch nur aus großer Entfernung.

5 Fasse die Hauptinformation des Textes in 1–2 Sätzen zusammen.

Textinformationen zusammenfassen

6 a) Informiere dich im Internet und/oder in Fachbüchern über den Yeti.

b) Erstelle eine Folienpräsentation und stelle diese in deiner Klasse vor.

eine Folienpräsentation erstellen und vorstellen

Wissen sichern und vernetzen

ein Interview lesen

die Legende:
hier: Geschichte, Erzählung

Reinhold Messner
(geb. 1944 in Südtirol/Italien): Extrembergsteiger und Autor

orten: erkennen, finden

die Kopfgeburt: Idee, die nicht in die Tat umgesetzt wird und die keinen Bezug zur Realität hat
der Humbug: Unsinn
naiv: leichtgläubig

7 Lies nun ein Interview zum selben Thema.

SPIEGEL ONLINE: […] In Ihrem Buch von 1998 schreiben Sie über Legenden* und Wahrheit im Fall Yeti. Bleiben Sie dabei, dass es sich bei dem sagenhaften
5 Zotteltier um nichts anderes als den Tibetbären handelt […]?
Messner*: Das wäre zu einfach formuliert. Es ist die Verbindung einer legendären Figur, die seit einigen
10 Jahrtausenden in den Köpfen der Menschen lebt, und einer zoologischen Tatsache, die dieser Figur genau entspricht: dem Chemo, Dremo, Schneebären, Tibetbären oder wie immer man ihn in den verschiedenen Regionen Tibets nennt. […]
SPIEGEL ONLINE: Auf Ihrem Weg von Qamdo nach Nachu im
15 Osten Tibets sind Sie im Sommer 1986 in einer Nacht gleich zweimal auf den Yeti gestoßen.
Messner: Vermutlich handelte es sich um ein und dasselbe Exemplar. […]
SPIEGEL ONLINE: Hatten Sie Angst?
20 **Messner:** Die zweite Begegnung um Mitternacht hat gereicht, um mir einen Schrecken einzujagen. Der Yeti befand sich über 100 Meter weit weg, lief mal auf zwei, mal auf vier Beinen umher und war nur zu erkennen, solange er in Bewegung war. Stand er still, konnte ich ihn nicht mehr orten*. Mein einziger Gedanke
25 war: Hoffentlich kommt er nicht zu mir. […]
SPIEGEL ONLINE: Und die Erkenntnis: Der Yeti lebt.
Messner: Zu Beginn war ich ja selbst nur ein Skeptiker. Rund 50-mal habe ich den hochasiatischen Raum bereist und doch – außer Zeichnungen von Einheimischen – nie irgendwelche
30 konkreten Anhaltspunkte gefunden, die eine Existenz des Yetis bewiesen hätten. Ich glaubte nicht an eine Yeti-Figur, hielt die Idee für eine reine Kopfgeburt* und war sogar so weit, zu sagen, die Yeti-Geschichte ist einfach Humbug*. Erst durch meine eigene Begegnung mit dem unbekannten Wesen bin ich in eine Gegen-
35 haltung verfallen und dachte ganz naiv*: Wenn es real ist, kann ich es finden.

8 a) Formuliere die These Reinhold Messners in Bezug auf den Yeti in einem Satz.

b) Fasse stichwortartig zusammen, wie der Bergsteiger die Begegnung mit dem Yeti erlebt hat.

den Inhalt eines Interviews erarbeiten

einen Zeitungsbericht schreiben

9 a) Schreibe mit Hilfe der bisherigen Texte einen Zeitungsbericht zu dem Thema „Rätselhafte Wesen".

b) Überarbeitet die Texte anschließend in Schreibkonferenzen.

Texte in einer Schreibkonferenz überarbeiten

c) Stellt eure Zeitungsberichte in einer Klassenzeitung zusammen.

Wissen sichern und vernetzen

Am Tatort

1 Betrachte die Bilder und lies die beiden Anfänge für einen Kurzkrimi.

A Mord am Meer

Inspektor Fuchs kletterte vorsichtig die Böschung hinab, dicht gefolgt von seinem Assistenten Siebert. Einsam
5 und verlassen lag der Strand vor ihnen. „Wo genau wurde der Tote gefunden?", fragte Fuchs. Siebert hob seine Hand und deutete auf eine Stelle an
10 der Felswand, die kaum sichtbar durch ein dünnes Band vom Strand abgesperrt war. Fuchst nickte und lief zielstrebig auf den Tatort zu.
15 Siebert folgte mit leichtem Abstand …

B Eine Frau verschwindet

Die Scheibenwischer versuchten ihr Bestes, aber gegen einen solchen Regen konnten sie kaum etwas ausrichten. „Was ist eigentlich 5 mit dem Wetter los?", fragte Siebert missmutig. „Wie soll man da arbeiten?" Inspektor Fuchs kurbelte die Scheibe herunter und hielt den Kopf 10 ins Freie. „Da vorne ist es. Den Vorgarten vergesse ich nie."
Mit einem Ruck zog er den Wagen nach links und fuhr eine Hauseinfahrt hinauf. „Wir wollen sehen, wie uns der Hausherr das Verschwinden seiner Frau erklärt", sagte Fuchs und strich 15 sich die nassen Haare aus dem Gesicht. Langsam fuhren sie auf das Haus zu …

2 a) Setzt euch zu zweit zusammen und erzählt euch gegenseitig, was ihr bisher über die Handlung in den Texten A und B erfahren habt.

b) In beiden Fällen spielen Inspektor Fuchs und sein Assistent Siebert die Hauptrollen. Wie stellst du dir die beiden Personen vor? Notiere Stichworte und berücksichtige hierbei auch Informationen aus den Texten.

Schreibideen für eine Kriminalgeschichte sammeln

3 Schreibe zu einem der beiden Kurzkrimis eine Fortsetzung.

a) Sammle zunächst erste Ideen in einem Cluster. Gehe hierbei auf folgende Punkte ein: Ermittler, Opfer, weitere beteiligte Personen, Ort, verdächtige Personen, Motiv, Täter, Verschleierungstechnik, Überführung der Täterin / des Täters.

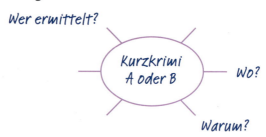

b) Stelle weitere Ideen zur Täterin / zum Täter in einer Mindmap zusammen. Gehe hierbei genauer auf das Verhältnis zum Opfer und das mögliche Tatmotiv ein.

c) Betrachte die Bilder auf S. 209. Welche zusätzlichen Informationen kannst du ihnen entnehmen?
Ergänze den Cluster und die Mindmap.

einen Schreibplan für eine Kriminalgeschichte erstellen

4 a) Erstelle einen Schreibplan für den Kurzkrimi deiner Wahl. Zu deiner Hilfe sind bereits Stichworte zu den ersten Schritten notiert.

	Krimi A	Krimi B
Ein Verbrechen wird entdeckt. ↓	ein Toter am Strand/ an der Felswand	Frau ist verschwunden
Ein Ermittler tritt in Erscheinung. ↓	Inspektor Fuchs, Assistent Siebert untersuchen Tatort	Inspektor Fuchs, Assistent Siebert suchen Ehemann auf
Die Verdächtigen werden ermittelt. ↓	...	...
...	...	...

eine Fortsetzung für eine Kriminalgeschichte schreiben

d) Setze den Krimi mit Hilfe deiner ersten Schreibideen und deines Schreibplanes fort.

eine Kriminalgeschichte überarbeiten

5 Überarbeite deinen Krimi gemeinsam mit einer Lernpartnerin / einem Lernpartner.

a) Schreibt zunächst mögliche Leitfragen zur Überarbeitung auf, z. B.:
– Passt die Fortsetzung zum Textanfang?
– Sind die Personen ...?
– ...

b) Überarbeitet eure Kurzkrimis mit Hilfe der Leitfragen.

eine Kriminalgeschichte vorlesen

6 Lies den Kurzkrimi in einer Leserunde in der Klasse vor.

Aus einer anderen Welt?

1 a) Betrachte das Foto und überfliege den Text. Worum könnte es gehen?

b) Lies nun den Text.

Vermutungen zu einem Sachtext anstellen und diese überprüfen

Spuren im Sand

Kilometerlange Linien führen schnurgerade über karge Hügel, riesige Vögel breiten ihre gigantischen Schwingen aus und überdimensionale Dreiecke, Trapeze und Rechtecke haben sich im trockenen Wüstenklima seit Jahrhunderten erhalten. Ein
5 unbekanntes Volk schuf auf dieser Ebene im heutigen Peru, zwischen der Pazifikküste und den Anden, über 100 dieser geheimnisvollen Zeichnungen, deren Ausmaße erst aus der Luft erkennbar werden. Viele dieser rätselhaften Linien formieren sich zu riesigen Spinnen, Kolibris und anderen noch ungeklärten
10 Mustern und Objekten. In der Nähe der peruanischen Stadt Nazca wurde ein Weltwunder in den kargen Boden gegraben, das sich in seiner ganzen Dimension erst den Menschen des 20. Jahrhunderts erschließen sollte.
Bei der Erforschung alter Bewässerungssysteme der Inka stieß der
15 amerikanische Archäologe Paul Kosok 1941 auf die geometrischen Muster, die durch Entfernen der oberen dunkelbraunen Steinschicht auf dem darunter befindlichen, hellen Boden entstanden waren. Erst als der Wissenschaftler das Gelände aus dem Flugzeug betrachtete, enthüllte sich ihm eine gigantische
20 Landschaftsmalerei. Die riesigen Bilder von Spinnen, Kolibris, Fischen, Echsen, eines Affen und eines Vogels mit einer

211

Spannweite von 122 Metern, der wahrscheinlich einen Kondor darstellt, ziehen sich über ein Wüstengebiet von nahezu 500 Quadratkilometern.

25 Neben den Tierabbildungen entdeckten Archäologen eine überwältigende Zahl von geometrischen Mustern: Zickzacklinien und Spiralen bedecken den Wüstenboden, faszinierende Landschaftsgrafiken und exakt gezogene Rechtecke, die aus der Vogelperspektive wie die Landebahnen eines Flughafens wirken.

30 Bei der Übertragung der Linien und Figuren in verkleinertem Maßstab auf Papier machte Paul Kosok eine Aufsehen erregende Entdeckung: Am Abend der Sommersonnenwende – auf der Südhalbkugel ist dies der 21. Dezember – versank die Sonne genau am Ende einer langen Scharrlinie am Horizont. Möglicher-
35 weise wiesen sämtliche Linien und Bilder von Nazca auf die Auf- und Untergangspunkte von Gestirnen. Die systematische Untersuchung der Nazca-Linien übernahm die deutsche Wissenschaftlerin Maria Reiche.

den Inhalt eines Sachtextes erarbeiten

2 Erarbeitet den Text in Partnerarbeit.
– Klärt unbekannte Wörter durch Nachfragen oder Nachschlagen.
– Gliedert den Text in Abschnitte und formuliert zu jedem Abschnitt W-Fragen.
– Formuliert für jeden Abschnitt eine passende Überschrift.

zu einem Sachtext einen Lexikonartikel erstellen

3 Fasse die erarbeiteten Informationen aus Aufgabe 2 in einem knappen Lexikonartikel zum Thema „Nazca" zusammen.

4 a) Lies nun den folgenden Text zum selben Thema.

Vorzeitlicher Flughafen?

Der amerikanische Archäologe* Jim Woodman hält Nazca für den Startplatz primitiver* Heißluftballons der Inka, die mit ihnen ihre toten Herrscher „zur Sonne zurückschicken" wollten. Er fand dort Gruben mit versengten* Rändern, in denen vielleicht Feuer
5 brannten, um leichte Ballonhüllen aus zusammengenähten Baumwollstoffen mit heißer Luft zu füllen. Immerhin gab es bei den Inka viele Legenden* über das Fliegen und Zeichnungen von ballonartigen Gebilden. Ein entsprechendes Experiment mit einem in alter Technik gebauten Ballon gelang tatsächlich – ganz
10 ohne außerirdische Hilfe.

der Archäologe: Altertumsforscher
primitiv: hier: einfach
versengt: angebrannt

die Legende: hier: erzählte Geschichte

den Inhalt eines Sachtextes zusammenfassen

b) Wie erklärt der Archäologe Woodman die Wüstenbilder in Nazca? Fasse seine These in eigenen Worten zusammen.

themengleiche Sachtexte vergleichen

5 a) Welche unterschiedlichen Erklärungen gibt es für die Wüstenbilder in Nazca? Fasse sie in einem kurzen Text zusammen.

Texte überarbeiten

b) Überarbeitet eure Texte in Partnerarbeit.

Teste dein Wissen!
Lernstandstest Klasse 8

Firmen spähen Bewerber online aus

Mehr als ein Viertel der Arbeitgeber überprüft Jobsucher in Internet/Auch private Daten werden kontrolliert/Verbraucherministerin Aigner mahnt Nutzer zu mehr Vorsicht

von Jörg Michel

5 Berlin – Die Arbeitgeber in Deutschland greifen bei ihrer Personalauswahl immer häufiger auf persönliche Daten von Bewerbern aus dem Internet zurück. Dabei werden die Stellensuchenden zum Teil systematisch auf ihre Hobbys, Interessen, Meinungsäußerungen oder auch private Vorlieben hin getestet. Viele von ihnen werden wegen dieser oft arglos ins Netz gestellten Angaben später nicht zu einem
10 Vorstellungsgespräch eingeladen. Zu diesem Ergebnis kommt eine Meinungsumfrage des Dimap-Institutes, die die Bundesregierung in Auftrag gegeben hat und die der Berliner Zeitung vorliegt.

Der Studie zufolge erklärte über ein Viertel der befragten Unternehmen (28 %), sie würden bei der Auswahl von Bewerbern gezielt Informationen aus dem Internet
15 nutzen. In vier von fünf Fällen geschieht dies bereits vor einer möglichen Einladung zu einem Vorstellungstermin. Als Quellen werden zum Beispiel [...] Netzwerke wie etwa Facebook oder StudiVZ genutzt. [...]

Diese dienen eigentlich persönlichen Zwecken, etwa, um Kontakte zu pflegen, Fotos zu versenden oder Meinungen auszutauschen. Da diese Portale in der Regel
20 frei zugänglich sind, ist es für Arbeitgeber ein Leichtes, diese Informationen für sich zu verwenden.

Dabei werden offenbar auch Angaben genutzt, die privater Natur sind und in keinem Zusammenhang mit einer Bewerbung stehen. In der Umfrage erklärten immerhin 36 % dieser Unternehmen, man nutze im Bewerbungsprozess auch
25 Informationen aus [...] Netzwerken. 20 % tun dies regelmäßig oder gelegentlich, 16 % eher selten. Ein Viertel der Unternehmen gab ferner an, dass es schon vorgekommen sei, dass man Bewerber wegen Informationen aus dem Netz nicht zum Vorstellungstermin eingeladen habe. Besonders kritisch bewerten es Arbeitgeber, wenn sich Bewerber im Internet abfällig über ihre gegenwärtige oder ver-
30 gangene Jobsituation äußern. 76 % gaben an, dies wirke sich negativ auf ihr Bild vom Kandidaten aus. Auch das Einstellen allzu persönlicher Inhalte, wie Fotos von privaten Partys, bringt Bewerbern Nach-
35 teile. [...] Verbraucherministerin Ilse Aigner [...] warnte die Bürger vor einem allzu freizügigen Umgang mit persönlichen Informationen im Internet.

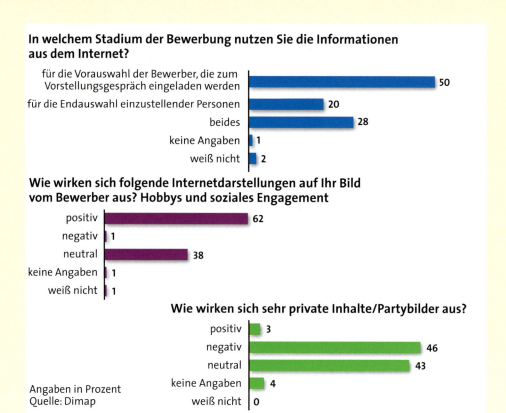

Angaben in Prozent
Quelle: Dimap

1 Zu welcher Textsorte gehört der Text auf S. 213?

A Sachbuchtext	B Nachricht
C Zeitungsbericht	D Zeitungsmeldung

2 Welche Bedeutung trifft im Text zu? Erläutere.

ausspähen (Z.1):	A beobachten	B auswählen	C überprüfen	D benachteiligen
systematisch (Z.7):	A ab und zu	B über eine längere Zeit	C zufällig	D nach festgelegtem Plan
arglos (Z.9):	A ohne Bedenken	B ohne nachzufragen	C ohne böse Absicht	D ohne Zustimmung
Studie (Z.13):	A Untersuchung	B Ausbildung	C Auswertung	D Ergebnis
ferner (Z.26):	A nicht nah	B weit weg	C darüber hinaus	D nachdem
freizügig (Z.37):	A großherzig	B leichtsinnig	C anzüglich	D freiheitsliebend

214

3 Was untersuchte die Studie?
Formuliere das Thema in einem Satz und schreibe ihn in dein Heft.

4 Richtig, falsch, nicht angegeben? Beachte Text und Grafik.
Stimmt es, dass bei der Studie
- **A** bevorzugt Berufswünsche abgefragt werden?
- **B** auch nach der Bewertung von sozialem Engagement gefragt wurde?
- **C** insbesondere kleinere Betriebe befragt worden sind?
- **D** 28 Betriebe angegeben haben, dass sie im Internet nach Informationen über Bewerber/innen suchen?
- **E** nur negative Auswirkungen auf die Bewerber/innen genannt werden?

5 Wer hat die Studie in Auftrag gegeben?

A die Berliner Zeitung	**B** die Bundesregierung
C das Dimap-Institut	**D** Jörg Michel

6 Stelle die Ergebnisse in den Zeilen 23–26 als Diagramm dar.
Welche Form eignet sich dafür am besten?

7 Warum können sich Informationen im Internet über Hobbys, Interessen oder Meinungsäußerungen negativ auf Bewerbungen auswirken? Begründe mit mindestens drei Sätzen und gib passende Beispiele an. Schreibe in dein Heft.

8 Findest du es richtig, dass Unternehmen ihre Bewerber/innen im Internet ausspähen? Begründe deine Meinung in einer halbseitigen Stellungnahme.

9 Wähle einen Schreibauftrag A oder B aus:
- **A** Schreibe fünf Ratschläge auf, wie Jugendliche mit ihren Daten im Internet umgehen sollen.
- **B** Schreibe den Zeitungsbericht in eine Nachricht um.

10 a) Schreibe drei Sätze des Textes (S. 213) in dein Heft, die im Passiv stehen.

b) Schreibe den Satzteil „..., die die Bundesregierung in Auftrag gegeben hat ..." (Z. 11) so um, dass das Prädikat im Passiv steht.

11 Die Verbraucherministerin sagte auch noch:
„Die unbekümmerte Preisgabe persönlicher Daten im Netz kann zu einem Stolperstein für die berufliche Karriere werden."
Wandle die wörtliche Rede in indirekte Rede um und schreibe sie in dein Heft.

12 Übernimm den Satz in dein Heft und bestimme alle Satzglieder.
Die Verbraucher sollten darum besonders sorgfältig mit ihren Daten umgehen, mahnte die Ministerin.

13 Hier muss einiges korrigiert werden.

Firmen spähen Bewerber online aus

In letzter Zeit häufen sich Artickel in der Presse und Nachrichten im Fernsehen, die darüber Berichten das die Zahl der Unternemen zunimmt, die ihre Bewerber online auskundschaften. Wer das beklagt, der sollte sich auch fragen, wieso die Informationen im Netz für Firmen so
5 interesant sind. Es ist doch erstaunlich, wie naif und Leichtsinnig Jugendliche, aber auch Erwachsene das Internet zur Selbstdarstellung benutzen. Nicht nur, dass sie persönliche Daten preis geben, sie stellen auch Bilder ins Netz, die nicht für die Öffentlichkeit gemacht sind. Manchmal könnte man den Eintruck gewinnen das sich Jugendliche
10 gegenseitig im Netz übertreffen wollen. Oftmahls lässt auch das, was sie über andere äussern, vatale Rückschlüsse auf sie selbst zu. Ein solches Verhalten ist nicht nur leichtfertig und unüberlegt, sondern auch noch gefehrlich. Denn nicht nur Personalabteilungen surfen im Internet, sondern auch Menschen mit krimminellen Absichten. Deshalb ist
15 verstärktes aufklären geboten, die Schulen und die Polizei müssen sich mit diesen Problemen mehr als bisher auseinandersetzen und Präventionsarbeit leisten.

a) Schreibe die Fehlerwörter korrigiert in die erste Spalte der Tabelle. Ergänze in der zweiten Spalte die Begründung für die Korrektur.

Artikel	Fremdwort (ähnliches Wort: Partikel)
dass	Konjunktion (Ersatzprobe: Ersetzen durch „welches" nicht möglich
…	…

b) Welche vier Fehler findet ein Rechtschreibprogramm nicht? Notiere eine Erklärung.

c) Schreibe die Sätze heraus, in denen Kommas fehlen, und setze die richtigen Zeichen.

Wissen und Können

Sprechen und Zuhören

adressatengerechtes Sprechen S. 7 ff.

Adressatengerechtes Sprechen – z. B. *sich vorstellen, sich entschuldigen, anfragen* – bedeutet, sich in Sprechinhalt und Sprechweise auf den Gesprächspartner / die Gesprächspartnerin einzustellen.
- Wähle eine angemessene Anrede.
- Sprich höflich und freundlich.
- Stelle wichtige Fragen und gib bereitwillig und präzise Antwort.
- Wähle eine angemessene Schlussformel.

Argumentieren → S. 65 ff.

In einem Gespräch / in einer Diskussion überzeugt man am besten durch Argumente. Dazu gehören:
- die Behauptung (These), z. B.: *Moderatoren sind unverzichtbar.*
- die Begründung (Argument), z. B.: *Moderatoren helfen, das Gespräch zu gliedern.*
- das Beispiel, z. B.: *Moderatoren leiten zu den Rückfragen über.*

Gesprächs- und Diskussionsregeln

- Sprich laut und deutlich, damit dich alle gut verstehen.
- Bleibe sachlich und höflich.
- Lass andere zu Wort kommen und ausreden.
- Bleibe beim Thema.
- Gehe auf die Beiträge der anderen ein.
- Akzeptiere die Meinung anderer.
- Frage nach, wenn du etwas nicht verstehst.

Die Diskussionsleiterin / der Diskussionsleiter hat die Aufgabe,
- die Diskussion einzuleiten, zu lenken und zu beenden;
- auf die Einhaltung der Diskussionsregeln zu achten;
- Aussagen der Diskussionsteilnehmer/innen zu verknüpfen;
- Beiträge zusammenzufassen.

Präsentieren / Ein Kurzreferat halten S. 7 f.

Mit einer Präsentation (z. B. Folienpräsentation) ist die Vorstellung eines bestimmten Themas vor Zuhörerinnen und Zuhörern gemeint.
Hinweise zur **Erstellung** einer (Folien-)Präsentation:
- Wähle eine neugierig machende Einleitung und einen passenden Schluss.
- Ordne die Informationen nach dem Prinzip des „roten Fadens".
- Schreibe nur die wichtigsten Stichworte auf die Folien/Vorlagen.
- Schreibe klar und übersichtlich.
- Setze gezielt Farben, Bilder und/oder Animationen ein.
- Nutze Computerprogramme bei der Erstellung der (Folien-)Präsentation.

Achte beim **Vortragen** auf folgende Punkte:
- Halte dich an die festgelegte Redezeit.
- Nenne alle wichtigen Informationen und erkläre sie verständlich.
- Sprich laut und deutlich.
- Schaue während des Vortrags dein Publikum an und beziehe es durch Fragen ein.

Ein **Handout** gibt den Aufbau/Inhalt eines Vortrags kurz und übersichtlich wieder. Die Zuhörer/innen können darin Notizen machen und Informationen nachlesen.

Schreiben

Argumentieren S. 65 ff.

- Eine Argumentation ist eine Zusammenfassung von Argumenten, die sinnvoll miteinander verknüpft sind. Du versuchst deinen Standpunkt zu einer strittigen Frage mit passenden Argumenten und erklärenden Beispielen überzeugend zu vertreten.
- **Pro** bedeutet, dass du das strittige Thema befürwortest.
- **Kontra** bedeutet, dass du eine ablehnende Haltung vertrittst.

Gehe beim schriftlichen Argumentieren so vor:
- Führe in der **Einleitung** zum Thema (Worum geht es?) hin. Wecke das Interesse deiner Leserinnen und Leser, indem du z. B. von persönlichen Erfahrungen ausgehst, auf Fakten oder aktuelle Bezüge eingehst. In der Einleitung kannst du auch wichtige Begriffe der Themenstellung klären.
- Ordne im **Hauptteil** die wichtigsten Argumente (Begründungen) in einer sinnvollen Reihenfolge und verknüpfe sie zu **Argumentationsketten**. Ergänze zu jedem Argument ein erklärendes Beispiel.
- Formuliere im **Schlussteil** deine abschließende Meinung, ziehe ein Fazit. Wiederhole das für dich wichtigste Argument, beschreibe ggf. einen für dich möglichen Kompromiss oder gib einen Ausblick in die Zukunft.

Beschreiben S. 49 ff.

- In einer Beschreibung wird ein Sachverhalt (z. B. ein Gegenstand, ein Weg, ein Vorgang, eine Person, ein Beruf) so dargestellt, dass die Leserinnen und Leser eine genaue Vorstellung davon bekommen.
- Beschreibungen sind sachlich, genau und **frei von persönlichen Wertungen**. Sie gehen auf **alle wichtigen Merkmale** des beschriebenen Sachverhaltes ein.
- Beschreibungen stehen im **Präsens.**
- Mache bei einer **Vorgangsbeschreibung** die Reihenfolge der Arbeits-/Handlungsschritte deutlich mit sprachlichen Mitteln wie Konjunktionen oder Adverbien.
- Verwende **Fachbegriffe, treffende Verben** und achte auf einen **übersichtlichen Satzbau.**

zum Praktikum / über das Praktikum schreiben S. 57 ff.

In **Praktikumsberichten** (Tages- oder Wochenberichte) wird über einen zurückliegenden Vorgang/Arbeitsablauf exakt, verständlich, knapp und in der richtigen zeitlichen Abfolge informiert. Gehe so vor:
- Orientiere das, was du berichten willst, an den 6 W-Fragen (Wer?/Was?/Wann?/Wo?/Wie?/Warum?).
- Stelle den Vorgang nachvollziehbar dar.
- Vermeide wörtliche Rede.
- Schreibe sachlich und im Präteritum.
- Beachte, dass die Verben oft im Passiv benutzt werden.

Über dein Praktikum kannst du auch in einem Tagebuch berichten.
Der **Tagebucheintrag** unterscheidet sich vom Praktikumsbericht dadurch, dass
- Gefühle, Gedanken, Wünsche niedergeschrieben werden können;
- der Ablauf der Vorgänge aus subjektiver Sicht beschrieben wird;
- in der Ich-Form nicht sachlich, sondern persönlich geschrieben wird;
- keine verbindlich festgelegte Abfolge eingehalten werden muss.

Berichten

Ein Bericht informiert **genau, knapp und sachlich** und **in der Abfolge der Geschehnisse** über ein zurückliegendes Ereignis.
- In der **Einleitung** werden kurz folgende W-Fragen beantwortet:
  Wer (tat etwas)? / Was (geschah)? / Wann (fand das Geschehen statt)? /
  Wo (fand das, worüber berichtet wird, statt)?
- Der **Hauptteil** beantwortet ausführlich die Fragen: Wie (lief das ab, worüber berichtet wird)? / Warum (geschah das, worüber berichtet wird)?
- Im **Schlussteil** werden entweder die Folgen (des Ereignisses / der Maßnahme) beschrieben oder es wird ein Ausblick gegeben.
- Die **Überschrift** ist knapp und informativ.
- Der Bericht steht meist im **Präteritum** und **vermeidet wörtliche Rede.**
- Oft werden Verben im **Passiv** verwendet.

die schriftliche Bewerbung → S. 41ff.

Mit der Bewerbung wirbt der Schreiber / die Schreiberin (beispielsweise im Zusammenhang mit einem Praktikum) für sich (Praktikumsplatz).
Das Bewerbungsschreiben ist in seinem Aufbau weitgehend normiert:
- Der Briefkopf enthält Angaben zu **Ort und Datum,** zum Absender (Name, Postadresse, Telefonnummer, Mail-Adresse) und zum **Adressaten**/Empfänger mit dem Namen des Ansprechpartners / der Ansprechpartnerin (wenn bekannt).
- Die **Betreffzeile** wird vom Briefkopf vier Leerzeilen abgesetzt.
- Dann folgt die **Anrede.**
- Anrede- und **Grußformel** sind unverzichtbare Wendungen, sie sollen eingehalten werden, um nicht unhöflich zu wirken.

Im Hauptteil des Bewerbungsschreibens gehst du darauf ein,
- woher du weißt, dass ein Praktikumsplatz frei ist;
- wo und wie du dich über das Berufsbild / den Betrieb informiert hast;
- welche Voraussetzungen du für diese Praktikumsstelle mitbringst.
- Beende das Bewerbungsschreiben mit der höflichen Bitte um ein Vorstellungsgespräch.

Es ist wichtig, dass der Textteil individuell gestaltet und auf deine Person abgestimmt ist, damit das Interesse des Empfängers für dich geweckt wird.
Zu den **Anlagen** einer Bewerbung gehören neben dem Bewerbungsschreiben ein tabellarischer Lebenslauf, Zeugnisse, weitere Bescheinigungen und ein aktuelles Passbild.

Der (tabellarische) Lebenslauf enthält persönliche Daten des Schreibers / der Schreiberin, Angaben zum schulischen Werdegang, zu (angestrebten) Schulabschlüssen und zu besonderen Kenntnissen und Qualifikationen. Er vermittelt einen ersten Eindruck von der Entwicklung des Schreibers / der Schreiberin.
Folgende Angaben sind unverzichtbar:
- persönliche Daten und aktuelles Foto
- Fakten und Daten zum schulischen Werdegang
- Sprachkenntnisse, besondere Kenntnisse und weitere Qualifikationen
- persönliche Interessen, soweit sich ein Zusammenhang zum angestrebten Praktikumsplatz herstellen lässt

Im tabellarischen Lebenslauf werden diese Angaben stichpunktartig formuliert.
Der Lebenslauf muss klar gegliedert, die Daten müssen chronologisch und lückenlos angeordnet sein.
Der Lebenslauf wird unterschrieben.

gestaltend zu einem literarischen Text schreiben  S. 27 ff., S. 101, S. 104

- Das **gestaltende/produktive Schreiben** zu einem literarischen Text kann dir helfen, den Text besser zu verstehen. Du kannst dich zum Beispiel in eine Figur hineinversetzen und aus ihrer Sicht schreiben. Gehe dabei immer von dem aus, was der Text über die Figuren aussagt.
- Das, was du in deinem eigenen Text zusätzlich erfindest, darf nicht im Gegensatz zu den Darstellungen im Text stehen, sondern soll sie weiterentwickeln.
- Überlege dir den Adressaten deines Textes, bevor du beginnst zu schreiben. In einem inneren Monolog z. B. wird offener über die Ereignisse gesprochen als in einem Interview für die Zeitung.

Texte schriftlich zusammenfassen S. 25 f.

In der **Textzusammenfassung** wird Gesehenes, Gehörtes oder Gelesenes in den wesentlichen Handlungszusammenhängen mit eigenen Worten wiedergegeben.
Die Textzusammenfassung besteht meist aus drei Teilen:
- Mache in der **Einleitung** Angaben zu
- der Textsorte,
- dem Verfasser / der Verfasserin,
- der Thematik,
- ggf. auch zur Aussageabsicht des Autors / der Autorin.
- Gehe im **Hauptteil** ein auf
- den wesentlichen Inhalt (Was?),
- die Hauptpersonen (Wer?),
- den Schauplatz / die Schauplätze (Wo?),
- den zeitlichen Rahmen (Wann?)

und beschreibe
- Handlungszusammenhänge (Ursachen, Folgen/Warum?).
- Wenn du einen **Schlussteil** schreibst, dann gehe
- auf die Absicht des Textes,
- seine Wirkung (auf dich),
- die Besonderheiten der sprachlichen Gestaltung ein.
- Du kannst zum Text oder zu den Figuren Stellung nehmen.

Die Textzusammenfassung steht im Präsens, vorausgegangene Handlungen im Perfekt; der Sprachstil ist sachlich. Die Textzusammenfassung enthält keine wörtliche Rede.

Texte überarbeiten → hinterer innerer Buchumschlag

Lesen – Umgang mit Texten

dramatische Texte → S. 115 ff.

Dramatische Texte bilden neben lyrischen (Gedichte) und epischen Texten (erzählende Texte) eine der drei Gattungen der Dichtung.
- In dramatischen Texten wird ein Geschehen durch **Dialoge** und/oder **Monologe** der handelnden Personen dargestellt. Auf der Bühne wird der Sprechtext durch Bewegung, **Mimik und Gestik** verstärkt.
- Die Textfiguren sind Handlungsträger, die bestimmte Eigenschaften haben, eine bestimmte Absicht verfolgen und Motive für ihr Handeln erkennen lassen. Sie stehen in einer bestimmten Beziehung (**Figurenkonstellation**) zueinander.

erzählende Texte → S. 97 ff.

Erzählende Texte gehören genau wie die dramatischen und lyrischen Texte zu den fiktionalen Texten, die sich in eine Vielzahl von Textsorten (z. B. Märchen, Sage, Parabel, Roman usw.) aufteilen.
Zu den erzählerischen Elementen gehören:
- **die Erzählsituation**
  Es ist wichtig, zwischen Autorin/Autor und Erzählerin/Erzähler zu unterscheiden.
Man unterscheidet drei Erzählsituationen:
  - **die auktoriale Erzählsituation:** Der auktoriale oder allwissende Erzähler weiß, was die Figuren des Textes tun, denken und fühlen. Manchmal wendet er sich direkt an die Leser („*Doch der Anlass, meine ich, ist unwichtig genug, er braucht uns …*" S. 22, Z. 29).
  - **die personale Erzählsituation:** In der personalen Erzählsituation wird das Geschehen aus der Sicht (= Erzählperspektive) einer Person in der Er- oder Sie-Form erzählt.
  - **die Ich-Erzählsituation:** In der Ich-Erzählsituation ist die Erzählerin / der Erzähler gleichzeitig eine Textfigur und lässt die Leserinnen und Leser das Geschehen nur aus ihrer Sicht nacherleben.
- **Erzählzeit und erzählte Zeit**
  Unter Erzählzeit versteht man die Zeit, in der die Geschichte gelesen oder erzählt wird. Die erzählte Zeit ist der Zeitraum, über den sich das Geschehen erstreckt.

journalistische Sachtexte → S. 83 ff.

Journalistische Sachtexte finden sich in Zeitungen und Zeitschriften. Sie zeichnen sich durch Aktualität und die Beantwortung der 6 W-Fragen (Wer?/Was?/Wo?/Wann?/Wie?/Warum?) aus.
Man unterscheidet verschiedene Formen:
- **die Nachricht**
  Die Nachricht ist meist eine knappe Mitteilung, die sich auf Fakten und Vorgänge beschränkt. Die Autorin / Der Autor bemüht sich, objektiv und unparteiisch zu informieren. Meist werden Nachrichten im **Lead-Stil** verfasst. Das bedeutet, dass die wichtigsten Informationen am Anfang stehen, erst danach werden Details berichtet.
- **der Bericht**
  Der Bericht unterscheidet sich von der Nachricht darin, dass er umfangreicher und detaillierter ist.
- **der Kommentar**
  Kommentare enthalten die Meinung des jeweiligen Verfassers, sie sind aus einer bestimmten Perspektive geschrieben. Die Schreiberin / Der Schreiber wertet Fakten, Vorgänge, Hintergründe und erläutert Zusammenhänge.
- **der Leserbrief**
  Leserbriefe beziehen sich meist auf veröffentlichte Texte und bringen die Meinung der Schreiberin / des Schreibers zum Ausdruck, sind also subjektiv wertend.

Tabellen, Diagramme und Schaubilder erschließen → S. 84

- **Tabellen erschließen:**
  - Stelle fest, worüber die Tabelle informiert. Achte auf die Überschrift.
  - Verschaffe dir einen Überblick darüber, welche Informationen die Spalten und die Zeile enthalten.
  - Vergleiche die Angaben in der Tabelle miteinander.
- **Diagramme erschließen:**
  Hierzu findest du Informationen und Beispiele auf der inneren Umschlagseite hinten im Buch.
- **Schaubilder erschließen:**
  Schaubilder zeigen durch Abbildungen, Zahlen und Informationen Zusammenhänge, Größen-, Mengen- und Zahlenverhältnisse oder den (zeitlichen) Verlauf von etwas.
  - Betrachte das Schaubild und lies die Über- oder Unterschrift: Was ist das Thema?
  - Beschreibe das Schaubild: Aus welchen Teilen besteht es?
  - „Lies" das Schaubild: Welche Informationen kannst du herauslesen?

lyrische Texte → S. 107 ff.

Zu den lyrischen Texten gehören alle in Gedichtform geschriebenen Texte.
Dazu gehören Formen wie Gedichte, Balladen usw.

- Eine **Ballade** ist ein Erzählgedicht, das meist in gereimter Form verfasst ist. Sie erzählt von einem ungewöhnlichen oder dramatischen Ereignis, das erfunden oder wirklich passiert sein kann.
- Die Zeilen eines lyrischen Textes heißen **Verse**, die Abschnitte nennt man **Strophen**.
- Der **Reim** ist ein wichtiges Gestaltungsmittel von Gedichten:

Der Mond ist aufge*gangen*	a ⎤ Paarreim
Die goldnen Sternlein *prangen*	a ⎦
Am Himmel hell und *klar*;	b ⎤
Der Wald steht schwarz und *schweiget*,	c ⎤ umarmender Reim
Und aus den Wiesen *steiget*	c ⎦
Der weiße Nebel wunder*bar*.	b ⎦

Ich segle stolz in blauer *Höh*	a ⎤
Und lache auf euch *nieder*.	b ⎤ Kreuzreim
Wenn ich die Welt von oben *seh*,	a ⎦
Freut mich das Dasein *wieder*.	b ⎦

- Das **Metrum** (Versmaß) ist eine gleichmäßige Abfolge von betonten und unbetonten Silben:
  - der **Jambus** (xx́):   Der Mond ist aufgegangen ...
                            x x́ x x́ x x́ x
  - der **Trochäus** (x́x):   Als ich nachher von dir ging ...
                            x́ x x́ x x́ x x́
- **Stilmittel** von Gedichten sind: ungewöhnliche, oft klangvolle Wörter, Vergleiche, sprachliche Bilder und auffallende Wortstellung.
  - Bei der **Ellipse** werden Satzglieder weggelassen, um das Wesentliche eines Gedankens hervorzuheben.
  - Bei einer **Metapher** wird die Bedeutung eines Wortes auf einen anderen Bereich übertragen (vgl. S. 108, Z. 7: *Menschentrichter*).
- In vielen Gedichten spricht ein **lyrisches Ich** über seine Gefühle und Wünsche. Verwechsle es nicht mit der Autorin / dem Autor.

Über Sprache nachdenken
Mit Wortarten umgehen

das Adjektiv (Eigenschaftswort) → S.166 ff.

Adjektive drücken aus, *wie* etwas ist,
z.B.: *die bunte Scheibe, das schnelle Pferd*; oder auch: *Das Pferd läuft schnell.*
Adjektive lassen sich bis auf wenige Ausnahmen steigern:
- **der Positiv** (die Grundform) des Adjektivs, z.B.: *Das ist wirklich eine lustige Geschichte.*
- **der Komparativ** (die Vergleichsform), z.B.: *Ich lese lieber kürzere Geschichten.*
- **der Superlativ** (die zweite Form der Steigerung), z.B.: *Die Geschichte scheint mir für dieses Alter am geeignetsten.* (zur Schreibung vgl. Merkasten S.172)

die Konjunktion (das Bindewort) → S.148 f.

Konjunktionen verbinden Wörter, Satzteile oder Teilsätze miteinander.
Bei den Konjunktionen, die Sätze verbinden, unterscheidet man **nebenordnende** und **unterordnende** Konjunktionen.
- **Nebenordnende Konjunktionen** oder Hauptsatz-Konjunktionen verbinden Hauptsätze miteinander. So entstehen **Satzreihen.** Wichtige nebenordnende Konjunktionen sind: *aber, denn, jedoch, oder, und;*
z.B.: *Sie war keine gute Läuferin, aber sie wollte unbedingt am Wettbewerb teilnehmen.*
- **Unterordnende Konjunktionen** oder Nebensatz-Konjunktionen verbinden Haupt- und Nebensätze miteinander. Es entsteht ein **Satzgefüge.** Wichtige unterordnende Konjunktionen sind: *dass, als, weil, obwohl, wenn, nachdem;*
z.B.: *Die Mannschaft wurde Meister, obwohl sie im letzten Spiel kein Tor erzielte.*

das Nomen (das Hauptwort, das Namenwort) → S.136 f.

Nomen (Substantive) werden immer **großgeschrieben.** Sie bezeichnen
- Lebewesen (die Löwin, das Reh, der Mensch)
- Gegenstände (die CD, das Spiel, der Rechner)
- Gefühle (die Trauer, das Entsetzen, der Mut)
- Zustände (die Armut, das Glück, der Reichtum)

Man unterscheidet bei Nomen **drei Geschlechter** (Genus; Plural: Genera):
- **maskulin** (männlich): *der Regen*
- **feminin** (weiblich): *die Sonne*
- **neutral** (sächlich): *das Gewitter*

Nomen und ihre Begleiter → S.136 f.

- **bestimmter Artikel**: *Der Donner war schon ziemlich stark.*
- **unbestimmter Artikel**: *Ein Gewitter folgte dem anderen.*
- **versteckter Artikel**: ein Artikel, der mit einer Präposition zu einem neuen Wort verschmolzen ist, z.B.: *Beim Gewitter sollte man sich nicht unter Bäumen aufhalten.*
- **gedachter Artikel** (Artikel, den man sich dazudenken muss): *Viele fürchten sich bei (einem) Gewitter.*
- **Demonstrativpronomen** (hinweisende Fürwörter): *Dieses Gewitter hat lange angedauert.*
- **Possessivpronomen** (besitzanzeigendes Fürwort): *Meine kleine Schwester hält sich bei jedem Donnerschlag die Ohren zu.*
- **Indefinitpronomen** (unbestimmtes Fürwort): *Kein Mensch hätte gedacht, dass es ein so schweres Gewitter werden würde.*
- **Numerale** (Mengenangaben): *Viel Schaden wurde durch das Unwetter angerichtet.*

die Nominalisierung → S. 170 f.

Verben, Adjektive und Pronomen können nominalisiert (zu einem Nomen) werden. Nominalisierungen werden wie Nomen **großgeschrieben,** z. B.:

	Nominalisierung
Ich schwimme gerne.	*Das Schwimmen macht mir große Freude.*
Die Geschichte bleibt bis zum letzten Satz spannend.	*Das Spannende an der Geschichte ist die Suche nach dem Schatz.*
Gehst du mit uns ins Schwimmbad?	*Er hat mir das Du angeboten.*

Oft erkennt man Nominalisierungen auch an den Begleitwörtern.

besondere Pluralformen → S. 129 ff.

Viele Wörter der deutschen Sprache kommen aus anderen Sprachen (Fremdwörter, S. 156 ff.)
und haben oft besondere Pluralformen, z. B.:
- der Atlas – die Atlanten
- das Museum – die Museen
- das Taxi – die Taxen

die Präposition (das Verhältniswort)

Die Präposition gibt das Verhältnis zwischen Gegenständen oder Personen an:
- Raum (wo?): *Die Vase steht in/auf dem Schrank..*
- Zeit (wann?): *Sie kommt gegen/am Abend.*

Nach einer Präposition folgt immer ein ganz bestimmter Fall:
- **Präpositionen mit Dativ:** *aus, bei, mit, nach, seit, ...*
  Sie kommt aus dem Zimmer.
- **Präpositionen mit Akkusativ:** *durch, für, gegen, um, ...*
  Wir haben für einen guten Zweck gesammelt.
- **Wechselpräpositionen** mit Dativ (wo?) oder Akkusativ (wohin?):
  in, an, auf, über, unter, hinter, ...
  Sie hat Englisch in meiner Gruppe. Sie geht schon lange in meine Klasse.

das Pronomen → S. 136 f.

Das Pronomen vertritt oder begleitet Nomen.
Man unterscheidet:
- **Demonstrativpronomen** (hinweisendes Fürwort): *dieses, jenes, diese, ...*
  Dieses Rot gefällt mir gut.
- **Personalpronomen** (persönliches Fürwort), z. B.: *ich, du, er/sie/es, wir, ihr, sie*
  Moritz → Er hat schon wieder etwas angestellt.
- **Possessivpronomen** (besitzanzeigendes Fürwort): *mein, dein, sein, unser, euer, ihr*
  Mein Geheimnis verrate ich nicht.
- **Indefinitpronomen** (unbestimmtes Fürwort): *man, keiner, niemand, ...*
  Niemand hatte damit gerechnet.

das Verb (das Tätigkeitswort) → S. 139 ff.

Das Verb gibt an, was jemand tut (*er singt*) oder was geschieht (*es regnet*).
Wenn man ein Verb im Satz verwendet, bildet man aus dem **Infinitiv** (Grundform) die **Personalform**, z. B.: *diktieren* (Infinitiv) → *ich diktiere* (1. Person Singular).
- **Modalverben** (*wollen, mögen, dürfen, können, sollen, müssen*) werden zusammen mit einem Vollverb verwendet und verändern dessen Bedeutung, z. B.:
  Ich will jetzt fahren. (Absicht, Bereitschaft)
  Ich muss jetzt fahren. (Zwang, Gebot)

die Zeitformen des Verbs → S. 139 f.

Verben im **Präsens** (Gegenwart) drücken aus,
- was gerade geschieht: *Jutta fasst den Inhalt der Geschichte zusammen.*
- was immer geschieht (jetzt und in der Zukunft):
  Zu jedem Geburtstag schickt er eine Karte. Der Rhein mündet in die Nordsee.
- was in der Zukunft geschieht (mit Zeitangabe):
  Übermorgen zeige ich meine Präsentation.

Das Präsens verwendet man z. B. beim schriftlichen Argumentieren oder bei Textzusammenfassungen.

Verben im **Präteritum** drücken aus, was in der Vergangenheit geschehen ist.
Das Präteritum verwendet man meist beim schriftlichen Erzählen oder Berichten, z. B.:
Die andere Auszubildende begleitete mich durch die Abteilungen.

Verben im **Perfekt** drücken etwas aus, was in der Vergangenheit geschehen ist, besonders beim mündlichen Erzählen.
z. B.: *Der Dichter hat einen Großteil seines Lebens in München verbracht.*

Verben im **Plusquamperfekt** drücken aus, was vor einem Geschehen in der Vergangenheit bereits passiert war.
z. B.: *Er hatte viele Jahre in München gelebt, bevor er nach Amerika auswanderte.*

Verben im **Futur** (Zukunft) sagen, was in der Zukunft geschehen wird.
z. B.: *Vielleicht wird er noch einmal zu einem Besuch nach Deutschland kommen.*

Indikativ und Konjunktiv → S. 141 ff.

Indikativ (Wirklichkeitsform) und Konjunktiv (Möglichkeitsform) sind Verbformen,
- die Wirkliches / tatsächlich Geschehenes ausdrücken,
  z. B.: *Er lernt die Vokabeln.* **(Indikativ)**
- die etwas indirekt wiedergeben,
  z. B.: E*r behauptet, er lerne die Vokabeln.* **(Konjunktiv I)**
  Bildung des Konjunktiv I: Verbstamm + Endung im Konjunktiv, z. B.:
  verlier + e → sie verliere
- die Gewünschtes, nur Vorgestelltes ausdrücken.
  z. B.: *Wenn ich Zeit hätte, ginge ich mit dir ins Schwimmbad.* **(Konjunktiv II)**
  Bildung des Konjunktiv II: Verbstamm im Präteritum (ggf. mit Umlaut) + Endung im Konjunktiv, z. B.: *ich verlor + Umlaut (ö) + e → ich verlöre*

Am häufigsten wird der Konjunktiv in der i**ndirekten Rede** verwendet.
direkte Rede: *Sie sagt: „Er hört mir überhaupt nicht zu!"* **(Indikativ)**
indirekte Rede: *Sie sagt, er höre ihr überhaupt nicht zu.* **(Konjunktiv I)**
Im allgemeinen Sprachgebrauch wird der Konjunktiv häufig mit „würde" umschrieben,
z. B.: *Sie sagt, er würde ihr überhaupt nicht zuhören.*
Oft unterscheiden sich die Formen von Indikativ und Konjunktiv I nicht, dann benutzt man meist den Konjunktiv II oder die Umschreibung mit „würde",
z. B.: *Sie sagt: „Ich denke gar nicht gern daran".* (Indikativ)
Sie sagt, sie denke gar nicht gern daran. (Konjunktiv I)
Sie sagt, sie würde gar nicht gern daran denken.

das Partizip I und II → S. 138 f.

Das **Partizip I** (Partizip Präsens) setzt sich aus **Verbstamm + *end*** zusammen, z. B.:
gehend, zitternd, singend.
Das **Partizip II** (Partizip Perfekt) setzt sich meistens zusammen aus ***ge* + Verbstamm + *(e)t* oder *en*,**
z. B. *gezittert, gelaufen.*
Beide Partizipformen können wie ein Adjektiv gebraucht werden,
z. B.: *der singende Vogel, der frisch gestrichene Zaun.*

Aktiv und Passiv → S. 140 f.

In Sätzen, in denen ausgedrückt wird, was die handelnde Person tut, steht das Prädikat im **Aktiv**,
z. B.: *Ich rufe meine Freundin an.*
Sätze, bei denen die handelnde Person nicht genannt wird, stehen im **Passiv**.
Dieses wird mit **werden + Partizip II** gebildet,
z. B.: *Meine Freundin wird angerufen.*

Wortbildung und Wortbedeutung

Wortbildung: Ableitung und Zusammensetzung → S. 130 f.

- Durch **Ableitung** können neue Wörter entstehen. Mit **Präfixen** (Vorsilben) und **Suffixen** (Nachsilben) kann man aus vorhandenen Wörtern neue ableiten, z. B.:
  Präfixe: *an-* (der Anschluss, anschließen, anschließend), *ver-* (der Verstand, verstehen, …)
  Suffixe: *-heit* (die Freiheit), *-ung* (die Endung), *-nis* (das Zeugnis), *-ig* (mutig), *-lich* (fröhlich).
- zu Fremdwort-Suffixen siehe Seite 157 f.
- Auch durch **Zusammensetzen** von Wörtern können neue Wörter entstehen. Das **Grundwort** bestimmt die Wortart und das Geschlecht (Genus) bzw. den Artikel, z. B.:
  rot (Bestimmungswort) + *der Kohl* (Grundwort) = *der Rotkohl* (Zusammensetzung).

Sprachvarianten → S. 125 ff.

Eine Sprachgemeinschaft verwendet in der Regel eine allgemein verbindliche Form einer Sprache – die Standardsprache.
Sprachvarianten sind z. B. Jugendsprachen und Fachsprachen.

die Wortfamilie → S. 130 ff.

Wortfamilien werden aus Ableitungen und Zusammensetzungen gebildet. Die Wörter einer Wortfamilie werden im Wortstamm meist gleich oder ähnlich geschrieben, z. B.:
- *die Bahn, die Bahnlinie, der Bahnhof, anbahnen, das Bahngleis, …*
- *malen, der Maler, anmalen, ausmalen, Malfarbe, der Malpinsel, …*
- *fahren, ausfahren, befahren, Fahrt, Fähre, Fuhrwerk, …*

das Wortfeld → S. 130 ff.

Wörter mit ähnlicher Bedeutung bilden ein Wortfeld, z. B.:
Wortfeld „mutig": *waghalsig, couragiert, kühn, furchtlos, …*

Satzglieder und Sätze

die Satzglieder → S. 146 f.

Wörter oder Wortgruppen im Satz, die bei der Umstellprobe immer zusammenbleiben, sind Satzglieder, z.B.:
Morgen / schreiben / wir / eine Klassenarbeit / in der dritten Stunde.
Wir / schreiben / morgen / eine Klassenarbeit / in der dritten Stunde.
In der dritten Stunde / schreiben / wir / morgen / eine Klassenarbeit.
Eine Klassenarbeit / schreiben / wir / morgen / in der dritten Stunde.

das Prädikat (die Satzaussage)
Es wird mit der Frage „*Was tut/tun …?*" oder „*Was geschieht?*" erfragt,
z.B.: *Wir schreiben eine Klassenarbeit. Was tun wir? Wir schreiben eine Klassenarbeit.*
Das Prädikat kann mehrteilig sein,
z.B.: *Wir haben eine Klassenarbeit geschrieben.*

das Subjekt (der Satzgegenstand)
Das Satzglied, das aussagt, wer oder was etwas tut, ist das Subjekt.
Das Subjekt wird mit **Wer?** oder **Was?** erfragt,
z.B.: *Wir schreiben eine Arbeit. Wer schreibt eine Arbeit? Wir schreiben eine Arbeit.*
Das Subjekt steht im Nominativ.

die Objekte (die Satzergänzungen)
Das Dativ-Objekt erfragt man mit **Wem?**,
z.B.: *Der Lehrer gibt uns die Arbeit zurück. Wem gibt er die Arbeit zurück?*
Der Lehrer gibt uns die Arbeit zurück.
Das Akkusativ-Objekt erfragt man mit **Wen?** oder **Was?**,
z.B.: *Wir schreiben eine Arbeit. Wen oder was schreiben wir?*
Wir schreiben eine Arbeit.
Objekte, die nur mit Hilfe von Präpositionen erfragt werden können, nennt man
Präpositionalobjekte. Hier fordert das Verb eine bestimmte Präposition,
z.B.: *Ich frage nach meiner Note. Wonach (nach wem) frage ich?*
Ich frage nach meiner Note.
z.B.: *Ich hoffe auf eine gute Note. Worauf (auf was?) hoffe ich?*
Ich hoffe auf eine gute Note.

die adverbiale Bestimmung
Adverbiale Bestimmungen sind Satzglieder, mit denen man nähere Angaben zu einem Geschehen machen kann.
Es gibt
- adverbiale Bestimmungen der **Zeit** (Frage: *Wann?*),
  z.B.: *Die Party findet am Samstag statt.*
- adverbiale Bestimmungen des **Ortes** (Fragen: *Wo? Wohin? Woher?*),
  z.B.: *Die Party findet im Jugendzentrum statt.*
- adverbiale Bestimmung **der Art und Weise** (Frage: *Wie? Womit?*),
  z.B.: *Die Partygäste haben in bester Laune gefeiert.*
- adverbiale Bestimmung **des Grundes** (Frage: *Warum? Weshalb?*),
  z.B.: *Wegen meiner schlechten Mathenote darf ich nicht an der Party teilnehmen.*

das Attribut
Attribute sind **Teil eines Satzglieds**, also keine selbstständigen Satzglieder. Sie stehen vor oder hinter ihren Bezugswörtern (z.B. einem Nomen) und bestimmen sie näher.
Frageprobe: ***Was für eine …?***
z.B.: *der tolle Film, ein Film mit atemberaubenden Stunts*

die Satzarten → S. 148 ff., S. 177 ff.

Hauptsätze nennt man vollständige Sätze, die allein stehen können, z. B.: *Sie ist angekommen.*
Es gibt verschiedene Satzarten:
- **Aussagesatz,** z. B.: *Das Fenster ist geschlossen.*
  Nach einem Aussagesatz steht ein Punkt.
- **Fragesatz,** z. B.: *Ist das Fenster geschlossen?*
  Nach einem Fragesatz steht ein Fragezeichen.
- **Aufforderungs-, Befehls- und Aussagesatz,** z. B.: *Schließ bitte das Fenster!*
  Nach einem Aufforderungs- oder Befehlssatz steht ein Ausrufezeichen.

Nebensätze erkennt man daran, dass
- sie nicht allein stehen können,
- das Prädikat meist an der letzten Satzgliedstelle steht,
- sie durch Komma vom Hauptsatz abgetrennt werden,
- sie oft durch eine Konjunktion eingeleitet werden, z. B.:
  *Die Bildschirme bleiben schwarz, **weil** der Strom **ausgefallen ist.***
          Hauptsatz   Nebensatz

Nebensätze → S. 178 ff., S. 182 ff.

Nebensätze, in denen adverbiale Bestimmungen umschrieben werden, nennt man **Adverbialsätze**.
Man unterscheidet u. a.
- **Kausalsätze** (*Warum?*),
  z. B.: *Seine Arbeit ist nicht gewertet worden, weil er so lange krank war.*
- **Konzessivsätze** (*Trotz welcher Gegengründe?*),
  z. B.: *Er hat die Arbeit mitgeschrieben, obwohl er so lange krank war.*
- **Modalsätze** (*Wie?*),
  z. B.: *Er überprüfte die Rechtschreibung, indem er das Wort im Wörterbuch nachschlug.*
- **Temporalsätze** (*Wann?*),
  z. B.: *Er war froh, als die Arbeit endlich abgeschlossen werden konnte.*

Nebensätze können auch die Rolle eines Subjekts oder eines Objekts übernehmen,
z. B.: *Es ist noch ungewiss, ob alle Gäste kommen werden.* → **Subjektsatz**
(*Wer oder was ist ungewiss?*),
z. B.: *Ich finde es wichtig, dass man sich rechtzeitig anmeldet.* → **Objektsatz**
(*Wen oder was finde ich wichtig?*)

Nebensätze, die ein Nomen (Bezugswort) näher erklären, nennt man **Relativsätze**.
Sie beginnen mit einem Relativpronomen (*der/die/das* oder *welcher/welche*).
Relativsätze ersetzen Attribute,
z. B.: *Dieser Film, der bereits in den USA ein großer Erfolg war, läuft jetzt im Kino.*
Der Wettbewerb, an dem viele Jugendliche teilnahmen, war ein großer Erfolg.

Satzreihe und Satzgefüge → S. 178 f.

Das Satzgefüge ist eine Verbindung aus einem Haupt- und einem Nebensatz,
z. B.: *Die Schule bleibt geschlossen, weil die Heizung ausgefallen ist.*
        Hauptsatz   Nebensatz

Die Satzreihe besteht aus mindestens zwei Hauptsätzen,
z. B.: *Die Heizung ist repariert, aber die Schule muss noch einen Tag geschlossen bleiben.*
        Hauptsatz   Hauptsatz

Richtig schreiben
Rechtschreibhilfen

die Fehleranalyse → S. 188, S. 74

- Lege eine Tabelle mit drei Spalten an.
- Schreibe in die erste Spalte jeweils deine Fehlerwörter in der richtigen Schreibweise.
- Unterstreiche die korrigierte Stelle im Wort.
- Begründe in der zweiten Spalte, worin dein Fehler lag.
- Notiere in der dritten Spalte Regeln und Tipps, die dir helfen, das Wort künftig richtig zu schreiben.

korrigiertes Fehlerwort	Warum war es falsch?	Wie vermeide ich den Fehler?
zum N<u>a</u>chdenken	Es ist eine Nominalisierung und wird großgeschrieben.	Ich erkenne die Nominalisierung hier am verschmolzenen Artikel (*zu dem = zum*).

das Partnerdiktat → S. 176

- Lies zuerst den gesamten Diktattext durch und präge dir schwierige Wörter ein.
- Lass dir die erste Hälfte des Textes von einer Lernpartnerin / einem Lernpartner diktieren.
- Tauscht bei der zweiten Texthälfte die Rollen.
- Überprüfe deinen Text auf Fehler.
- Tauscht eure Texte aus und korrigiert euch gegenseitig.
- Verbessere deine Fehlerwörter.

Nachschlagen im Wörterbuch → S. 132 ff.

Du kannst Fehler vermeiden, wenn du schwierige Wörter in einem Wörterbuch nachschlägst. Darin sind die Wörter **nach dem Alphabet** geordnet.

- Schlage das Wörterbuch an der Stelle auf, wo du den Anfangsbuchstaben des gesuchten Wortes vermutest.
- Auf jeder Doppelseite des Wörterbuchs stehen links oben und rechts oben fett gedruckte **Kopfwörter**, die angeben, welches der erste und welches der letzte Eintrag auf der Doppelseite ist.
- Da es viele Wörter mit gleichem Anfangsbuchstaben gibt, musst du meist noch den 2. oder sogar den 3. Buchstaben dazunehmen.
- Den alphabetisch aufgelisteten Wörtern sind oft weitere Wörter untergeordnet, z. B. Ableitungen oder Zusammensetzungen.

Beachte dabei:
- Verben sind im Wörterbuch im Infinitiv (Grundform) verzeichnet, z. B.: *Sie vergaß, das Licht auszumachen.* → Suche nach dem Verb *vergessen*.
- Bei zusammengesetzten Nomen musst du manchmal mehrmals nachschlagen, z. B.: *Autokollision* → Suche nach *Auto* und nach *Kollision*.

die Rechtschreibkonferenz → S. 189 f.

- Vier Schüler/innen bilden eine Gruppe. Sie verteilen die „Rechtschreib-Spezialfelder" (z. B. Groß- und Kleinschreibung) untereinander.
- Jede/r hat einen zu korrigierenden Fremdtext vor sich und untersucht den Text in ihrem/seinem Spezialfeld auf Fehler.
- Markiert die Fehler farbig und gebt die Texte im Uhrzeigersinn weiter.
- Nach vier Durchgängen muss jede/r wieder den ersten Text vor sich haben, versehen mit Fehlermarkierungen in vier verschiedenen Farben.
- Jede/r bekommt den eigenen Text zurück und kann nachfragen.
- Jede/r berichtigt ihre/seine Fehlerwörter.

Wörterlisten → S. 160

Mit Wörterlisten kannst du deine Rechtschreibsicherheit trainieren.
- Trage in die Wörterliste schwierige Wörter ein, die du dir merken willst oder die du noch üben musst (Lernwörter).

Rechtschreibproben

die Ableitungsprobe → S. 161

Wenn du nicht sicher bist, wie ein Wort geschrieben wird (z. B.: mit *e* oder *ä*, mit *eu* oder *äu*), dann suche ein verwandtes Wort, z. B.:
Gemäuer → Mauer,
Ländereien → Land,
Z(e/ä)lt → kein verwandtes Wort mit a → also: Zelt.

die Artikel- oder Pluralprobe → S. 165, S. 173

Wörter, vor die du einen **Artikel** oder ein anderes Begleitwort setzen oder die du in den **Plural** (Mehrzahl) setzen kannst, werden großgeschrieben. Es sind Nomen, z. B.: *Stift → die Stifte (Plural) → Stifte*.

die Steigerungsprobe

Lässt sich ein Wort steigern, ist es meist ein **Adjektiv** (Eigenschaftswort) und wird kleingeschrieben, z. B.:
glücklich → glücklicher → am glücklichsten.

die Verlängerungsprobe → S. 161

Am Ende eines Wortes oder Wortstamms (im Auslaut) klingen *d–t*, *b–p* und *g–k* ähnlich. Wenn du Wörter mit diesen Auslauten verlängerst und deutlich sprichst, hörst du, welchen Buchstaben du schreiben musst, z. B.:
merkwürdig – merkwürdiger,
Technik – Techniker,
Staub – staubig,
plump – plumpe,
Rad – Räder,
Rat – raten,
gelebt – leben.

Rechtschreibregeln

Fremdwörter → S. 129 ff.

Fremdwörter sind Wörter, die aus anderen Sprachen ins Deutsche übernommen wurden. Dabei behalten sie oft die **Schreibung und Aussprache aus dem Herkunftsland** bei, z. B.: *die Gara**g**e (sprich: Garasche, franz.), das Shamp**oo** (sprich: Schampu, engl.) die Rea**kt**ion (lat.), das **Th**ema (griech.).*

die Getrennt- und Zusammenschreibung → S. 163 ff.

Die **Getrenntschreibung** ist in der deutschen Rechtschreibung die Regel:
- Verbindungen aus **Nomen und Verb** schreibt man meistens getrennt, z. B.: *Rad fahren, Angst haben.*
  Aber: Werden Verbindungen aus Nomen und Verb nominalisiert, musst du sie zusammen und großschreiben, z. B.: *das Skilaufen.*
- Verbindungen aus **Verb und Verb** schreibt man getrennt, z. B.: *sitzen bleiben, liegen lassen.*
  Aber: Werden Verbindungen aus Verb und Verb nominalisiert, musst du sie zusammen und großschreiben, z. B.: das *Laufenlernen.*
- Schreibe **Verbindungen mit *sein*** getrennt, z. B.: *schuld sein, los sein.*
  Aber: Nominalisierungen dieser Verbindungen musst du zusammen und großschreiben, z. B. *das Schuldsein.*
- Verbindungen aus **Adjektiv und Verb** schreibt man meist getrennt, z. B.: *frei sprechen (Beim Referieren sollst du frei sprechen.)*
  Aber: Zusammen schreibst du Verbindungen aus Adjektiv und Verb, wenn dadurch ein Wort mit neuer Bedeutung entsteht, z. B.: *freisprechen (Der Richter wird ihn freisprechen.)*

die Großschreibung → S. 169 ff.

Groß schreibt man
- **alle Satzanfänge,** z. B.: *Bei diesem Wetter bleibe ich zu Hause*
- **alle Nomen,** z. B.: *die Sonne, der Hund, das Risiko*
  Du erkennst sie an den typischen Nomenbegleitern (Artikel, versteckte und gedachte Artikel, Pronomen, Adjektive, unbestimmte Mengenangaben) und Nomensuffixen (*-heit, -keit, -ung, -tum, -nis, -schaft*).
- **alle Namen** von Personen und Orten
- **Nominalisierungen von Verben und Adjektiven**
  Nominalisierungen von Verben und Adjektiven erkennst du an den Nomenbegleitern, z. B.: *etwas Gutes, beim Tanzen.*
- Die **Schreibung von festen Wendungen** musst du dir merken, meist werden sie großgeschrieben, z. B.: *im Grunde, in Bezug auf.*

die Kleinschreibung → S. 169 ff.

Klein schreibt man
- **alle Verben** *(malen, laufen),*
- **alle Adjektive** *(ehrlich, laut),*
- **alle Pronomen** *(Personalpronomen: du; Possessivpronomen: dein; Demonstrativpronomen: dieses; Indefinitpronomen: man).*

Eine Sonderregelung gibt es bei den Anredepronomen:
- das **Sie** für Personen, die man nicht duzt, wird immer großgeschrieben.
- Die vertraute Anrede **du** kannst du in Briefen oder E-Mails klein- oder großschreiben.

die Schreibung von Eigennamen und Straßennamen → S. 175

- Schreibe Adjektive als Teil von Eigennamen groß, z. B.: *das Schwarze Meer.*
- Schreibe Straßennamen,
  - die aus **zwei Wörtern** (auch Namen) bestehen, zusammen, z. B.: *Brunnenweg.*
  - die aus **Ortsnamen + er** gebildet werden, immer getrennt, z. B.: *Berliner Straße.*
  - die aus **mehrteiligen Namen** bestehen, mit Bindestrich, z. B. *Astrid-Lindgren-Platz.*

die Schreibung von Zahlen → S. 174

- Zahlwörter (Grundzahlen, Ordnungszahlen und unbestimmte Zahlwörter) schreibst du grundsätzlich klein, z. B.: *eins, erstens, wenig.*
- Ordnungszahlen können aber auch als Nomen auftreten, du erkennst sie dann an den Nomenbegleitern. Schreibe sie dann groß, z. B.: *zum Dreißigsten, jeder Dritte, er ging als Letzter ins Ziel.*

die Schreibung der Zeitangaben → S. 173

- Zeitangaben können als Nomen auftreten, dann musst du sie großschreiben, z. B.: *der Montag, am Samstag, für Samstagnachmittag.*
- Tageszeiten nach Zeitadverbien musst du ebenfalls großschreiben, z. B.: *gestern Morgen, heute Abend.*
- Alle Zeitadverbien mit einem *s* am Wortende schreibe klein, z. B.: *abends, nachts.*
- Auch alle anderen Zeitadverbien schreibe klein, z. B.: *heute, gestern.*
- Uhrzeitenangaben schreibe ebenfalls klein, z. B.: *Es ist halb drei.*

die Zeichensetzung → S. 177 ff.

- Werden zwei **Hauptsätze** durch *und* oder *oder* verbunden, muss kein Komma stehen, z. B.: *Alkohol ist gesundheitsschädlich und er darf von Jugendlichen nicht gekauft werden.*
- Werden die Hauptsätze durch eine andere nebenordnende Konjunktion verbunden, dann musst du ein Komma setzen, z. B.: *Alkohohl darf nicht an Jugendliche verkauft werden, denn er ist gesundheitsschädlich.*
- In **Satzgefügen** (Verbindung von Haupt- und Nebensatz) steht immer ein Komma, z. B.: *Er hat die Arbeit mitgeschrieben, obwohl er so lange krank war. Obwohl er so lange krank war, hat er die Arbeit mitgeschrieben.*
  - Vor dem Dass-Satz steht ein Komma, z. B.: *Ich glaube nicht, dass er kommt.*
  - Ein Relativsatz wird durch Komma abgetrennt, z. B.: *Es war ein rotes Auto, das den Unfall verursacht hat. Das rote Auto, das nach links abgebogen war, hatte den Unfall verursacht.*
  - Beim Infinitivsatz (Infinitiv mit *zu* und mindestens einem weiteren Wort) kannst du ein Komma setzen, musst aber nicht, z. B.: *Sie hofft, eine gute Note zu bekommen. Sie hofft eine gute Note zu bekommen.* Du musst aber ein Komma setzen, wenn ein hinweisendes Wort den Infinitivsatz ankündigt, z. B.: *Sie hofft darauf, eine gute Note zu bekommen.* Vor Infinitiven mit *zu*, die mit *um, ohne, statt, anstatt, außer* oder *als* eingeleitet werden, musst du ein Komma setzen, z. B.: *Sie schrieb ganz schnell, ohne zu lange zu überlegen.*
- Alle **nachgestellten Erläuterungen und Einschübe** wie *und zwar, und das, das heißt, zum Beispiel, also, besonders, insbesondere, nämlich, vor allem, zumindest* werden durch Komma abgetrennt, z. B.: *Sie liebt Eis, insbesondere Schokoladeneis.* Auch eingeschobene vollständige Sätze werden mit Kommas abgetrennt, z. B.: *Er kommt, nehme ich an, mit dem nächsten Zug.*

Methoden und Arbeitstechniken

der Cluster

Ein Cluster hilft dir, Ideen oder Aspekte zu einem bestimmten Thema zu finden.
- Schreibe das Thema bzw. den Oberbegriff in die Mitte eines Blattes.
- Notiere wichtige Gedanken/Angaben/Merkmale dazu und verbinde sie durch Linien mit dem Clustermittelpunkt.

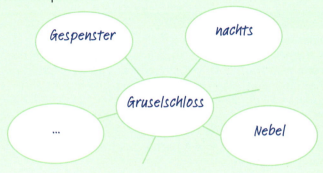

die Figurenskizze → S. 37, S. 104

Die Figurenskizze ist ein Schaubild, das die Figuren eines Textes und ihre Beziehungen zueinander darstellt. In diese Skizze kannst du Charaktereigenschaften der Figuren (Selbst- und Fremdaussagen) eintragen.

die Gruppenanalyse → S. 29

- Jeder schreibt die Textstelle auf ein Blatt Papier.
- Jeder schreibt seinen Echotext (sein Verständnis von der Textstelle) darunter und gibt sein Arbeitsblatt im Uhrzeigersinn in der Gruppe weiter.
- Jeder schreibt in den nächsten drei bis vier Runden einen Kommentar zu dem jeweiligen Echotext der anderen.
- Wenn man den eigenen Echotext wieder vor sich liegen hat, kann man ihn verändern oder ergänzen, wenn man durch das Lesen der anderen Echotexte noch Anregungen und Anstöße bekommen hat.

Informationen beschaffen und auswerten → S. 8

Wenn du zu einem Thema (z. B. für ein Kurzreferat / eine Folienpräsentation) Informationen benötigst, kannst du
- in einer Bibliothek suchen,
- eine Expertin / einen Experten befragen,
- dich in verschiedenen Lexika informieren,
- im Internet mit Hilfe von Suchmaschinen zu dem Thema recherchieren. Durch die Eingabe mehrerer Suchbegriffe in eine Suchmaschine lässt sich dabei die Suche sinnvoll einschränken.

Du musst alle Informationen auswerten.
- Lies die Texte und verschaffe dir einen Überblick über den Inhalt.
- Überlege, welche Fragen zum Thema du beantworten möchtest.
- Suche/markiere die Abschnitte, die wichtige Informationen zum Thema enthalten.
- Notiere die wichtigsten Informationen in Stichworten.
- Prüfe, welche Fragen zum Thema mit diesem Material nicht beantwortet werden, und suche ggf. weitere Informationen.

der Kurzvortrag S. 9 ff.

Bereite deinen Kurzvortrag so vor:
- Notiere das, was für den Vortrag wichtig ist, in Stichworten, z. B. auf Karteikarten.
- Bringe die Stichworte in eine sinnvolle Reihenfolge.
- Überlege dir eine neugierig machende Einleitung.
- Überlege dir einen passenden Schluss.
- Bereite Anschauungsmaterial (z. B. Bilder, Folien, Tafeltext, Gegenstände) vor.

Lesestrategien → S. 83 ff.

- **Überfliegendes Lesen:** Wenn du herausfinden willst, worum es im Text geht, brauchst du den Text nicht Wort für Wort genau zu lesen, es genügt, wenn du ihn überfliegst.
- **Genaues Lesen:** Wenn du alle Informationen eines Textes erfassen willst, musst du den Text langsam und genau lesen, vielleicht sogar mehrmals. Markiere wichtige Stellen und mache dir ggf. Notizen.
- **Gezieltes Lesen:** Wenn du nur eine bestimmte Information im Text suchst, dann überfliege die unwichtigen Textstellen und lies die Stelle genau, an der du die Information vermutest. Halte gezielt nach bestimmten Schlüsselwörtern Ausschau.

die Mindmap

In einer Mindmap ordnest du deine Ideen oder Informationen:
- Schreibe in die Mitte eines Blattes das Thema / den Oberbegriff.
- Ergänze jetzt um das Thema herum weitere Schlüsselwörter.
- Erweitere diese Schlüsselwörter um Unterbegriffe, sodass Beziehungen deutlich werden.

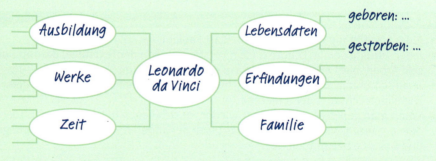

das Placemat-Verfahren → S. 66, S. 100

Das Placemat-Verfahren gehört zu den kooperativen Arbeitsformen.
- Dabei wird für einen Arbeitsauftrag / einen Untersuchungsauftrag ein großes Blatt in 3–4 Segmente geteilt, sodass jedes Gruppenmitglied ein Feld für seine „Lösung" hat.
- Ein „Lösungsfeld" in der Blattmitte bleibt zunächst frei.
- Das Blatt wird im Uhrzeigersinn gedreht, sodass jede/r die Beiträge der anderen lesen und kommentieren kann.
- Anschließend einigt sich die Gruppe auf ein Ergebnis, das in die Mitte geschrieben und dem Plenum vorgestellt wird.

die Positionslinie

Mit dieser Methode lässt sich das Meinungsbild einer Gruppe zu einer Entscheidungsfrage (Ja-/Nein-Frage) darstellen, z. B. zu der Frage *Sollten Kinder im Haushalt helfen?*
- Stelle dich an das „Ja-Ende" der Positionslinie, wenn du auf die Frage mit „Ja" antworten würdest.
- Stelle dich an das „Nein-Ende" der Positionslinie, wenn du auf die Frage mit „Nein" antworten würdest.
- Wenn du unentschieden bist, stelle dich zwischen „Ja"- und „Nein-Ende".
  Je nachdem, wie weit du dich von einem der beiden Endpunkte wegstellst, gibst du zu erkennen, dass du eher dafür bzw. eher dagegen bist.

das Portfolio → S. 57 ff.

Ein Portfolio ist eine Mappe, mit der du zeigst, was du z. B. im Betriebspraktikum oder im Deutschunterricht über einen bestimmten Zeitraum oder zu einem bestimmten Thema getan oder gelernt hast. Du kannst damit anderen erklären oder auch für dich festhalten, wie und was du gelernt hast und wie du deine Ergebnisse einschätzt.
Im Portfolio kannst du abheften:
- besondere Arbeiten, Übungen, Unterrichtsergebnisse,
- deine Einschätzung, was du schon gut kannst oder noch üben musst.

Im Praktikumsportfolio kannst du u. a. abheften:
- Tagesberichte, Wochenberichte, Beiträge aus deinem Praktikumstagebuch,
- Arbeitszeugnisse,
- deine Einschätzung des Praktikums.

die Schreibkonferenz → S. 88, S. 189 f.

- Schreibe deinen Text auf Papier mit breitem Rand (Korrekturrand).
- Setzt euch zu dritt oder zu viert zusammen.
- Einigt euch, wer welchen Überprüfungsschwerpunkt übernimmt.
- Jemand aus der Gruppe liest seinen Text vor. Die anderen hören aufmerksam zu.
- Die Zuhörer/innen geben Rückmeldungen. Bei Unklarheiten fragen sie nach.
- Anschließend wird das Textblatt in der Schreibkonferenz herumgegeben.
  Alle notieren Verbesserungsvorschläge auf den Korrekturrand.
- Reihum werden so die Texte aller Gruppenmitglieder bearbeitet.
- Jede/r überarbeitet anschließend auf der Basis dieser Vorschläge ihren/seinen Text.
- Am Schluss überprüft jede/r noch einmal Rechtschreibung und Zeichensetzung.

das Think-pair-share-Verfahren   S. 196

- **think:** Jeder denkt für sich über die Aufgabenstellung nach und sucht nach Lösungen.
- **pair:** Die Überlegungen und Lösungsansätze werden mit einem Partner / einer Partnerin ausgetauscht, die individuellen Ergebnisse ggf. ergänzt.
- **share:** Die Ergebnisse werden nun der Klasse vorgestellt und dort vertieft.

Lösungen der Tests

**Teste dich selbst!
Zu einem literarischen Text schreiben
Seite 81**

1 a) Die Einleitung liefert dem Leser / der Leserin die Grundinformationen zum Text:
- Textart (Kurzgeschichte, Gedicht etc.)
- Titel
- Quelle und Erscheinungsjahr (falls bekannt)
- Verfasser/in
- Thema/Problem/Ereignis (knapp formuliert)

1 b) Im Schlussteil der Zusammenfassung kann auf offene Fragen eingegangen oder auch ein wertender Schlussteil ergänzt werden.

2 *Auswahl möglicher Merkmale:*
In der Textzusammenfassung wird keine wörtliche Rede verwendet, man gibt den Text durchgehend in der 3. Person wieder und benutzt den Konjunktiv I für die indirekte Rede. Das Tempus ist das Präsens bzw. das Perfekt für Ereignisse vor der wiedergegebenen Handlung. Eine Textzusammenfassung wird sachlich geschrieben.

3 *Deine Zusammenfassung könnte so lauten:*
Die fiktive Kurzgeschichte „Zu Hause" von Marie-Luise Kaschnitz handelt von der Begegnung zwischen Menschen, von denen die einen auf einer Weltraumstation, die anderen auf der Erde leben.
Die Autorin schildert das erste Treffen zwischen Menschen, deren Wohnort im Weltraum ist, und jenen, die auf der Erde zurückgeblieben sind. Beide sind bis ins Detail über das Leben der jeweils anderen informiert. Die „Weltraum"-Menschen leben im All in einer nachempfunden Plastik-Natur, die der irdischen gleicht. Die Erdbewohner haben Mitleid angesichts der Plastik-Gärten im Weltall. Um den Heimkehrern aus dem Weltall eine Freude zu machen, führt man sie direkt nach der Ankunft in die Natur. Dort sind die Erdbewohner überrascht: Die Weltraumbewohner erfreuen sich nicht an der wirklichen Natur. Sie zeigen sich desinteressiert und verlangen, sofort zurück in die Stadt gebracht zu werden, um von dort aus das Fernsehprogramm mit Nachrichten aus ihrem Weltraum-Zuhause zu sehen.

4 Der Satz muss im Präsens formuliert werden.

5 a) *So könnte dein Text lauten:*
Die Gastgeber könnten sich Folgendes überlegt haben: „Wie traurig muss das Leben im Weltall sein! Sie haben nichts als nachempfundene Natur. Sie können nicht im Frühjahr die Blumen sprießen sehen, sie pflücken und ihren Duft riechen. Das ganze Jahr über müssen sie mit Plastik-Blumen vorliebnehmen. Welch ein trostloses Leben ist das! Keine Natur, keine Entwicklung, kein Leben! Wie sehr müssen sie dies alles hier auf der Erde vermissen! Wie können wir ihnen zu ihrer Rückkehr bloß eine Freude machen? O ja! Ihr dringlichstes Bedürfnis wird sein, wieder die Natur zu spüren. Also fahren wir mit ihnen sofort hinaus in den Wald. Dort gibt es Tümpel, Felsen und dickes Moos, auf das man sich niederlassen kann, um die Waldluft tief einzuatmen. Das ist eine gute Idee. Die Heimkehrer werden begeistert sein. Sie werden nicht mehr zu halten sein vor lauter Überschwang!"
Aus meiner Sicht ist die Idee der Erdbewohner nachvollziehbar, weil ein Leben, wie es die Weltraumbewohner führen, aus ihrer Sicht mit Entbehrungen verbunden ist. Die Erdbewohner fühlen sich mit der Natur verbunden und gehen davon aus, dass es den Weltraumbewohnern, weil sie ja auch Menschen sind, genauso geht. Diese Ansicht ist sicherlich etwas naiv, denn der Mensch verändert sich mit seinem Lebensraum. Er passt sich an und kann auch in fremder Umgebung glücklich werden.

5 b) *So könnte dein Text lauten:*
„O nein! Jetzt sind wir hier mitten im Nirgendwo. Nur Bäume, Felsen und Tümpel. Und diese komische Luft! Warum haben sie uns nur hierhergebracht? Was soll das? Was sollen wir hier? Hier gibt es doch nichts. Und es ist schon so spät. In einer halben Stunde beginnen die Nachrichten im Fernsehen. Nicht, dass wir die verpassen! Wir sind schon gar nicht mehr auf dem Laufenden, was zu Hause los ist, dabei sind wir noch gar nicht lange weg. Na ja, ewig werden wir hier ja jetzt wohl nicht rumstehen müssen. Was gucken die denn überhaupt so beleidigt? Das war ja nicht unsere Idee mit dem Ausflug …"
Meine Bewertung: Für die Heimkehrer ist die Erde nicht mehr ihre reale Welt. Ihr Zuhause ist jetzt der Weltraum. Ihm fühlen sie sich zugehörig. Sie schwelgen nicht in nostalgischen Erinnerungen bezüglich ihres Lebens

auf der Erde. Sie sind jetzt auf der Erde nur noch zu Gast. Sie interessieren die Nachrichten aus ihrem Zuhause, nämlich dem Weltraum, mehr als eine Auseinandersetzung mit ihrem alten Leben, das sie – vielleicht – schon ganz vergessen haben. Daher ist ihr Verhalten verständlich.

6 a) *So könnte deine Beschreibung lauten:*
Für die Erdbewohner ist „zu Hause" die Erde, der Planet, auf dem sie geboren sind und den sie nie verlassen haben. Für die Weltraumbewohner ist „zu Hause" ihr jetziges Zuhause, ihr Wohnort, ihre neue Heimat und nicht der Ort bzw. der Planet, von dem sie stammen.

6 b) Deine Meinung ist hier gefragt. Deine Antwort kann ganz unterschiedlich ausfallen, denn mit „zu Hause" ist die Auffassung von „Heimat" gemeint. Das sieht jede/r anders. Heimat bedeutet für die einen der Geburtsort, für die anderen der jetzige Wohnort, für wieder andere der Ort, dem sie sich besonders verbunden fühlen, weil sie dort vielleicht viele Freunde haben. Heimat kann aber auch mit der Muttersprache in Verbindung gebracht werden. So kann auch ein fremdes Land, in dem man vielleicht geboren und aufgewachsen ist, als „zu Hause" gesehen werden und nicht das Land, in dem man mittlerweile wohnt.

Teste dich selbst!
Einen literarischen Text lesen und verstehen
Seite 123

1
Z. 1–8: Der Aufbruch
Z. 9–16: Nur immer der Nase nach
Z. 17–22: Die Umkehr
Z. 23–25: Über die Grenze
Z. 26–30: Da ist das Ausland

2 a) Die Überschrift „Über die Grenze" passt auch zum zweiten Abschnitt (Z. 9–16), weil der Mann auch hier eine Grenze überschreitet (vgl. Z. 12 f.: „Am folgenden Morgen war er über der Grenze").

2 b)

Die Reise verläuft im Kreis und führt zu ihrem Ausgangspunkt zurück.

3 *Deine Tabelle könnte so aussehen:*

Mann	Bauer	Straßenarbeiter
immer dort, wo er nicht ist, deshalb kann er nie ankommen, zumal er sich das Ausland als Paradies und ganz anders als das Land vorstellt, in dem er sich gerade befindet	nicht auf den ersten Blick ausländerfeindlich, aber nicht daran interessiert, Ausländer in seinem Land zu haben	mag das Ausland nicht, ist froh, dass er in seinem eigenen Land ist

4 a) und b)
1. Reise seit vielen Wochen von Land zu Land auf der Suche nach dem Ausland (als Paradies vorgestellt)

2. Begegnung mit dem Bauern, der ihm den Weg weist

<u>Grenzüberschreitung</u>

3. Begegnung mit Straßenarbeiter, der ihn in die Richtung zurückschickt, aus der er gekommen ist

<u>Grenzüberschreitung</u>

4. Wiedersehen mit dem Bauern und Unverständnis des Mannes

5 Antwort C ist richtig: auktorialer Erzähler. Ein auktorialer Erzähler ist ein allwissender Erzähler, der sich auch in alle Personen hineinversetzen kann.
Beleg: Wir wissen von den Gedanken des Mannes (Z. 23 f.: „Er hatte auf einmal einen traurigen Verdacht.") und von den Gedanken des Bauern (Z. 26.: „Der Bauer nahm an, der Fremde sei nicht recht im Kopf").

6 a) 1: Z. 1–3: Ein Mann war […] seit vielen Wochen unterwegs. Im Ausland […], sei es fast wie im Paradies, und dahin wollte er.
2: Z. 9–11: „‚Nur immer der Nase nach' rief der Bauer […]. Der Mann griff sich an seine Nase."
3: Z. 19: „Er kehrte um, müde und verwirrt."

6 b) Zu 1: Sehnsucht, zielstrebig, gutgläubig
Zu 2: naiv, nimmt alles wortwörtlich, daher auch seine Vorstellung vom Paradies
Zu 3: gehorsam, hinterfragt nichts

7
„schon zurück": Das ging aber schnell
„zurück schon": Ja, aber…

8 a) Von Z. 25 auf Z. 26 findet ein Perspektivenwechsel statt, und zwar von der Sicht des Mannes zur Sicht des Bauern.

8 b) Der Perspektivenwechsel hilft, die Geschichte besser zu verstehen, weil die Beweggründe der beiden Figuren klar werden. Außerdem wird die Auswegslosigkeit der Situation, in der sich der Mann befindet, deutlich.

9 a) „Nur immer der Nase nach": Man soll immer geradeaus gehen, weil die Nase im Gesicht auch direkt nach vorne weist.
„fast wie im Paradies" = so gut, wie man es nur auf Erden haben kann

9 b) *So könnten deine Beschreibungen lauten:* Der Mann hat keine konkreten Vorstellungen vom Paradies, außer, dass es dort besser sein muss als im eigenen Land bzw. da, wo er sich gerade befindet. Er stellt sogar fest, dass es „hier nicht aus[sah] wie im Paradies, auch nicht fast wie im Paradies, eher noch fast wie zu Hause" (vgl. Z. 13 f.). Er läuft einem Traumbild hinterher, ohne seine Suche jemals befriedigen zu können.

Den Ausdruck des Bauern und später des Straßenarbeiters „immer der Nase nach" nimmt der Mann wörtlich, er geht zwar geradeaus, wie ihm geheißen wird, aber er fasst sich beim ersten Mal auch direkt an seine eigene Nase. Damit bezieht er sich auf das Sprichwort „sich an die eigene Nase fassen", was so viel bedeutet wie „sich um die eigenen Fehler und Schwächen kümmern". So wird sinnbildlich verdeutlicht, dass er mit seinem Weg auf der falschen Fährte ist, also einen Fehler begeht.

10 *Das könnte in deinen Sprechblasen stehen:*
1: Warum schaut er denn so traurig, wenn er doch da war, wo er hinwollte?
2: Jetzt läuft er hin und her und ist noch immer nicht zufrieden.
3: Komischer Kerl. Was er im Ausland bloß gewollt hat?
4: Er ist nicht von hier und wollte zurück. Warum ist er nicht dageblieben?
5: Warum sagt er immer „Ausland" und spricht nicht von seiner „Heimat", wo er doch sowieso nicht von hier ist.

11 *So könnte deine Erläuterung lauten:*
Für den Bauern ist der Mann ein Ausländer, deshalb ist das Ausland die Heimat des Mannes. Aus der Sicht des Bauern ist jenes Land natürlich das Ausland, weil seine Heimat ja da ist, wo er sich gerade befindet. Wenn man seine Heimat verlässt, ist jedes Land Ausland. „Ausland" kommt von „außer Land". Also ist man immer und überall außerhalb seines Heimatlandes ein Ausländer, ein Fremder, jemand, der anders spricht, sich anders benimmt, eine andere Kultur hat usw. Das Auffälligste ist meist die Sprache, hier im Text z. B. der Dialekt des Bauern (Z. 5 f.). In der Kurzgeschichte bekommt der Mann ständig das Gefühl, fehl am Platz zu sein. Man möchte ihn, einen Ausländer, nicht im eigenen Land haben; er wird dahin zurückgeschickt, wo er herkommt. Da ist sein Zuhause und aus Sicht der Menschen, die ihm begegnen, das Ausland.

Teste dich selbst!
Sprache und Sprachgebrauch untersuchen
Seite 153

1 a) In den Z. 6 (Anfang) und 8 bedeutet „schräg" so viel wie „schief", in Z. 6 (Zeilenende) bedeutet das Wort „verrückt".

1 b) In den Z. 6 (Anfang) und 8 ist es Hochsprache, in Z. 6 (Ende) ist es Umgangssprache.

2 a) Dies belegen anschaulich die Grabbeigaben, <u>die man ab dem Zeitpunkt findet, als die Menschen ihre Toten rituell bestatteten</u>.
Manche behaupten, <u>der Sinn des Schenkens habe sich heute etwas verändert</u>.

2 b) Es handelt sich um einen Objektsatz, der Nebensatz nimmt die Rolle eines Akkusativobjekts ein. Das zeigt die Frageprobe: *Wen/Was behaupten manche?* (vgl. Merkkasten S. 149).

3 Der ursprüngliche Gedanke war dabei, dass man (auf) etwas Eigenes (verzichtet) (...)

4
Geschenke und Opfergaben	= Subjekt
gehörten	= Prädikat
zu den frühesten Zeichen menschlicher Kultur	= Präpositionalobjekt

5

Personalpronomen	Relativpronomen	Indefinitpronomen
du	die	einige
es	das	etwas
man, ihm		manche

Demonstrativ-pronomen	Possessivpronomen
das	ihre
dies	

6

kommt vor	= Präsens
ist verwandt	= Präsens
waren	= Präteritum
bestatteten	= Präteritum
findet	= Präsens

7

A	= Aktiv	D	= Passiv
B	= Passiv	E	= Passiv
C	= Aktiv	F	= Aktiv

8

hättest (Z. 3) = Konjunktiv II
habe (Z. 24) = Konjunktiv I

9 „Rituell" bedeutet, etwas nach einer festgelegten Ordnung zu tun, häufig in Verbindung mit einer Zeremonie wie bei religiösen Feiertagen.

10

jemandem den Marsch blasen = jemanden ausschimpfen
die Hosen anhaben = das Sagen (im Haus) haben; bestimmen
den Gürtel enger schnallen = sich in seinen Bedürfnissen einschränken; häufig im Sinne von „sparen" verwendet
sich wie in der eigenen Westentasche auskennen = sich sehr gut in etwas auskennen
die Flinte ins Korn werfen = den Mut verlieren

Teste dich selbst!
Richtig schreiben
Seite 191

1 a+b

Fehlerwort	Bereich der Rechtschreibung	Regel
Lächeln (Z. 4)	Nominalisierung eines Verbs bzw. Nomen	erkennbar am unbestimmten Artikel „einem" und am Adjektiv „nachsichtigen"
kommentiert (Z. 4)	Schreibung nach kurzem Vokal	Nach kurzem betontem Vokal folgen meist zwei Konsonanten.
Alt und Jung (Z. 5)	Nominalisierung von Adjektiven	Großschreibung bei nominalisierten Adjektiven
... zentralen Plätzen, in Kaufhäusern ... (Z. 5)	Zeichensetzung	Komma bei Aufzählungen
Auffallende (Z. 6)	Nominalisierung eins Adjektivs	erkennbar am Artikel „das"
... ist, dass ... (Z. 6)	Zeichensetzung (*dass*-Sätze)	immer Komma vor der Konjunktion „dass" (leitet Nebensatz ein)
Unsinniges (Z. 7)	Nominalisierung eines Adjektivs	s. o.
applaudieren (Z. 7)	Fremdwort (Verb) auf *-ieren*	
spätnachmittags (Z. 9)	Zeitangaben	Zeitangaben, die auf „-s" enden, kleinschreiben
hundert (Z. 9)	Zahlwort	Zahlwörter werden in der Regel kleingeschrieben
... erklärten sie, dass ... (Z. 10)	Zeichensetzung (*dass*-Sätze)	s. o.
Mal (Z. 13)	Nomen	... erkennt man am unbestimmten Artikel „ein"

Chaos (Z. 18)	Fremdwort	ähnliche Wörter: chaotisch
... wahllos Waren, stapelten ... (Z. 19)	Zeichensetzung	Komma bei Aufzählungen
Gängen (Z. 20)	Wort mit Umlaut	Ableitungsprobe: der Gang → die Gänge
stehen ließen (Z. 21)	Getrenntschreibung	Verbindungen aus Verb + Verb werden meist getrennt geschrieben.
gestresst (Z. 22)	s-Laut	Doppel-s nach kurzem Vokal
Ort, Zeitpunkt, Dauer (Z. 25)	Zeichensetzung	Komma bei Aufzählung
Tun (Z. 25)	Nominalisierung eines Verbs	erkennbar am vorangestellten Artikel
Nichts (Z. 27)	Nominalisierung eines Adverbs	erkennbar am vorangestellten Artikel
... Nichts), das ... (Z. 27)	Zeichensetzung	Komma bei Aufzählung
identische (Z. 27)	Fremdwort	ähnliches Wort: Identität

2 a) „Flashmob" ist eine spontane, blitzartige Ansammlung von Menschen, die plötzlich an einem bestimmten Ort auftauchen, um dort etwas zu tun, und genauso überraschend auch wieder verschwinden.

2 b)
der: Artikel im Nominativ
-s: Plural wird mit -s gebildet → die Flashmobs
engl.: der erste Teil des Wortes kommt aus dem Englischen
lat. = der zweite Wortteil kommt aus dem Lateinischen

3 a)
Anna-Meier-Platz
Düsseldorfer Straße
das Krumme Gässchen
die Lange Straße

3 b) morgen Nachmittag, heute Abend

4 Eine Flashmob-Aktion hat heute Morgen zu einer deutlichen Verspätung im Zugverkehr zwischen Frankfurt und Berlin geführt. Etwa 150 Fahrgäste des ICE 650 haben kurz vor Abpfiff versucht, durch dieselbe Tür in den Zug zu gelangen, was zu 20 Minuten Verspätung führte. Alles Zureden und Appellieren der Schaffner half nicht. Nach 20 Minuten verließen die Flashmobber den Zug und räumten blitzschnell die Bahnsteige.

5 das Foto, vielfach, vorschlagen, der Fall, der Vater, die Fantasie, verbinden, fast, vollenden, das Fahrrad

6 „Damit haben wir bestimmt bis heute Abend zu tun", meinte eine Verkäuferin des Supermarktes, „denn schließlich muss jede Ware wieder an den richtigen Platz."

Teste dein Wissen!
Lernstandstest Klasse 8
Seite 213

1 Antwort C, denn für eine Nachricht bzw. eine Zeitungsmeldung ist der Text zu lang und detailliert und er liefert Hintergrundinformationen. Zu einem Sachbuchtext passt die Aufmachung als Zeitungstext nicht (Schlagzeile, ...).

2
ausspähen: C
systematisch: D
arglos: A
Studie: A
ferner: C
freizügig: B

3 Die Studie untersucht, wie Unternehmen bei der Auswahl von Bewerber/innen auf deren persönliche Daten im Internet zurückgreifen und wie sie diese bewerten.

4
A: nein
B: ja
C: nein
D: nein
E: nein

5 Antwort B

6
36 % der Unternehmen nutzen Informationen aus Netzwerken.

Davon tun dies ...
- ... 20 % regelmäßig oder gelegentlich,
- ... 16 % eher selten.

Mit dem Tortendiagramm kann der Sachverhalt richtig dargestellt werden.

7 *Deine Begründung könnte so lauten:*
Informationen im Internet über Hobbys, Interessen oder Meinungsäußerungen können sich negativ auf Bewerbungen auswirken, weil die Bewerber/innen auf diese Weise völlig ungefiltert und für jeden zugänglich ganz private Fakten über sich selbst offenlegen. Die Arbeitgeber können so beispielsweise direkt sehen, ob jemand zum Firmenprofil passt oder nicht. Auch Sympathie und Antipathie spielen eine Rolle. Passt einem konservativen Arbeitgeber nicht, dass jemand sich für Punkmusik interessiert und von einem Punkfestival zum nächsten tourt, dann wird er sie/ihn auch nicht zu einem Vorstellungsgespräch einladen. Auch wenn man sich im Internet abfällig über einen vorherigen Arbeitgeber äußert, hat man seine Chance bei weiteren Arbeitgebern möglicherweise verspielt, denn man gilt dann als illoyal, weil jeder Arbeitgeber annehmen muss, man würde sich über ihn bzw. seine Firma irgendwann ebenfalls abwertend äußern.

8 *Deine Stellungnahme könnte so lauten:*
Pro: Ich finde es richtig, dass sich Unternehmen über ihre Bewerber/innen im Internet informieren, denn die Informationen im Internet sind jedem frei zugänglich und man muss damit rechnen, dass Daten ausgewertet und für solche Zwecke verwendet werden. Für die Unternehmen ist es eine Hilfe bei der Vorauswahl, denn so können sie sich über die Bewerbungsunterlagen hinaus weiter mit den Bewerber/innen beschäftigen, Informationen sammeln und sich ein besseres Bild von der jeweiligen Persönlichkeit machen. Es kann für Bewerber/innen ja auch von Vorteil sein, wenn positive Dinge über sie auf diese Weise in Erfahrung gebracht werden können, denn in einer Bewerbung kann man ja nicht alles über sich schreiben. Wenn man ein positives Profil im Internet hat, keine peinlichen Fotos von sich selbst einstellt oder unbedacht daherredet, ist es sogar ein Pluspunkt im Wettstreit mit anderen.

Kontra: Ich finde es nicht richtig, dass sich Unternehmen im Internet über Bewerber/innen informieren, denn man weiß häufig selbst nicht, was andere über einen ins Internet gestellt haben. Schließlich schreibt man die Inhalte ja nicht alle selbst, sondern auch Freunde und leider auch Feinde posten auf virtuellen Pinnwänden und Websites Dinge, die manchmal so richtig peinlich sind. Viele wissen ja auch gar nicht, dass Arbeitgeber auf Facebook und anderen Netzwerken Informationen über Bewerber/innen einholen, und schreiben Kommentare, die ein Arbeitgeber alles andere als gut findet. Selbst wenn man sein Profil wieder löscht, ist es ja leider so, dass die Daten trotzdem im Internet weiter existieren. Ein einmal angelegtes Profil oder eingestellte Fotos sind also häufig nicht rückgängig zu machen. Leider werden die Schüler/innen darüber aber gar nicht oder nur unzureichend aufgeklärt und verspielen sich so ihre Chancen für die Zukunft.

9 A *Deine Ratschläge könnten so lauten:*
1. Stelle nur solche Daten von dir ins Internet, die einen positiven Eindruck von dir vermitteln.
2. Wähle Fotos von dir oder Fotos, auf denen du zu sehen bist, überlegt aus.
3. Weise deine Freundinnen/Freunde darauf hin, dass sie keine Fotos von dir ohne deine Zustimmung veröffentlichen dürfen.
4. Sei vorsichtig mit Aussagen über deine politische Haltung.
5. Achte darauf, dass dein Profil seriös und nicht kindisch wirkt.

B *Deine Nachricht könnte so lauten:*
Firmen spähen Bewerber aus
Laut einer von der Bundesregierung in Auftrag gegebenen Studie nimmt die Anzahl der Unternehmen zu, die Bewerber/innen im Internet überprüfen. Insbesondere soziale Netzwerke werden auf persönliche Daten überprüft und ausgewertet. Eine ungünstige Darstellung der eigenen Person kann dabei schnell zum Aus im Bewerbungsverfahren führen. Daher mahnt die Verbraucherministerin Aigner zu mehr Vorsicht im Umgang mit privaten Daten im Internet.

10 a)
Z. 6 f..: Dabei werden die Stellensuchenden [...] getestet.
Z. 8 f..: Viele von ihnen werden [...] nicht zu einem Vorstellungsgespräch eingeladen.

Z.16 f.: Als Quellen werden [...] oder StudiVZ genutzt.
Z.22 f.: Dabei werden offenbar auch Angaben genutzt, die [...].

b) Zu diesem Ergebnis kommt eine Meinungsumfrage des Dimap-Institutes, die von der Bundesregierung in Auftrag gegeben wurde [...].

11 Die Verbraucherministerin sagte auch noch, dass die unbekümmerte Preisgabe persönlicher Daten im Netz zu einem Stolperstein für die berufliche Karriere werden könne.

12

Die Verbraucher	Subjekt
sollten	Prädikat
darum	adverbiale Bestimmung des Grundes
besonders sorgfältig	adverbiale Bestimmung der Art und Weise
mit ihren Daten	Präpositionalobjekt
umgehen,	Prädikat
mahnte	Prädikat
die Ministerin.	Subjekt

13 a) und b)

Korrigiertes Fehlerwort	Begründung/Rechtschreibregel
Artikel (Z.1)	Fremdwort (ähnliches Wort: *Partikel*)
berichten (Z.2)	Verben werden kleingeschrieben → Das Rechtschreibprogramm kann nicht erkennen, ob ein Verb nominalisiert wurde und deshalb großgeschrieben wird.
dass (Z.2)	Konjunktion (Ersatzprobe: keine Ersetzung durch *welches* möglich)
interessant (Z.5)	Fremdwort; verwandtes Wort: *Interesse*
naiv (Z.5)	Fremdwort
leichtsinnig (Z.5)	Adjektive kleinschreiben, wenn sie nicht nominalisiert sind → Das Rechtschreibprogramm kann nicht erkennen, ob ein Adjektiv nominalisiert wurde und deshalb großgeschrieben wird.
preisgeben (Z.7)	Zusammenschreibung (**ein** Wort, Bedeutung: *ausliefern*)
Eindruck (Z.9)	verwandte Wörter: *drücken, eindrücken, Druck*
dass (Z.9)	Konjunktion (Ersatzprobe: keine Ersetzung durch *welches* möglich) → Das Rechtschreibprogramm hat den Fehler nicht gefunden, weil das Komma nicht gesetzt wurde.
oftmals (Z.10)	verwandte Wörter: *mal, ein andermal*; kommt nicht von *mahlen*
äußern (Z.11)	ß nach Doppellaut und langem Vokal
fatale (Z.11)	Fremdwort
gefährlich (Z.13)	verwandtes Wort: die Gefahr
kriminellen (Z.14)	verwandte Wörter: *der Krimi, der Kriminalbeamte*
Aufklären (Z.15)	Nominalisierung; das Aufklären; Adjektiv vorangestellt → Das Rechtschreibprogramm kann nicht erkennen, ob ein Verb nominalisiert wurde, s.o.

c) In letzter Zeit häufen sich Artikel in der Presse und Nachrichten im Fernsehen, die darüber <u>berichten, dass</u> die Zahl der Unternehmen zunimmt, die ihre Bewerber/innen online auskundschaften. Es ist doch erstaunlich, wie naiv und leichtsinnig <u>Jugendliche, aber</u> auch Erwachsene das Internet zur Selbstdarstellung benutzen.

Nicht <u>nur, dass</u> sie persönliche Daten preisgeben, sie stellen auch <u>Bilder ins Netz, die</u> nicht für die Öffentlichkeit gemacht sind. Manchmal könnte man den Eindruck <u>gewinnen, dass</u> sich Jugendliche gegenseitig im Netz übertreffen wollen.

Textquellenverzeichnis

S. 8: Joachim Hoelzgen: Amerikas Luftfahrt-Legende. Online unter www.spiegel.de/wissenschaft/mensch/0,1518,475375,00.html (Stand vom 26.04.2010)

S. 22 ff.: Siegfried Lenz: Das unterbrochene Schweigen. In: ders.: Der Geist der Mirabelle. Geschichten aus Bollerup. Hoffmann und Campe, Hamburg 1975, S. 19–25

S. 30 f.: Marcus Jauer: Nicht zu wissen, wohin ... In: Rudolf Spindler / Timm Klotzek (Hrsg.): Verlieben, Lieben, Entlieben. Kiepenheuer & Witsch, Köln 2001, S. 20 ff.

S. 81: Marie-Luise Kaschnitz: Zu Hause. In: dies.: Steht noch dahin. Suhrkamp (=TB 1473), Frankfurt/Main 1979, S. 44 f.

S. 85: 17-jähriger Amerikaner umsegelt die Welt im Alleingang. Online unter: http://diepresse.com/home/panorama/welt/495733/index.do (Stand vom 15.04.2010)

S. 86: Welt-Rekord. Jüngster Weltumsegler wieder zuhause. Online unter www.bz-berlin.de/aktuell/welt/juengster-weltumsegler-wieder-zuhause-article518032.html (Stand vom 15.04.2010)

S. 88: Andreas Kopietz: Tod in U-Bahn: Polizei sucht Strecke ab. Online unter www.berlinonline.de/berliner-zeitung/archiv/.bin/dump.fcgi/2009/0708/berlin/0082/index.html (Stand vom 15.04.2010)

S. 90: Artikel 5 Grundgesetz, Absatz 1. Online unter http://www.artikel5.de/ (Stand vom 15.04.2010)

S. 90: Michael Hanfeld: Willkommen in der Casting-Republik Deutschland. In: Frankfurter Allgemeine Sonntagszeitung vom 29.06.2009

S. 91 f.: Marcus Bäcker: Im Schlaf überrollt. In: Berliner Zeitung vom 30.05.2009

S. 92 f.: Interviewauszug mit TK-Expertin Frau Dr. Karin Anderson, Techniker Krankenkasse. Online unter www.scoolz.de/artikel4924,2.htm (Stand vom 15.04.2010)

S. 94: Leserbrief aus Geolino 7/2009

S. 95: Noch mal gut gegangen. Online unter www.berlinonline.de/berlinerzeitung/archiv/.bin/dump.fcgi/2009/0622/media/0070 /index.html (Stand vom 15.04.2010)

S. 96: England sucht den Superpolitiker. Online unter www.tagesspiegel.de/medien-news/Medien;art290,2113899 (Stand vom 15.04.2010)

S. 98 f.: Pattie Wigand: Ein Montagmorgen im Bus. In: Der Pauker. Prüfungsaufgaben für Hauptschulabgänger in Baden-Württemberg, Ausgabe 1994/95, Stephan Hutt-Verlag, Stuttgart, S. 22 f.

S. 102 f.: Gianni Rodari: Die Geschichte vom jungen Krebs. In: ders., Gutenachtgeschichten am Telefon. Deutsch von Ruth Wright. K. Thienemann Verlag, Stuttgart 1964, S. 11

S. 105 f.: James Aggrey: Der Adler, der nicht fliegen wollte. Übersetzt v. Alfons Michael Bauer. Peter Hammer Verlag, Wuppertal 2007

S. 108: Kurt Tucholsky: Augen in der Groß-Stadt. In: Gesammelte Werke. Hrsg. v. M. Gertold-Tucholsky u. F.J. Raddatz. Rowohlt, Reinbek 1960

S. 112: Jürgen Becker: Das Fenster am Ende des Korridors. In: ders.: Erzähl mir nichts vom Krieg. Suhrkamp, Frankfurt/Main 1977.

S. 114: Bertolt Brecht: Morgens und abends zu lesen. In: ders.: Gesammelte Werke. Bd 9 (Gedichte 2). Suhrkamp, Frankfurt/M. 1967, S. 586

S. 114: Jürgen Becker: Naturgedicht. In: ders.: Das Ende der Landschaftsmalerei. Suhrkamp, Frankfurt/Main 1974

S. 114: Theodor Fontane: Überlass es der Zeit. In: ders.: Werke in drei Bänden. Hrsg. v. K. Schreinert. Bd. 3. Nymphenburger, München 1968

S. 116 ff.: Holger Kropp: „Gefahr im Netz". Online unter www.kinderpolizei.at/kids/action/geschichten/gefahr.html. (Stand vom 15.04.2010)

S. 123: Jürg Schubinger: Das Ausland. Peter Hammer Verlag, Wuppertal 2003

S. 125 f.: Nach: Der Star. In: Lutz R. Gilmer (Hrsg.): Ausgesuchte Einakter und Kurzspiele. Grafenstein Verlag, München 1987, S. 203 f.

S. 130: Berufsbeschreibungen. Online unter http://berufenet.arbeitsagentur.de/berufe/start?dest= profession&prof-id=2757 (Stand vom 15.04.2010)

S. 131: Informationstext Mikrotechnologie: In: Birgit Ostwald, Reinhard Selka: Erfolgsberufe für Realschüler. 56 Berufe, 56 Chancen. Bertelsmann, Bielefeld 2007, S. 128

S. 132: Stichworte „Atem – Attribut": In: Wortprofi. Hrsg. v. Josef Geil. Oldenbourg München 2006, S. 34 f.

S. 132: Stichwort „Atmosphäre". In: Bertelsmann Universal Lexikon. Wissens-Media-Verlag, Gütersloh 2005

S. 133: So fit wie eine 25-Jährige. Online unter www.bildungs-news.com (Stand vom 17.05.2010)

S. 136: Faulheit macht erfinderisch. Online unter www.abendblatt.de (Stand vom 15.04.2010)

S. 139: Nach: Bionik: Von der Natur lernen. Online unter www.geo.de/GEOlino/technik/58976.html?q=Bionik (Stand vom 15.04.2010)

S. 139: Werner Nachtigall: Der Wärmespeicher. In: Natur macht erfinderisch. Ravensburger Buchverlag, Ravensburg 2001, S. 31

S. 140: Vom Pinguin zum U-Boot. Online unter www.geo.de/GEOlino/technik/58976.html?q=Bionik (Stand vom 15.04.2010)

S. 142: Schülerinnen erforschen die Arktis. Online unter http://www.welt.de/welt_print/article1167823/Schuelerinnen_erforschen_die_Arktis.html (Stand vom 15.04.2010)

S. 143: Reise ins arktische Eis. Online unter http://www.geo.de/GEOlino/natur/55384.html?q=Eisbär (Stand vom 15.04.2010)

S. 146: Gerhard Staguhn: Warum hat der Mensch kein Fell? Neue Rätsel des Alltags. Illustrationen von Jochen Widmann. Carl Hanser Verlag, München 2004, S. 145 f.

S. 148: Ist Tratschen überlebenswichtig? Text umformuliert nach: Gerhard Staguhn: Warum hat der Mensch kein Fell? Neue Rätsel des Alltags. Illustrationen von Jochen Widmann. Carl Hanser Verlag, München 2004, S. 158

S. 150: Was knurrt eigentlich im Magen? Süddeutsche Zeitung Magazin 23/2007

S. 150 f.: Warum verbraucht ein voller Kühlschrank weniger Energie als ein leerer? Aus: Gerhard Staguhn: Warum hat der Mensch kein Fell? Neue Rätsel des Alltags. Carl Hanser Verlag, München 2004, S. 218

S. 152: Kinder kamen und fragten. Text umformuliert nach: Hamburger Abendblatt vom 21. Oktober 2003

S. 153: Wolfgang Seidel: Was hinter den Wörtern steckt. In: ders.: Die alte Schachtel ist nicht aus Pappe. Deutscher Taschenbuchverlag, München 2007. S. 111 f

S. 193: Rio Reiser: Für immer und dich. In: ders.: Rio I, 1986. Text: Alain Souchon, © SMPG Publishing (Germany) GmbH

S. 194 f.: Mal Peet: Keeper. Carlsen Verlag, Hamburg 2006, S. 6–8

S. 196: Hilde Domin: Im Tor schon. In: dies.: Gesammelte Gedichte. S. Fischer Verlag, München 2001, S. 55

S. 196: Bertolt Brecht: Als ich nachher von dir ging. In: Die Gedichte von Bertolt Brecht in einem Band. Suhrkamp Frankfurt/Main: 1988, S. 993

S. 197: Wir Sind Helden: Ein Elefant für Dich. Aus dem Album: „Von Hier An Blind", 2005. Text: Judith Holofernes, © Freudenhaus Musikverlag Patrik Maier, Wintrup Musikverlag Walter Holzbaur

S. 198 f.: Bichsel, Peter: San Salvador. In: ders.: Eigentlich möchte Frau Blum den Milchmann kennenlernen. 21 Geschichten. Suhrkamp, Frankfurt/Main 1993, S. 50–52

S. 200: Zu jung zum Staßenbahnfahren. In: Geolino vom 18.04.2005

S. 201 f.: Zu Fuß durchs ewige Eis. In: Kym McConnell / Dave Horsley: Laufen extrem. Copress Verlag / Stiebner Verlag, München 2008, S. 136–140

S. 203: Hans Arp: Sekundenzeiger. In: Elisabeth K. Paefgen, Peter Geist (Hrsg.): Deutsche Gedichte. Cornelsen Verlag, Berlin: 2006, S. 548, 643 f.

S. 203: Gerhard Rühm: stille. In: ders.: um zwölf uhr ist es sommer. Reclam, Stuttgart 2006

S. 203: Eugen Gomringer: das schwarze Geheimnis. In: Elisabeth K. Paefgen, Peter Geist (Hrsg.): Echtermeyer / Deutsche Gedichte. Cornelsen Verlag, Berlin 2006, S. 548, 643 f.

S. 204 f.: Wladimir Kaminer: Schönhäuser Allee im Regen. Goldmann 2001, München. S. 66 ff.

S. 206 f.: Erfunden oder echt? Das Wesen aus der Tiefe. In: Peter Fiebag, Elmar Gruber, Rainer Holbe: Mysterien des Altertums. Heilige Stätten. Versunkene Länder. Geheimnisvolle Legenden. Verlagsanstalt Th. Knaur Nachf., München 2002, S. 190 f.

S. 207: Rainer Köthe: Fußstapfen im Schnee. In: Was ist Was / Geklärte und ungeklärte Phänomene. Tessloff Verlag, Nürnberg 1999, S. 47

S. 208: Interview mit Reinhold Messner auf Spiegel online, 2002 unter www.spiegel.de/sptv/themenabend/0,1518,druck-177583,00.html (Stand vom 10.05.2010)

S. 211 f.: Spuren im Sand. In: Peter Fiebag, Elmar Gruber, Rainer Holbe: Mysterien des Westens. Religiöse Wunder. Geheime Wissenschaften. Unerklärbare Phänomene. Verlagsanstalt Th. Knaur Nachf., München: 2002, S. 158 f.

S. 212: Vorzeitlicher Flughafen? In: Rainer Köthe: Was ist Was / Geklärte und ungeklärte Phänomene. Tessloff Verlag, Nürnberg 1999, S. 11

S. 213: Jörg Michel: Firmen spähen Bewerber online aus. Berliner Zeitung vom 21.08.2009

Texte der Herausgeberin und der Autorinnen/Autoren

Emilias letzter Wille ... (S. 34 f.)
Es ist acht Uhr morgens ... (S. 51)
Liebes Tagebuch ... (S. 59)
Ganz wichtig ist ... (S. 68)
Ferien ohne Eltern ... (S. 68)
Klassenarbeit: Soll man künftig ... (S. 73 f.)
Sie bauen mechanische, elektronische ... (S. 129)
In diesem Beruf ... (S. 129)
Sie koordinieren ... (S. 129)
Forscher gesucht ... (S. 135)
Was versteht man unter ... (S. 155)
Als die Hymne gespielt wurde ... (S. 156)
Nach der Siegerehrung ... (S. 156)
Dabeisein ist alles ... (S. 163)
Ein Spiel, das Gewinn bringt ... (S. 164)
Bereits vor 2000 Jahren ... (S. 164)
Es ranken sich ... (S. 165)
Trendsportart Pferderennen ... (S. 169)
Verbot für australische ... (S. 169)
Pferdesport-Tragödie ... (S. 169)
Grand National ... (S. 170)
Royal Ascot (S. 171)
Aus dem Blog eines Jockeys ... (S. 173)
Favorisiertes Rennpferd ... (S. 174)
In Siena ... (S. 176)
Gefährlicher Frauensport ... (S. 177)
Medizinische Ratgeber ... (S. 179)
Eislaufen wurde als weniger ... (S. 180)
Schwimmen mit Strümpfen ... (S. 181)
In einem Schönheitsbuch ... (S. 183)
Frauen als Leistungssportlerinnen ... (S. 185)
Obwohl schon einiges ... (S. 186)
Augen- oder Ohrenmensch ... (S. 188)
Bist du ein „Sprecher" ... (S. 189)
Am besten alle vier! ... (S. 190)
Schon von Flashmob-Aktionen ... (S. 191)
Mord am Meer ... (S. 209)
Eine Frau verschwindet ... (S. 209)
Firmen spähen Bewerber online aus ... (S. 216)

Bildquellenverzeichnis

Umschlagabbildungen: Thomas Schulz, Teupitz. S. 7.1: SZ Photo; S. 7.2: picture-alliance/dpa; S. 7.3: akg-images; S. 7.4: culture-images; S. 7.5: SZ Photo; S. 7.6: ullstein bild; S. 7.7: picture-alliance/dpa; S. 7.8: ullstein bild; S. 7.9: iStockphoto.com; S. 8: SZ Photo; S. 10: Thomas Schulz, Teupitz; S. 11.1: SZ Photo; S. 11.2+3: AP Images; S. 13 AP Images; S. 14.1+2: interTopics; S. 14.3: ullstein bild; S. 14.4: picture-alliance/landov; S. 14.5: ullstein bild – SIPA; S. 15–39 oben: Thomas Schulz, Teupitz; S. 39 u.l.: © Stephanie Bandmann – Fotolia.com, u.r: © philipus – Fotolia.com; S. 41: Thomas Schulz, Teupitz; S. 44: www.BilderBox.com; S. 45: Fotolia.com; S. 49 o.r.: © Westend61/ Daniel Simon, München; links u. unten: © medicalpicture, Köln; S. 50 oben: ©Bildstelle/ PICTUREDESK.COM, Hamburg; Mitte: © Matthias Tunger, München; unten: vario images, Bonn. S. 59: Karl-Heinz Schneider; S. 65.1+2: Fotolia.com; S. 71.1+2: iStockphoto.com; S. 73: Thomas Schulz, Teupitz; S. 77: Fotolia.com S. 83.1–4: Fotolia.com; S. 85: picture-alliance/dpa; S. 86: AP Images (Lenny Ignelzi); S. 89.1: picture-alliance/dpa; S. 89.2: Thomas & Thomas; S. 89.3: Breuelbild (A. Breuel); S. 89.4+5: picture-alliance/dpa; S. 89.6: ullstein bild; S. 91: picture-alliance/dpa; S. 94.1: Eventpress Adolph; S. 94.2: interTopics/Star-Media; S. 95: ddp images (Michael Gottschalk); S. 129.1–5: Fotolia.com; S. 131.1–3: Fotolia.com; S. 133: picture-alliance/dpa; S. 135+136: Stiftung Jugend forscht e. V.; S. 139.1–4: Fotolia.com; S. 140: Fotolia.com; S. 143: Fotolia.com; S. 151: Fotolia.com; S. 152: Hamburger Abendblatt /Michael Zapf; S. 164: laif (Michael Wolf); S. 169: Fotolia.com; S. 177: Bridgeman Art; S. 179: Juniors Bildarchiv; S. 183: picture-alliance/KPA/TopFoto; S. 193: HSV-Kampagne „LEIDENSCHAFT VERBINDET" Saison 2009/10; S. 201: Kym McConnell/Dave Horsley: Laufen extrem. München: Copress Verlag/Steibner Verlag 2008, S. 136–140; S. 206: Fotolia.com; S. 208: Caro Fotoagentur (Stefanie Preuss); S. 209.1: Artothek (Hans Hinz); S. 209.2: J.-C. Ducret, Musée cantonal des Beaux-Arts de Lausanne; S. 211: iStockphoto.com; S. 213: picture-alliance/dpa.

Trotz entsprechender Bemühungen ist es nicht in allen Fällen gelungen, die Rechteinhaber ausfindig zu machen. Gegen Nachweis der Rechte zahlt der Verlag für die Abdruckerlaubnis die gesetzlich geschuldete Vergütung.

Sachregister

A

Abkürzung **132**
Ableitung **226**
Ableitungsprobe 161, **230**
Adjektiv 32, 53, 158, 163, **166**, 167 f., 171, 175 f., 196, **223**
Adressatenbezug 63
adressatengerechtes Sprechen 15 ff., **217**
adverbiale Bestimmung 54, **146**, 147, **227**
Adverbialsatz **149**, **228**
Akkusativobjekt 146, **227**
Aktiv 53, 140, 154, **226**
analysieren 111
Anrede, Anredepronomen **43**, 46, 48, **231**
Argument/argumentieren 65 f., 67 f., 70 f., 73, 77, 90, 92 f., 96, **217 f.**
Argumentation(skette) 67–72, 74, 77, **218**
Artikel 170, 171, 173, **223**
Artikelprobe 165, **230**
Attribut **147**, **227**
auktoriale Erzählsituation **101**, **221**
Ausblick 70, 79

B

Ballade **222**
Begleiter → Artikel
Beispiel 67, 71 f.,
belegen → Textbeleg
Bericht → Zeitungsbericht, Praktikumsbericht, Tagesbericht
Berichten **219**
Beschreiben 49 ff., **218**
beurteilen → bewerten
Bewerbung/bewerben 19 f., 41–48, **219**
Bewerbungsschreiben 41–46, **45**, 48, 128, **219**
bewerten 19 f., 39, 46, 61 f., 67, 71, 104, 126–128, 151, 198
Bewertung → Praktikumsbewertung
Bild, sprachliches → Metapher
Binnengliederung 109, 114
Brief 101, 195 → auch: Leserbrief; sachlicher Brief

C

Casting(show) 89, 93
Charakter 39, 106
Chatroom/chatten 115, 117 f., 120
Checkliste 12, 18, 36, 39 f.
Cluster 16, 26, 60, 76, 144, 161, 193, 206, 210, **233**
Communities 115
Computer 187

D

dass-Satz 142, 181, 183, 186
Dativobjekt 146, **227**
Deckblatt 63

Demonstrativpronomen **136**, 154, **223**
Diagramm 62, **84**, 214 f., **222**
Dialog 27, 32, 127, **221**
dialogischer Text **118**, 116–120, 122
direkte Rede 26, 142 f., 215
Diskussionsleiter **217**
Diskussionsregeln → Gesprächsregeln
dramatische Texte **221**

E

Eigenname 175, **232**
Einleitung 44, 51, 69, 77, 82, **218**, **220**
Einschub **185**, **232**
Ellipse 91, 110, **222**
Ergänzungsprobe 171
erörtern → Argument/argumentieren
Ersatzprobe 76, 183
Erzählelement 101
erzählende Texte **221**
Erzählkommentar 28
Erzählperspektive → Erzählsituation
Erzählsituation (-form) 101 f., 195, 199, 204 f., **221**
 → auch auktoriale E., personale E., Ich-E.
Erzähltext 22 ff., 97 ff., 204
erzählte Zeit **100**, **221**
Erzählzeit **100**, 204, **221**

F

f-Laut 159, **160**, 192
Fachbegriff 49, 53, 129 f, **131**, 134
Fähigkeiten, eigene 42
Fehleranalyse **188**, 191, 216, **229**
feste Wendungen **172**, **231**
Figur, literarische 21, 27, 100, 104, 106, 118, 121, 195, 198 f., 209
Figurenkonstellation 32, **221**
Figurenskizze 106, 195, **233**
Folien 11–14
Folienpräsentation **12**, 14, 207
Form, äußere 63, 109
Fortsetzung schreiben 38, 198, 210
Frageprobe 181
Fremdwort 129, 155 f., **157**, 158, 162, 202, 212, **231**
Futur **225**

G

Gedicht 107–114, 193, 196 f., 203, **222**
Gedichtvortrag 203
Gefühlskurve 59
genaues Lesen **234**
Gespräch, persönliches 19, 126
Gesprächsregeln/Diskussionsregeln **217**
Gesprächsverhalten 125
gestaltend zu einem lit. Text schreiben **28**, 195, **220**
Gestaltung, sprachliche 53, 112
Gestik **120**

Getrenntschreibung 163–166, 168, **231**
gezieltes Lesen **234**
Gliederung **9**, 24, 31
Grafik 7, 84, 214 f.
Großschreibung 162, 165, 168–171, 173–176, **231**
Grundform → Positiv
Grundzahl **174**, **232**
Gruppenanalyse **29**, **233**

H

Handlungsschritt 51–55, 103
Handlungsskizze 120, 122
Handout **217**
Hauptaussage 200
Hauptfigur 27, 32, 36, 103, 106, 199
Hauptsatz **227**
Hauptteil 44, 51, 69, 80, **218**, **220**
Höchststufe → Superlativ

I

Ich-Erzählsituation 101, **221**
Imperativ 141
Indefinitpronomen **137**, 154, **223**
Indikativ 141, **225**
indirekte Rede 26, 142–145, 215, **226**
Infinitiv 166, **225**
Infinitivsatz 183, **184**
Informationen beschaffen 8, **233**
Inhaltszusammenfassung → Textzusammenfassung
Internet 66, 126, 139, 215
Interview 28, 52, 92 f., 143, 205, 208

J

Jambus 110, **222**
Jugendsprache **126**, **128**, 228
journalistische Sachtexte 85–88, 90–96, **221**

K

Kausalsatz 75, **228**
Kleinschreibung 162, 169–171, 173–176, **231**
Komma 177 f., **179**, 181, **182**, 183, **184 f.**, 186, 188, 216
Kommentar/kommentieren 28 f., 89 f., **91**, **221** → auch: Erzählkommentar
Komparativ 172, **223**
Konjunktion 54, 60, 178 f., **180**, 181, **223**
Konjunktionalsatz 54
Konjunktiv I 141, **142**, 143–145, 154, **225**
Konjunktiv II **141**, 142–145, 154, **225**
Konzessivsatz **228**
Kriminalgeschichte **35**, 33–44, 209 f.
kürzen, Sätze 150, 152
Kurzreferat **217**, **234**
Kurzvortrag **217**, **234**

L

Lead-Stil 221
Lebenslauf **47**, 48, **219**
Leitfragen 9, 14
Lerntyp 187
Leseeindruck 22, 30, 35, 98, 100, 102 f., 108, 112, 195, 197 f.
Lesekonferenz 199
Leserbrief 89, 91, **92**, 93, 96, **221**
Lesestrategie 83, 85, **234**
Lexikon 7, 132, **133**, 139, 192
Lexikonartikel 212
Lied 103, 197
lyrisches Ich 197, **222**
lyrische Texte **107–114**, **222**

M

Meinung 65 f., **68**, 73
Meinungssatz 70, 79
Meldung 85, **87**, 192
Mengenangabe → Numerale
Metapher 101, 106, **113**, 196 f., **222**
Metrum (Versmaß) 110, **222**
Mimik **120**
Mindmap 37, 61, 67, 210, **234**
Modalsatz **228**
Modalverb 224
Modus 141
Monolog 221
Monolog, innerer 27, 32

N

nachgestellte Erläuterung **185**, **232**
Nachricht → Zeitungsnachricht
nachschlagen 131–134, 156, **229**
Nachschlagewerk 131
Nachsilbe → Suffix
Nebensatz 153, **180**, 186, **227**
Nomen 53 f., 135 f., 161, 163, **164**, 168, 170, **170**, 173, 176, 182, **223**
Nomenbegleiter **170**, **223**
Nominalisierung 164 f., 168 f., 171, 174, 176, **224**, **231**
Numerale **223**

O

Objekt 146 f., **227**
Objektsatz **149**, **228**
Ordnungszahl **174**

P

Parallelgedicht **113**, 114, 193
Parallelismus 91
Partizip I 138, **225**
Partizip II 140, **225**
Partnerdiktat **229**, **176**
Passiv 53, 140, 154, 215, **226**

246

Perfekt 25, **225**
personale Erzählsituation **101**, 221
Personenbeschreibung 36
Perspektivenwechsel 124
Placemat-Methode 66, 100, **234**
Pluralform **224**
Pluralprobe **230**
Plusquamperfekt **225**
Portfolio 57 ff., 235 → auch: Praktikumsportfolio
Positionslinie **235**
Possessivpronomen **136**, 154, **223**
Positiv 172, **223**
Prädikat 154, **227**
Präfix 159 f., 188, **226**
Präposition 147, 182, **224**
Präpositionalobjekt **147**, 152, **227**
Präsens 25, **225**
Präsentieren/Präsentation **7–14**, 195, **217**
 → auch: Folienpräsentation
Präsentationstechniken 12, **217**
Präteritum **225**
Praktikum 57–64, **218**
Praktikumsbericht **218**
Praktikumsbewertung 61, **62**, 64
Praktikumsportfolio 57, **58**, 63 f., **235**
produktiv zu einem Text schreiben 104,
 195, **220** → auch: gestaltend zu einem
 lit. Text schreiben
Pronomen 54, 135, **136 f.,** 154, **223** f.
Prosatext **116**

R

recherchieren/Recherche 9, 66, 134
Rechtschreibkonferenz **189**, 190, **230**
Rechtschreibprobe 188
Rede → direkte/wörtliche Rede, indirekte Rede
Redewendung 124, 154
Refrain **109**
Regieanweisung **118**, 121
Reim(schema) **109**, 114, 196, **222**
Relativsatz 75, 153, **182**, 183, **228**, **232**
Relativpronomen 153, 182, **228**
Reportage 156
rhetorische Frage 81
Rollenkarte 121
Rollenspiel 16, 18–20, 28, 32, 125, 127

S

s-Laut 160
sachlicher Brief 41, **43**, 44, 64
Sachtext 130 f., 140, 201 f., 206 f., 210 f. → auch:
 Journalistische Sachtexte
Satzarten **228**
Satzbau 91
Satzgefüge **75**, 85, 149, 153, 178, 180, **228**
Satzglied **146**, 147, 149, 154, 215, **227**
Satzreihe **75**, 149, 178, 180, **228**

Satzprobe 185
Schaubild 202, **222**
Schluss(teil) 26, 32, 44, 51 f., **70**, 82, **218**, **220**
Schlüsselwort 87
Schreiben, einen Dialog
Schreiben, produktives 38 f., 101, 104, 195
Schreibplan 37–40, 45, 52, 56, 60, 67, 210
Schreibkonferenz 88, 208, 212, **235**
Skala 62
Sprache → Standardsprache, Umgangssprache,
 Jugendsprache
Sprachliches Bild → Metapher
Sprachvarianten 126–128, 153, **226**
Sprichwort 26, 31, 40, 124, 176
Stärke-Schwäche-Profil 42, 62
Standardsprache **126**, 128, 226
Standbild **120**
Steckbrief **36**, 112
Steigerungsprobe **166**, 188, **230**
Stellung nehmen 26, **65–80**
Stil 53, 76 f.
Stilmittel **222**
Straßenname 175, 192, **232**
Strophe 109, 114, 193, 196, **222**
Subjekt **227**
Subjektsatz **149**, **228**
Substantiv → Nomen
Suffix 157 f., 170, 176, 188, **226**
Suffixprobe 170
Superlativ 172, **223**
szenisches Spiel 115, 121 f.

T

Tabelle 201 f., **222**
Tagebucheintrag 59, **218**
Tagesbericht 60
Telefongespräch **18**, 15–20
Temporalsatz **228**
Tempus 25, 61, 85, 139, 154, **225**
Textbeleg 59, 66, 103, 111
Texte zusammenfassen → Textzusammen-
 fassung
Textsorte 85, 93 f., 96, 104, 200, 214
Textzusammenfassung 21, **25 f.**, 31 f., 82, 195, **220**
Theater 115
Theaterstück 118, 122
These 92, 208, 212
think-pair-share 196 f., **235**
trennen, Sätze 148, 150
Trochäus 110, **222**

U

überarbeiten 38 f., 46, 48, 63 f., **73–80**, 128,
 135–137, 140, 144 f., 148–152, 199, 210, 212,
 hinterer innerer Buchumschlag
überfliegendes Lesen **234**
Überleitung 69, 72, 75, 78

Überschrift 22, 24, 85, 87, 106, 108, 116, 123, 138, 194–196, 200, 212 → auch: Zwischenüberschrift
Umgangssprache **126**, 128, 228
Umlaut 160 f.
Untertitel 119
untersuchen → analysieren

V

Verb 53, 138 f., 157, 163, **164–166**, 167 f., 176, 180 f., **225**
verbinden/verknüpfen, Sätze **75**, 148 f., 152
Vergleich 222
Vergleichsform → Komparativ
Verknüpfung, sprachliche 54, 68, 71, 75, 79
Verkürzen, Sätze **75**
Verlängerungsprobe 161, **230**
Vers 109, **222**
Versmaß (Metrum) **110**, **222**
Vorgangsbeschreibung **49–56**, **218**
Vorsilbe → Präfix

W

W-Fragen 24, 60, 85, 87, 90, 200, 202, 212
Wechselpräposition **224**
Wendungen, feste **172**, **231**
Wiederholung → Wortwiederholung
Wörterbuch 24, 132, **133**, 134, 156, 157 f., 160, 177, 189

Wörterliste **230**, 160
wörtliche Rede → direkte Rede
Wortbedeutung 134
Wortfamilie 76, 132 f., **226**
Wortfeld **226**
Wortverbindungen, häufige **167**
Wortwiederholung 76, 135

Z

Zahlwort **174**, **232**
Zeichensetzung 177 f., **179**, 186, 188, 191, **232**
Zeitadverb **173**, **232**
Zeitangabe 169, **173**, **232**
Zeitform → Tempus
Zeitstrahl 207
Zeitstruktur **100**
Zeitungsartikel 86, 89 f., 94–96, 133, 136, 170
Zeitungsbericht 85–88, 208, 215, **221**
Zeitungsnachricht 215, **221**
zitieren/Zitat 9, 124, 127, 196, 202
Zuhörer 13
zusammenfassen 87 f., 91, 94, 100, 106, 114, 139, 143, 145 f., 195, 207, **220**
Zusammenschreibung 163–165, 167 f., **231**
Zusammensetzung **226**
Zwischenüberschrift 24